高等院校物流管理专业系列教材·物流企业岗位培训系列教材

物流设施与设备

（第3版）

刘徐方　袁　峰◎主　编
刘芳娜　周　伟◎副主编

清华大学出版社
北京

内 容 简 介

本书根据现代物流产业发展的新形势,结合物流设施设备建设与操作规范,系统介绍物流运输、仓储、包装、装卸搬运、流通加工、物流信息技术、连续输送、集装等物流设施与设备基础知识,并通过实证案例进行分析讲解,以提高读者的应用能力。

本书大量采用图片、示意图、原理图等直观素材帮助学生理解和掌握相关知识,具有知识系统、案例丰富、注重创新、集理论和实践于一体等特点,既可作为普通高等院校本科物流管理专业的首选教材,也可供高职高专、应用型大学教学使用,还可作为物流和工商企业从业者和管理人员的培训教材。

本书封面贴有清华大学出版社防伪标签,无标签者不得销售。
版权所有,侵权必究。举报:010-62782989,beiqinquan@tup.tsinghua.edu.cn。

图书在版编目(CIP)数据

物流设施与设备/刘徐方,袁峰主编. —3 版. —北京: 清华大学出版社,2024.1
高等院校物流管理专业系列教材. 物流企业岗位培训系列教材
ISBN 978-7-302-65038-6

Ⅰ.①物…　Ⅱ.①刘…②袁…　Ⅲ.①物流管理－设备管理－高等学校－教材　Ⅳ.①F252

中国国家版本馆 CIP 数据核字(2024)第 000746 号

责任编辑:贺　岩
封面设计:汉风唐韵
责任校对:宋玉莲
责任印制:曹婉颖

出版发行:清华大学出版社
　　网　　址:https://www.tup.com.cn,https://www.wqxuetang.com
　　地　　址:北京清华大学学研大厦 A 座　　邮　编:100084
　　社 总 机:010-83470000　　邮　购:010-62786544
　　投稿与读者服务:010-62776969,c-service@tup.tsinghua.edu.cn
　　质量反馈:010-62772015,zhiliang@tup.tsinghua.edu.cn
印 装 者:涿州汇美亿浓印刷有限公司
经　　销:全国新华书店
开　　本:185mm×230mm　　印　张:19　　字　数:400 千字
版　　次:2012 年 12 月第 1 版　　2024 年 1 月第 3 版　　印　次:2024 年 1 月第 1 次印刷
定　　价:59.00 元

产品编号:097671-01

高等院校物流管理专业系列教材・物流企业岗位培训系列教材

编审委员会

主　任
　　牟惟仲　中国物流技术协会理事长、教授级高级工程师

副主任
　　翁心刚　北京物资学院副院长、教授
　　冀俊杰　中国物资信息中心原副主任、总工程师
　　张昌连　中国商业信息中心原主任、总工程师
　　吴　明　中国物流技术协会副理事长兼秘书长、高级工程师
　　李大军　中国物流技术协会副秘书长、中国计算机协会理事

委　员
　　张建国　王海文　刘　华　孙　旭　刘徐方　赵立群
　　孙　军　田振中　李耀华　李爱华　郑强国　刘子玉
　　林玲玲　王　艳　刘丽艳　袁　峰　卢亚丽　周　伟
　　张劲珊　董　铁　罗佩华　吴青梅　于汶艳　郑秀恋
　　刘芳娜　刘慧敏　赵　迪　刘阳威　李秀华　罗松涛

总　编
　　李大军

副总编
　　王海文　刘徐方　刘　华　田振中　郑强国

序言

物流是国民经济的重要组成部分，也是我国经济发展新的增长点。2020年10月，党的十九届五中全会审议通过《中共中央关于制定国民经济和社会发展第十四个五年规划和二〇三五年远景目标的建议》，为我国物流产业发展指明了前进方向，并对进一步加快我国现代物流发展、提高经济运行质量与效益、实现可持续发展战略、推进我国经济体制与经济增长方式的根本性转变，具有非常重要而深远的意义。

"一带一路"建设和我国与沿线国家互联互通的快速推进以及全球电子商务的迅猛发展，不仅有力地促进了我国物流产业的国际化发展，而且使我国迅速融入全球经济一体化的进程，中国市场国际化的特征越发凸显。

物流不但涉及交通运输、仓储配送、通关报检等业务环节，同时也涉及国际贸易、国际商务活动等外向型经济领域。当前面对世界经济的迅猛发展和国际市场激烈竞争的压力，如何加强物流科技知识的推广应用、加快物流专业技能型应用人才的培养，已成为我国经济转型发展过程中亟待解决的问题。

针对我国高等职业教育院校物流教材陈旧和知识老化的问题，为了满足国家经济发展和就业需要，满足物流行业规模发展对操作技能型人才的需求，在中国物流技术协会的支持下，我们组织北京物资学院、大连工业大学、北京城市学院、吉林工程技术师范学院、北京财贸职业学院、郑州大学、哈尔滨理工大学、燕山大学、浙江工业大学、河北理工大学、华北水利水电大学、江西财经大学、山东外贸职业学院、吉林财经大学、广东理工大学等全国20多个省市应用型大学及高职高专院校物流管理专业的主讲教师和物流企业经理共同编写了此套教材，旨在提高高等院校物流管理专业学生和物流行业从业者的专业技术素质，更好地服务于我国物流产业和物流经济。

作为普通高等院校物流管理专业的特色教材，本套教材融入了物流运营管理的最新教学理念，注重与时俱进，根据物流业发展的新形势和新特点，依照物流活动的基本过程和规律，全面贯彻国家"十四五"教育发展规划，按照物流企业对人才的需求模式，加强实践能力训练，注重校企结合、贴近物流企业业务实际，注重新设施设备操作技术的掌握，强化实践技能与岗位应用能力培训，并注重教学内容和教材结构的创新。

本套教材根据高等院校物流管理专业教学大纲和课程设置，对帮助学生尽快熟悉物流操作规程与业务管理，毕业后顺利走上社会具有特殊意义，因而既可作为本科或高职院校物流管理专业的教材，也可作为物流、商务贸易等企业在职员工的培训用书。

中国物流技术协会理事长　牟惟仲

2022年10月于北京

第3版前言

物流是流通的命脉，也是国家经济建设的重要支撑，已成为我国经济发展新的增长点，并在国民经济发展中占有重要的位置。

物流设施设备是物流系统的重要组成部分，也是现代化物流运营的硬件技术基础和关键环节，高效合理的物流设施设备配备与信息技术应用，对规范经营、降低成本、完善服务、强化成本控制、充分利用资源、提高经济效益等都具有积极的促进作用，对物流企业运行质量和效益产生重大影响，因而越来越受到我国物流行业和企业的高度重视。

当前，面对物流市场国际化的迅速发展与激烈竞争，对从事国际物流运营人员的素质要求越来越高，加强物流设施设备操作与管理人员的应用技能培训，提高我国物流设施设备管理水平，推动物流产业化进程，更好地为我国物流经济服务，既是加速推进我国物流产业智能化、现代化发展的战略选择，也是本书出版的真正目的和现实意义所在。

本书自2018年再版以来，因写作质量高、突出应用能力培养，深受全国各高校广大师生的欢迎，目前已多次重印。此次再版，作者审慎地对原书内容进行了精心设计，包括结构调整、压缩篇幅、补充新知识、增加技能训练等相应修改，以期更贴近现代国际物流产业发展实际，更好地为国家物流经济和教学服务。

本书作为普通高等院校物流管理专业的特色教材，共分十章，以学习者应用能力培养为主线，坚持科学发展观，严格按照国家教育部关于"加强职业教育、突出技能培养"的要求，根据现代物流产业发展新形势，结合物流设施设备建设与操作规范，系统介绍物流运输、仓储、包装、装卸搬运、流通加工、物流信息技术、连续输送和集装等必备基础知识，并通过实证案例进行分析讲解，以提高读者的应用能力。

本书融入了物流设施设备最新的实践教学理念，力求严谨、注重与时俱进，具有知识系统、案例丰富、注重创新、集理论和实践于一体等特点，既可作为普通高等院校本科物流管理专业的首选教材，同时兼顾高职高专、应用型大学的教学，也可作为物流、工商企业从业者的岗位培训教材，还可为广大中小微物流企业、大学生创业就业提供有益的学习指导。

本书由李大军筹划并具体组织，华北水利水电大学刘徐方和袁峰主编，刘徐方统改稿，刘芳娜、周伟任副主编，王海文教授审定。作者编写分工如下：牟惟仲（序言），周伟（第一章、第六章），刘芳娜（第二章、第五章、第七章），袁峰（第三章、第十章），刘徐方（第四章、第八章、第九章）；李晓新（文字版式修改、制作教学课件）。

此次再版过程中，我们参阅了国内外物流设施设备的最新书刊、网站资料、国家新颁布实施的相关法规与管理标准，并得到中国物流技术协会有关专家教授的具体指导，在此一并致谢。为了配合教学，本书提供配有电子课件，读者可扫描书后二维码免费下载使用。因作者水平有限，书中难免存在疏漏和不足，恳请同行和广大读者批评指正。

编　者

2023 年 6 月

目录

第一章　物流设施与设备概述 ……………………………… 1
　　教学引导案例 ………………………………………………… 1
　　第一节　物流设施与设备的内涵 …………………………… 2
　　第二节　物流设施与设备的分类 …………………………… 3
　　第三节　物流设施与设备的现状与发展趋势 ……………… 6
　　基础知识训练 ………………………………………………… 14

第二章　物流设施与设备管理 ……………………………… 15
　　教学引导案例 ………………………………………………… 15
　　第一节　物流设施与设备管理概述 ………………………… 16
　　第二节　物流设施与设备管理的内容和任务 ……………… 20
　　第三节　物流设施与设备的选型配置与管理 ……………… 23
　　基础知识训练 ………………………………………………… 33

第三章　运输设施与设备 …………………………………… 34
　　教学引导案例 ………………………………………………… 34
　　第一节　运输概述 …………………………………………… 35
　　第二节　运输方式介绍与选择 ……………………………… 36
　　第三节　各种运输设施与设备 ……………………………… 46
　　基础知识训练 ………………………………………………… 85

第四章　仓储设施与设备 …………………………………… 87
　　教学引导案例 ………………………………………………… 87
　　第一节　仓储与仓储设备概述 ……………………………… 89

第二节　仓库 …………………………………………………………… 93
　　第三节　货架 …………………………………………………………… 102
　　第四节　托盘 …………………………………………………………… 108
　　基础知识训练 …………………………………………………………… 118

第五章　包装设施与设备 …………………………………………………… 120
　　教学引导案例 …………………………………………………………… 120
　　第一节　包装概述 ……………………………………………………… 122
　　第二节　包装材料与标识 ……………………………………………… 125
　　第三节　常用的包装设备 ……………………………………………… 130
　　基础知识训练 …………………………………………………………… 145

第六章　装卸搬运设施与设备 ……………………………………………… 146
　　教学引导案例 …………………………………………………………… 146
　　第一节　装卸搬运设备概述 …………………………………………… 147
　　第二节　起重设备 ……………………………………………………… 153
　　第三节　叉车 …………………………………………………………… 165
　　第四节　其他装卸搬运设备 …………………………………………… 175
　　基础知识训练 …………………………………………………………… 182

第七章　流通加工设施与设备 ……………………………………………… 183
　　教学引导案例 …………………………………………………………… 183
　　第一节　流通加工概述 ………………………………………………… 185
　　第二节　常用的流通加工设备 ………………………………………… 190
　　基础知识训练 …………………………………………………………… 198

第八章　物流信息技术设备 ………………………………………………… 199
　　教学引导案例 …………………………………………………………… 199
　　第一节　物流信息概述 ………………………………………………… 200
　　第二节　物流信息技术 ………………………………………………… 206
　　第三节　常用的物流技术设备 ………………………………………… 224
　　基础知识训练 …………………………………………………………… 230

第九章 连续输送设备 ·· 232

    教学引导案例 ··· 232
    第一节 连续输送设备概述 ··· 233
    第二节 典型的连续输送设备 ······································· 237
    第三节 分拣设备 ··· 250
    第四节 连续输送设备的选用 ······································· 258
    基础知识训练 ··· 260

第十章 集装化技术与设备 ·· 261

    教学引导案例 ··· 261
    第一节 集装单元化技术设备概述 ·································· 262
    第二节 集装箱 ··· 264
    第三节 集装箱专用设备 ··· 275
    基础知识训练 ··· 288

参考文献 ··· 289

第一章 物流设施与设备概述

学习目标与要求

1. 掌握物流设施与设备的含义、分类；
2. 了解物流设施与设备在物流系统中的地位和作用；
3. 了解我国物流设施与设备的现状及发展趋势。

教学引导案例

国家发改委：促进物联网、5G等智能化设施与物流深度融合

2020年3月6日，国新办就"应对疫情影响，支持交通业和物流快递领域发展"举行发布会。国家发展改革委副秘书长高杲在会上表示，智慧物流在应对新冠疫情中优势凸显，下一步，国家发改委将着力创造良好的政策条件和发展环境，促进物联网、大数据、云计算、5G、人工智能等新一代信息技术智能化设施设备与物流活动的深度融合。

高杲表示，在这次应对新冠疫情中，一些骨干的物流企业和创新型的企业积极运用大数据、人工智能、5G等新技术。以无人机自动分拣等为代表的智慧物流设备，在提高物流效率、减少人员交叉感染方面凸显优势。这不仅对突发公共卫生事件、重大自然灾害等场景下提高应急保障能力具有重要意义，对促进物流业整体提质增效也具有深远影响。

国家发改委一直高度重视智慧物流的发展，2016年出台《"互联网+"高效物流实施意见》，2019年出台《关于推动物流高质量发展 促进形成强大国内市场的意见》等重要政策文件，围绕促进智慧物流的发展，推广应用物流新科技、新技术、新设备等提出了一系列鼓励和支持政策。

高杲介绍，下一步，国家发改委将继续会同有关部门加强对智慧物流发展的监测分析和前瞻性研究,着力创造良好的政策条件和发展环境,促进物联网、大数据、云计算、5G、人工智能等新一代信息技术智能化设施设备与物流活动的深度融合,充分发挥智慧物流在提高应急物流保障能力等方面的重要作用,为深入推进物流业降本增效和高质量发展提供有力支撑。

资料来源:https://www.enicn.com/Enicn/2020/internet_0306/47679.html

第一节 物流设施与设备的内涵

一、物流设施与设备的概念

物流是物品从供应地向接收地的实体流动过程,根据实际需要,将运输、储存、装卸搬运、包装、流通加工、配送、信息处理等基本功能实施有机结合。它包括物流活动和物流作业,物流活动是指物流各项功能的实施和管理的过程,物流作业是指实现这些物流功能时所进行的具体操作活动;物流活动和物流作业都需要物流设施设备的支持。

物流设施设备是支持各项物流活动顺利完成所建造的各种设施和使物流作业流程顺利实现的各种设施与设备的总称。它们贯穿于物流活动的全过程,深入到物流活动的各个环节,可以说没有物流设施设备就不会有现代的物流活动。它既包括各种机械设备、器具等可供长期使用,并在使用中基本保持原有实物形态的物质资料,也包括公路、铁路、水路、航空、管道、货运站场和仓库等基础设施。物流设施设备是组织物流活动和物流作业的物质技术基础,是物流服务水平的重要体现。

二、物流设施与设备在物流系统中的地位和作用

物流设施设备在现代物流中的地位和作用可概括为以下几方面:

1. 物流设施设备是物流系统的物质技术基础

不同的物流系统必须有不同的物流设施和设备来支持才能正常运行。因此,物流设施和设备是实现物流功能的技术保证,是实现物流现代化、科学化、自动化的重要手段。物流系统的正常运转离不开物流设施和设备,正确、合理地配置和运用物流设施设备是提高物流效率的根本途径,也是降低物流成本、提高经济效益的关键。

2. 物流设施设备是物流系统的重要资产

在物流系统中,物流设施设备的投资比较大。现代物流技术装备既是技术密集型的生产工具,也是资金密集型的社会财富,配置和维护这些设施与设备需要大量的资金和相应的专业知识。现代化物流设施设备的正确使用和维护,对物流系统的运行效益是至关重要的,一旦设备出现故障,将会使物流系统处于瘫痪状态。

3. 物流设施设备涉及物流活动的各个环节

在整个物流过程中,从物流功能看,物料或商品要经过包装、运输、装卸、储存等作业环节,并且还有许多辅助作业环节,而各个环节的实现都离不开相应的设施与设备。因此,这些设施与设备的性能好坏和配置是否合理直接影响各环节的作业效率。

4. 物流设施设备是物流技术水平的主要标志

一个高效的物流系统离不开先进的物流技术和先进的物流管理。先进的物流技术是通过物流设施设备体现的,而先进的物流管理也必须依靠现代高科技手段来实现。如在现代化的物流系统中,自动化仓库技术综合运用了自动控制技术、计算机技术、现代通信技术(包括计算机网络和无线射频技术等)等高科技手段,使仓储作业实现了半自动化、自动化。

物流管理过程中,从信息的自动采集、处理到信息的发布完全可以实现智能化,依靠功能完善的高水平监控管理软件可以实现对物流各环节的自动监控,依靠专家系统可以对物流系统的运行情况进行及时诊断,对系统的优化提出合理化建议。因此,物流设施设备的现代化水平是物流技术水平高低的主要标志。

第二节 物流设施与设备的分类

一、物流基础设施

物流基础设施一般是指铁路、公路、港口、机场、管道、货运站场和仓库等规模庞大的建设工程,其中铁路、公路还是跨省、跨地区甚至跨国界的。现代物流跨地区、跨国界的特点以及全球化的发展趋势决定了基础设施在物流中的重要地位。

1. 公路运输设施

公路运输是指使用公路设施和设备运送物品的一种运输方式。其特点是机动、灵活,投资少,受自然条件限制小,能够实现"门到门"的运输。公路运输设施主要包括公路及其交通服务设施、桥梁、隧道、公路站场等。

2. 铁路运输设施

铁路运输是一种大运量、现代化的陆上运输方式。它利用机车、车辆等技术设备沿铺设轨道运行,运送旅客和货物。铁路运输设施主要由铁路、铁路通信信号设施、车站及其辅助设施等组成。

3. 水路运输设施

水路运输是指利用船舶,在江、河、湖、海上运送旅客和货物的一种运输方式。水路运输生产过程相当烦琐复杂,具有点多、线长、面广、分散流动、波动大等特点。水路运输设施主要包括港口设施、码头设施、港口导航设施及其他辅助设施等。

4. 航空运输设施

航空运输由于其突出的高速直达性,在整个交通大系统中占有特殊地位并且具有很大的发展潜力。航空运输设施主要指航空港及其附属设施,其中航空港内配有跑道、滑行道、停机坪、指挥塔(管制塔)、导航系统、公共辅助设施等设施。

5. 管道运输设施

管道运输多用来运输流体(货物),如原油、成品油、天然气及固体煤浆等。与其他运输方式相比,主要区别在于其驱动流体的运输工具是静止不动的泵机组、压缩机组和管道。泵机组和压缩机组给流体以压力,能使其沿管道不断地向前流动,直到输送到指定地点。管道运输设施由管道线路设施、管道站库设施和管道附属设施三部分组成。

6. 仓库及配送中心公用设施

仓库及配送中心的公用设施主要包括各类建筑物,以及安全及监控、消防、照明、通风及采暖、动力等系统。它们对保证仓库和配送中心正常运营起到重要作用。

二、物流机械设备

物流机械设备是指进行各项物流活动所需的机械设备、器具等可供长期使用,并在使用过程中基本保持原来实物形态的物质资料。

1. 起重机械

起重机械用于将重物提升、降落、移动、放置于需要的位置,是生产过程中不可或缺的物料搬运设备。起重机械包括轻小型起重机械、门式起重机、桥式类型起重机、臂架类型起重机等。

2. 连续输送机械

连续输送机械是按照规定路线连续运送散状物料或成件物品的机械装置,是现代物料搬运系统的重要组成部分。主要有带式输送机、斗式提升机、埋刮板输送机、悬挂输送机、空间输送机等。

3. 搬运车辆

搬运车辆是指用于企业、码头内部对成件货物进行装卸、堆垛、牵引或推顶,以及短距离运输作业的各种轮式车辆。主要有搬运车、牵引车、推顶车、手推车、叉车、自动导引搬运车等。

4. 储存设备

储存设备主要是以单元负载的托盘储存方式为主,配合各种拣货方式的需要,另有容器及单品等储存设备。包括托盘、容器及货架等。

5. 垂直提升机械

垂直提升机械主要指针对输送过程中大量出现的垂直升降需求而采用的机械设备,它能适应不同的需要,节约有限空间,使效率最大化。包括载货电梯、提升机和堆垛机械等。

6. 分拣机械

分拣机械是完成仓库、配送中心拣选、分货、分放作业的现代化设备,是开展分拣、配送作业的强有力的技术保证。包括带式分拣机、托盘式分拣机、浮出式分拣机等。

7. 流通加工机械

流通加工机械是指完成流通加工作业的专用机械设备,主要有包装机械与切割机械两大类。包装机械有充填机械、灌装机械、捆扎机械、裹包机械、贴标机械、封口机械、清洗机械、真空包装机械、多功能包装机械等;切割机械有金属、木材、玻璃、塑料等原材料切割机械。

8. 信息技术设备

在现代物流系统中,现代信息技术设备得到了广泛的应用。包括条形码技术设备、射频技术设备、GIS(地理信息系统)和 GPS(全球卫星定位系统)设施与设备等。

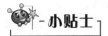

云 仓 库

随着商品的多样化与流通渠道的多元化,对于传统的仓储配送来说,多品类、多渠道、多批次的供应链管理无疑是一个巨大的挑战。在传统仓储模式下,商品从采购到消费者手中全链条效率不高,造成库存大量积压在渠道,形成"阻塞"。

据统计,我国仓库 95% 管理落后,信息化水平低,与此同时,由于缺乏共享与连接,仓库与库存价值使用效率难以提升,整个行业物流供应链缺乏有效的解决方案,成为制约中小企业发展的关键环节。

杭州俊奥是一家经营进出口母婴用品的贸易有限公司,经营商品品类多达 705 个,需要满足商超、便利店、电商平台和微商、分销商的供货需求。此前,2 000 m² 的仓库,由于缺乏规范的仓库管理体系,货物堆放杂乱无章、出货效率低下,漏发错发频现。

俊奥公司通过传化云仓专业化的仓库规划,将仓库划分为 5 大功能区,并通过导入自主研发的 WMS 系统,实现了"货主-货物-库位"的一对一精准匹配。结合新建立的出入库标准化 SOP 流程,捡货时可围绕波次、有效期、包装等维度,实现拣选路径自动优化,拣货员只需要按照系统提示进行标准化操作即可完成拣货。

系统的仓库运营规划以及标准化、简单化、流程化的操作,使货物出入库和分拣效率更高。据俊奥公司数据统计,截至2017年8月底,传化云仓的接入使库存分拣成本降低15%,上架及时率提高20%,库容利用率达提升20%,发货及时率达到99.95%。

资料来源:http://www.chinawuliu.com.cn/zixun/201709/05/324534.shtml

第三节 物流设施与设备的现状与发展趋势

一、物流设施与设备的现状

(一) 存在现状

1. 物流设施设备总体数量迅速增加

近年来,我国以干线铁路、高速公路、枢纽机场、国际航运中心为重点,大力推进物流基础设施建设。截至2022年底,全国铁路营业里程达到15.5万km,高速铁路运营里程达4.2万km,"四纵四横"高铁网提前建成,"八纵八横"高铁网加密成型。截至2021年末,全国公路总里程528.07万km,其中,高速公路16.12万km,一级公路1.76万km,二级公路0.75万km,独立桥梁及隧道1 329km。

民航方面,截至2022年底,我国共有运输航空公司66家,共有颁证运输机场254个,全行业运输飞机期末在册架数4 165架,其中客运飞机3 942架,货运飞机223架。

近年来,我国水路运输一直呈现良好的发展趋势,对外贸易逐渐加大,货物的吞吐量不断增长,大宗货物的运输十分频繁,在国际贸易发展中占有重要地位。2010年我国水路货物运输总量为37.89亿t,2022年增长至85.54亿t;水运货物周转量总体呈现增长态势,2010年为68 427.53亿t·km,2022年增长至121 003.14亿t·km。

货运设施、物流装备的保有量和作业能力已成倍增加,港口建设也取得了很大成就。一批铁路、公路、水路、航空场站和货运枢纽等设施得到很大的改善。按现代物流理念建设的各类物流园区、物流中心得到较快发展。立体仓库、托盘、货架、集装箱、机动工业车辆、自动拣选装备等物流装备发展很快,物流信息化设施与装备也得到了普及和应用。

2. 物流设备的自动化水平和信息化程度得到提高

以往我国的物流设备基本上都是以手工或半机械化为主,工作效率较低。但是,近年来物流设备在其自动化水平和信息化程度上有了一定的提高,工作效率得到较大的改进。我国在20世纪80年代就研制出了第一座自动化立体仓库,如图1-1所示,并且在我国得到了迅速发展。

华经产业研究院报告显示,我国自动化立体库面积从2010年的1.4亿m^2增长至2019年的3.49亿m^2,截至2019年我国立体仓库保有量为6 000座左右。我国自动化立体库主要应用于烟草、医药、连锁零售、机械制造、汽车、食品饮料、部队、电子商务等行业和部门,其中烟草应用占比 16%,占比最高,医药应用占比 13%,连锁零售应用占比 10%。

图 1-1 自动化立体仓库

3. 基本形成了物流设备生产、销售和消费系统

以往经常发生有物流设备的需求,但很难找到相应生产企业,或者有物流设备生产却因为销售系统不完善,需求不足,导致物流设备生产无法持续完成等现象。目前,物流设备生产、销售、消费系统已经基本形成,国内拥有一批物流设备的专业生产厂家、物流设备销售的专业公司和一批物流设备的消费群体,使得物流设备能够在生产、销售、消费的系统中逐步得到改进和发展。

4. 物流设备在物流的各个环节得到应用

目前,无论是在生产企业的生产、仓储,还是在流通过程中的运输、配送,物流中心的包装加工、装卸搬运等环节,物流设备都得到了一定程度的应用。

5. 专业化的新型物流设备和新技术物流设备不断涌现

随着物流各环节分工的不断细化,以满足用户需要为宗旨的物流服务需求增加,新型的物流设备和新技术物流设备不断涌现。这些设备多是专门为某一个物流环节的物流作业、某一个商品或某一个用户提供的设备,其专业化程度很高。

(二) 主要问题

近年来,物流的高速发展使先进的物流设备得到了应用,但从整体上来看我国物流设备的发展并不能满足于构建现代物流体系的要求。具体来说,主要有以下几个方面:

(1) 物流基础设施建设多元化投入太少。长期以来我国物流基础设施投入较少,发展比较缓慢。虽然近些年也新建了一些较先进的仓储物流设施,但从总体来看,中低端应用较多,如 20 世纪五六十年代建造的仓库仍在使用,自动化立体仓库等高端的仓储货架系统还不多见,使用计算机信息化管理的现代化仓库较少等。

(2) 我国尚处于物流设备发展的起步阶段,既缺少行业标准,又没有行业组织,致使各种物流设备标准不统一,相互衔接配套差。

(3) 物流设备供应商数量众多,但普遍规模偏小,发展不规范。

(4) 物流企业只重视单一设备的质量与选型,没有通盘考虑整个系统如何达到最优化。

(5) 绝大多数物流企业仍将价格作为选择物流设备的首要因素,而忽视了对其内在品质与安全指标的考察。

(6) 部分物流企业对物流设备的作用缺乏足够的认识,在系统规划、设计时带有盲目性,造成使用上的不便或资源的浪费。

(7) 物流设备的管理并没有被广泛纳入物流管理的内容,物流设备使用率不高,设备闲置时间较长。

二、我国物流设施与设备的变革升级

物流装备行业的覆盖面广,触角涉及各个行业。随着应用市场的不断变革,对物流装备的需求也在不断提升,推动物流装备业升级发展。

1. 制造业物流市场规模巨大

制造业物流量大约占据整个物流市场总量的 80%。在"工业 4.0"以及"制造业高质量发展"的推动下,智能制造成为制造业创新升级的突破口,智能物流由此成为制造业物流新的发展方向。随着工业领域高新技术产业与智能制造的快速发展,制造业智慧物流加快起步,为物流装备提供了广阔的发展空间。因此,越来越多的物流装备企业看好制造业市场前景,加大在相关领域的产品和技术研发力度。如北自科技在化纤纺织行业、中鼎集成在锂电行业将智慧物流系统与智能制造产线相融合,为客户转型升级创造价值,自身也在此过程中抓住机会做大做强。

2. 电商快递行业推动物流装备创新

对于物流装备来说,电商、快递行业无疑是重要的应用领域。随着国民经济全面转型升级和互联网、物联网的迅速发展,以及基础设施的进一步完善,电子商务迅猛崛起,并推动快递行业快速增长。海量的订单+海量的 SKU(stock keeping unit,库存量单位),对物流装备和技术的自动化、智能化升级也提出了更强烈的需求。

未来的电商、快递行业将会呈现持续稳步增长态势,这将为物流装备行业的发展提供巨大机遇。在这样的趋势下,一些输送分拣设备提供商、物流机器人企业等不断加强新产品和新技术的研发,以满足电商、快递企业持续增长的订单需求。

3. 新冠疫情加速仓储与配送自动化变革

2020年新冠疫情肆虐，各行业企业对自动化、无人化、智能化物流技术设备更加关注并加快应用。疫情期间，由于人工配送商品存在感染风险，随之带来了智能化设备、机器人无接触配送等方面的应用，也使物流装备企业深入了解到数字化的重要性，并加快数字化转型。

通过新冠疫情我们也可以看到，智能化物流装备和系统将逐步成为民生供应链高效准确运行的基础支撑。后疫情时代，电商快递物流、医药、食品、冷链、新零售、商超等行业领域对智能化物流装备的需求会继续保持增长，这为物流装备企业的产品研发、技术创新和市场应用提供了新的机会。

4. "新基建"利好物流装备数字化发展

党的十九大报告中指出，要"加强水利、铁路、公路、水运、航空、管道、电网、信息、物流等基础设施网络建设"。这是我国第一次把物流纳入国家优先和需要加快发展的基础设施范畴。一方面，"新基建"中的核心技术发展能够赋能物流装备企业，提升供应链和物流服务水平；另一方面，发展"新基建"利好物流行业的数字化、智能化转型升级。

"新基建"投资的核心5G网络、大数据中心、人工智能等技术，如今已大量运用到物流运营服务领域，包括智能调度、视频监控、物流配送等，帮助了众多业内企业重塑供应链和提升物流效率。此外，物流装备制造企业自身的制造能力和服务水平也将受益于这种技术进步。随着"新基建"加快推动5G与工业互联网等技术的融合发展，将能够推动物流装备制造业从单点、局部的信息技术应用向数字化、网络化和智能化转变，从而有力支撑我国物流装备制造企业的发展壮大。

5. 新技术助力物流装备系统智能化升级

世界经济正在进入数字经济大发展的时代，大数据、云计算、AI、物联网、数字孪生、5G、机器视觉等技术将呈爆发趋势，越来越多的智能化技术手段和装备会不断投入到仓储物流工作实践过程中。

物联网技术能够将各种数据传感器设备与互联网结合起来，将人与人、人与物的连接拓展到物与物，形成终端数量极其庞大的网络；基于5G通信低时延、大带宽、大容量的技术优势，可以将工厂车间、物流中心的人-机-料-点-线-场进行数字化、无线化改造，进而大幅提高物流效率。

人工智能主要有智能感知、自主决策、图像、视频理解与分析、语言处理、知识图谱、数据挖掘、数据分析等功能，将大大降低物流运营成本及人工劳动强度，推动物流业将服务由劳动密集型向科技密集型转变；通过数字孪生技术，可以完成仓储物流系统的虚实映射、虚实交互，系统在数据采集、设备建模的基础上，提供过程仿真功能，根据仿真结果，分析系统瓶颈，优化人员、设备、物料、计划等资源的配置，让仓储管理更加智能。

三、物流设施与设备的发展趋势

近年来,伴随着用户需求的变化以及自动控制技术和信息技术的应用,我国在大力吸收国外先进技术的基础上,建立了比较完善的物流设备制造体系,物流装备技术水平有了较大提高。

1. 大型化和高速化

大型化是指设备的容量、规模、能力越来越大。大型化是实现物流规模效应的基本手段。一是弥补自身速度很难提高的缺陷而逐渐大型化,包括海运、铁路运输、公路运输。油轮最大载重量达到56.4万t,集装箱船为14 028TEU,在铁路货运中出现了装载71.6万t矿石的列车。管道运输的大型化体现在大口径管道的建设方面,目前最大的口径为4m,是泉州路通管业生产的连续缠绕玻璃钢夹砂管道。这些运输方式的大型化基本满足了基础性物流需求量大、连续、平稳的特点。二是航空货机的大型化。正在研制的货机最多可载重300t,一次可装载30个40ftTEU,比现在的货机运输能力(包括载重量和载箱量)高出50%~100%。

高速化是指设备的运转速度、运行速度、识别速度、运算速度大大加快。提高运输速度一直是各种运输方式努力的方向,主要体现在对"常速"极限的突破。德国、法国在高速铁路上开行的高速货运列车最高速度已达到200km/h。随着各项技术的逐步成熟和经济发展,普通铁路最终将会被高速铁路所取代。在公路运输中高速一般是指高速公路,目前各国都在努力建设高速公路网,作为公路运输的骨架。

航空运输中,高速是指超音速,客运的超音速已由英、法联合研制的协和飞机实现。货运方面双音速(亚音速和超音速)民用飞机正在研制中。无论如何,超音速化将是民用货机的发展方向。在水运中,水翼船的时速已达111km/h,气垫船时速更高,而飞翼船的时速则可达到170km/h。在管道运输中,高速体现为高压力,如美国阿拉斯加原油管道的最大工作压力达到8.2MPa。

2. 实用化和轻型化

实用化是指设备好用、好修、易操作;轻型化是指在通用场合使用的设备要做到轻便、外形紧凑。以仓储设备为例,由于仓储物流设备是在通用的场合使用,工作并不很繁重,因此应好使用、易维护、易操作,具有耐久性、无故障性和良好的经济性,以及较高的安全性、可靠性和环保性。这类设备批量较大、用途广,考虑综合效益,可降低外形高度、简化结构、降低造价,同时也可减少设备的运行成本。

3. 专用化和通用化

专用化是指某些特殊的场合和物资需要专用设备来运输、搬运、储存等;通用化是指一般的物资尽量采用通用设备、器具进行物流活动,可提高物流效率。如托盘、集装箱等集装单元器将得到广泛应用,并向标准化方向发展。随着物流的多样性,物流设备的品种越来越多且不断更新。物流活动的系统性、一致性、经济性、机动性、快速化,要求一些设备向专门化方向发展,另一些设备向通用化、标准化方向发展。

物流设备专门化是提高物流效率的基础,主要体现在两个方面:一是物流设备专门化;二是物流方式专门化。物流设备专门化是以物流工具为主体的物流对象专门化,如从客货混载到客货分载,出现了专门运输货物的飞机、轮船、汽车以及专用车辆等设施和设备。运输方式专门化中比较典型的是海运,几乎在世界范围内放弃了客运,主要从事货运。管道运输就是为输送特殊货物而发展起来的一种专用运输方式。

通用化主要以集装箱运输的发展为代表。国外研制的公路、铁路两用车辆与机车,可直接实现公路、铁路运输方式的转换,公路运输用大型集装箱拖车可运载海运、空运、铁运的所有尺寸的集装箱,还有客货两用飞机、水空两用飞机及正在研究的载客管道运输等。通用化的运输工具为物流系统供应链保持高效率提供了基本保证。通用化设备还可以实现物流作业的快速转换,极大地提高物流作业效率。

4. 智能化与数字化

智能化已经成为我国物流仓储装备行业发展的必然趋势。从政策上看,物流装备智能化符合国家未来科技创新与行业发展需要;从需求上看,无论是处于风口上的智能制造,还是持续快速发展的电商快递物流,抑或是疫情影响下的末端配送,都对智能物流装备有着强烈的需求;从技术上看,基于 AI、物联网、数字孪生等技术在仓储物流应用场景的不断探索与实践,越来越多的智能化技术手段和装备不断投入到仓储物流工作实践过程中。

将机械技术和电子技术相结合,将先进的微电子技术、电力电子技术、光缆技术、液压技术、模糊控制技术等用到机械的驱动和控制系统,实现物流设备的自动化和智能化将是今后的发展方向。

数字化是目前我国各个行业转型升级发展的重要方向,也是产业创新驱动发展的主要动力。在我国智能物流不断升级发展的过程中,对各种数字化、信息化技术的需求越来越大,要求也越来越高。面对潜力巨大的物流市场,各相关企业也纷纷加大业务布局,无论是物流系统集成商、输送分拣设备供应商,还是机器人企业、信息化企业等,都普遍将数字化物流解决方案作为技术创新重点,融合 AI 算法、大数据、云计算、5G、物联网等技术,实现设备、软件、算法的不断创新。

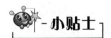小贴士

"共享"概念正重塑物流行业

如今,人们对共享经济的讨论日渐升温,旅游、汽车、金融等诸多行业纷纷参与其中,

物流行业也不例外。作为社会发展和人们生活中不可或缺的因素,物流怎样在共享经济中做到更集约、更优化的发展呢？近日,DHL 发布了一份名为《共享经济中的物流——对所有权物流的重思》的报告,提出物流企业能够通过利用数字平台和共享资源获得更好的发展机遇。

报告指出,在共享经济中,无论是个体还是组织,均可暂时借用他人的资源、服务和技能,从而减少资源浪费。这不仅能提高利用率,使投资回报最大化,还可通过向资源所有者支付租金,产生新的收益源。

事实上,"共享"这一概念对物流业而言并不陌生。早年间,DHL 就开创了一种众包模式,私人旅行者可凭借为 DHL 托运货物的单据交换免费机票。"共享的概念并不新鲜,但目前全球有 30 亿智能手机用户,若他们积极参与共享资源和服务,可想而知这一潜在的市场规模有多大。"DHL 市场营销策略与创新高级副总裁马蒂亚斯·亨特格表示,物流供应商可以通过共享资源真正受益,同时使货物运输更加便捷。用户则可以通过数字共享平台获得共享商品,包括房屋、出租车、建材、某人的个人时间和技能等。

如今,数字共享平台的巨大规模和对现有资源的共享途径正重新定义"共享"概念,重塑物流行业。在物流业中,共享仓库空间、运力、业务数据和员工只体现出共享经济的部分层面,而在其价值链中全面应用这一概念,可有助于改善物流运营,创造行业新貌。例如,在美国和欧盟地区,每四辆运输车中就有一辆空载或半载。

数字平台每天可提供实时汇总数据,获得几乎每辆运输车的备用装载数据,其中包括小型货车,甚至是私家车。DHL 已经通过其最近推出的"Saloodo!"实时货运代理平台,解决了闲置产能的低效问题。据了解,该平台利用智能手机和即时通信的全球网络,可让更多的托运人利用闲置的运力寄送包裹。

然而,事物总是具有两面性。"共享"在带来发展契机的同时,也伴随着不少挑战。风险责任、透明度、保险和劳动力保障等都是眼下亟待解决的问题。不仅如此,科技创新和社会变革常常越过了监管框架。为确保"共享经济"积极有效地发展,DHL 将与各国行业监管机构通力合作。物流业能够完美地推动共享发展趋势并从中受益,这对于塑造共享经济、重定价值和创造规则具有重大意义。

资料来源：http://www.chinawuliu.com.cn/zixun/201707/03/322653.shtml

5. 成套化和系统化

只有当组成物流系统的设备成套、匹配时,物流系统才是最有效、最经济的。在物流设备单机自动化的基础上,通过计算机把各种物流设备组成一个集成系统,通过中央控制室的控制,与物流系统协调配合,形成不同机种的最佳匹配和组合,可以取长补短,发挥最佳效用。

为此,成套化和系统化物流设备具有广阔的发展前景,以后将重点发展的有：工厂生集装单元器将得到广泛应用,并向标准化方向发展。随着物流的多样性,物流设备的品种越来越多且不断更新。物流活动的系统性、一致性、经济性、机动性、快速化,要求一些设备向专门化方向发展,另一些设备向通用化、标准化方向发展。

物流设备专门化是提高物流效率的基础,主要体现在两个方面:一是物流设备专门化;二是物流方式专门化。物流设备专门化是以物流工具为主体的物流对象专门化,如从客货混载到客货分载,出现了专门运输货物的飞机、轮船、汽车以及专用车辆等设施和设备。运输方式专门化中比较典型的是海运,几乎在世界范围内放弃了客运,主要从事货运。管道运输就是为输送特殊货物而发展起来的一种专用运输方式。

通用化主要以集装箱运输的发展为代表。国外研制的公路、铁路两用车辆与机车,可直接实现公路、铁路运输方式的转换,公路运输用大型集装箱拖车可运载海运、空运、铁运的所有尺寸的集装箱,还有客货两用飞机、水空两用飞机及正在研究的载客管道运输等。通用化的运输工具为物流系统供应链保持高效率提供了基本保证。通用化设备还可以实现物流作业的快速转换,极大地提高物流作业效率。

4. 智能化与数字化

智能化已经成为我国物流仓储装备行业发展的必然趋势。从政策上看,物流装备智能化符合国家未来科技创新与行业发展需要;从需求上看,无论是处于风口上的智能制造,还是持续快速发展的电商快递物流,抑或是疫情影响下的末端配送,都对智能物流装备有着强烈的需求;从技术上看,基于AI、物联网、数字孪生等技术在仓储物流应用场景的不断探索与实践,越来越多的智能化技术手段和装备不断投入到仓储物流工作实践过程中。

将机械技术和电子技术相结合,将先进的微电子技术、电力电子技术、光缆技术、液压技术、模糊控制技术等用到机械的驱动和控制系统,实现物流设备的自动化和智能化将是今后的发展方向。

数字化是目前我国各个行业转型升级发展的重要方向,也是产业创新驱动发展的主要动力。在我国智能物流不断升级发展的过程中,对各种数字化、信息化技术的需求越来越大,要求也越来越高。面对潜力巨大的物流市场,各相关企业也纷纷加大业务布局,无论是物流系统集成商、输送分拣设备供应商,还是机器人企业、信息化企业等,都普遍将数字化物流解决方案作为技术创新重点,融合AI算法、大数据、云计算、5G、物联网等技术,实现设备、软件、算法的不断创新。

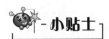

"共享"概念正重塑物流行业

如今,人们对共享经济的讨论日渐升温,旅游、汽车、金融等诸多行业纷纷参与其中,物流行业也不例外。作为社会发展和人们生活中不可或缺的因素，物流怎样在共享经济中做到更集约、更优化的发展呢？近日，DHL发布了一份名为《共享经济中的物流——对所有权物流的重思》的报告，提出物流企业能够通过利用数字平台和共享资源获得更好的发展机遇。

报告指出，在共享经济中，无论是个体还是组织，均可暂时借用他人的资源、服务和技能，从而减少资源浪费。这不仅能提高利用率，使投资回报最大化，还可通过向资源所有者支付租金，产生新的收益源。

事实上，"共享"这一概念对物流业而言并不陌生。早年间，DHL就开创了一种众包模式，私人旅行者可凭借为DHL托运货物的单据交换免费机票。"共享的概念并不新鲜，但目前全球有30亿智能手机用户，若他们积极参与共享资源和服务，可想而知这一潜在的市场规模有多大。"DHL市场营销策略与创新高级副总裁马蒂亚斯·亨特格表示，物流供应商可以通过共享资源真正受益，同时使货物运输更加便捷。用户则可以通过数字共享平台获得共享商品，包括房屋、出租车、建材、某人的个人时间和技能等。

如今，数字共享平台的巨大规模和对现有资源的共享途径正重新定义"共享"概念，重塑物流行业。在物流业中，共享仓库空间、运力、业务数据和员工只体现出共享经济的部分层面，而在其价值链中全面应用这一概念，可有助于改善物流运营，创造行业新貌。例如，在美国和欧盟地区，每四辆运输车中就有一辆空载或半载。

数字平台每天可提供实时汇总数据，获得几乎每辆运输车的备用装载数据，其中包括小型货车，甚至是私家车。DHL已经通过其最近推出的"Saloodo!"实时货运代理平台，解决了闲置产能的低效问题。据了解，该平台利用智能手机和即时通信的全球网络，可让更多的托运人利用闲置的运力寄送包裹。

然而，事物总是具有两面性。"共享"在带来发展契机的同时，也伴随着不少挑战。风险责任、透明度、保险和劳动力保障等都是眼下亟待解决的问题。不仅如此，科技创新和社会变革常常越过了监管框架。为确保"共享经济"积极有效地发展，DHL将与各国行业监管机构通力合作。物流业能够完美地推动共享发展趋势并从中受益，这对于塑造共享经济、重定价值和创造规则具有重大意义。

资料来源：http://www.chinawuliu.com.cn/zixun/201707/03/322653.shtml

5．成套化和系统化

只有当组成物流系统的设备成套、匹配时，物流系统才是最有效、最经济的。在物流设备单机自动化的基础上，通过计算机把各种物流设备组成一个集成系统，通过中央控制室的控制，与物流系统协调配合，形成不同机种的最佳匹配和组合，可以取长补短，发挥最佳效用。

为此，成套化和系统化物流设备具有广阔的发展前景，以后将重点发展的有：工厂生产搬运自动化系统、货物配送集散系统、集装箱装卸搬运系统、货物自动分拣与搬运系统等。

6. 柔性化

物流系统面临由机械化向柔性自动化方向发展的趋势。在电商快递高速发展促进下,物流系统规模越来越庞大,拆零拣选作业越来越多,需要更加柔性化的物流设备来解决急剧增长的订单需求;同时制造企业也需要具备更强的个性化定制化产品生产能力,对物流系统高效率、柔性化越来越看重。未来,由轻型高速堆垛机、智能穿梭车等组成的智能密集存储分拣系统,以 AGV(automated guided vehicle,自动导向车)、物流机器人为核心的物料搬运与分拣系统,将充分发挥其高柔性自动化的优势。

四、推进我国物流设施与设备发展的措施

借鉴国外物流技术设备发展的先进经验,结合我国物流发展的实际情况以及存在的主要问题,可以采取以下措施来加快我国物流技术设备的发展。

1. 加快物流设备标准化制定工作

物流设备标准化对于提高物流运作效率有至关重要的作用。统一的标准有利于各种设备之间的相互衔接配套,有利于物流企业之间的业务合作,从而缩短物流作业时间,提高生产效率,改善物流服务质量,进而减少物流成本在生产总成本中所占的比重。

2. 加大对物流设备的投资力度,注重多元化投资

对物流设备的实际应用情况进行调查研究,注重发展技术含量高的物流设备,有意识地淘汰陈旧落后、效率差、安全性能低的物流设备,配置先进物流机械设备,如运输系统中的新型机车、车辆、大型汽车、特种专用车辆,仓储系统中的自动化立体仓库、高层货架,搬运系统中的起重机、叉车、集装箱搬运设备、自动分拣和监测设备等。

物流装备企业要紧贴行业需求,把握好未来发展趋势,依托 AI、物联网等新技术,加强新产品研发,努力提高自主创新能力,以在激烈的市场竞争中脱颖而出。

3. 使物流设备供应商为物流企业提供更好的物流设备

积极引导物流设备供应商的经营行为,鼓励其扩大经营规模,提高技术水平和设计能力,从而为物流企业提供更好的物流设备。

努力提升产品质量。长期以来的"野蛮生长"给中国物流装备行业埋下了技术积累和创新力不足、产品同质化严重等隐忧,实现高质量发展已经成为行业的必然选择。面对当前异常激烈的市场竞争,物流装备企业需要不断加强内功的修炼,只有持续打造优质的产品,才能真正获得客户的青睐,并保持企业基业长青。

4. 需要加强人才储备

专业的人才是物流装备企业持续发展的关键。企业需要从人才建设角度出发,对现

有的员工进行培训,提高其知识储备和服务能力,为安全、有序的工作提供保障;同时,要与高校及科研院所进行深入合作,形成产学研用一体化的人才培养和引进模式,为企业升级发展注入新鲜血液。

5. 提高物流企业以及各级政府对物流设备在物流发展中的认识

提高物流企业以及各级政府对物流设备在物流发展中的认识,使他们在进行物流设备系统规划、设计时能通盘考虑,避免使用不便和资源浪费。

6. 将物流设备管理纳入物流管理的内容

无论是物流企业还是各级政府都要把物流设备管理纳入物流管理的内容。物流设备是企业的固定资产,设备成本是物流成本的一部分,应重视物流设备的管理和研究,提高物流设备的使用效率,尽量减少物流设备的闲置时间。同时应注重对物流设备安全性能的检测和对设备的维修,减缓设备磨损速度,延长其使用寿命,防止设备非正常损坏,保障其正常运行。

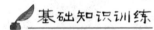

基础知识训练

1. 简述物流设施设备分类方法。
2. 简述物流设施设备在物流系统中的地位和作用。
3. 简述我国物流设施设备存在的主要问题。
4. 查阅相关资料,分析我国物流设施设备的发展趋势。

拓展阅读1.1　大电商时代:物流装备迎来新一轮发展机遇

第二章

物流设施与设备管理

> **学习目标与要求**
>
> 1. 熟悉物流设施与设备管理的含义、特点和任务；
> 2. 了解物流设施与设备使用和安全管理制度的内容；
> 3. 熟悉并掌握物流设施与设备配置管理的步骤；
> 4. 掌握物流设施与设备维护管理的内容。

教学引导案例

全力打造智慧港口、绿色港口

近年来，北部湾港防城港码头有限公司紧抓"一带一路"国际合作和西部陆海新通道建设的机遇，以精细化管理为抓手，着力提升防城港码头技术创新能力，创新港口装卸工艺规程，加大机械设备技术改造力度，大力推进智慧港口、绿色港口建设，为打造北部湾国际门户港、推动北部湾经济区高质量发展注活力、添动能。

2020年11月28日，我国出口印尼的首批高铁钢轨在防城港码头启运，这是中国高铁技术"整体出口"第一单。然而，这批长100m、总质量8 800t的钢轨如何卸车、切割、堆存、运输是一个充满挑战的技术难题。早在2017年，公司就成立了50~100m钢轨装卸攻关小组，历时三年成功研发了我国首个50~100m出口高铁钢轨港口装卸工艺规程。

"我们研发的无线联动系统用于将100m钢轨从火车上卸到堆场，该系统实现了一个操作员同时操作两台起重设备，与传统方式相比，操作协调性更佳。"公司技术部副经理刘石乾介绍，钢轨在堆场切割成50m后，再通过新研发的50m钢轨运输炮车运送到码头前沿，运用特制的专用吊梁进行装船。

该装卸工艺规程的研发,为公司参与"一带一路"国际合作和西部陆海新通道建设打下了坚实基础。

防城港是我国沿海主要港口、国家综合运输体系重要枢纽和西部陆海新通道南端出口,是国家煤炭中转和西南地区金属矿石、非金属矿石等大宗物资转运的重要节点。近年来,公司加大投入,加快机械设备技术改造,综合物流成本明显下降。

"进行港口机械设备技术改造,可有效提高货物装卸效率,为运输企业节约大量成本。"公司煤矿部副经理陈伟雄说。2018年,公司煤矿部团队创新研发火车定量快速系统,该系统的主要作用是将精粉矿装载至火车上。该系统于2019年投入使用,一个半小时内可将3000多t精粉矿装载完毕。与传统装载方式相比,装载时间可节约两个小时左右。2019年,该系统共为运输企业节约了700多万元装卸成本。

目前,公司正加大力度推动远程自动控制设备——堆取料斗轮机的研发,预计2021年6月投入使用。

"十三五"期间,公司加大了推进智慧港口的建设力度,全面推进码头生产作业无纸化操作、智能闸口、大数据网络服务等项目建设,为打造数字化港口提供基础保障。

近年来,防城港码头有限公司利用大数据、云计算、北斗定位、移动通信等信息化技术,推进铁路生产信息化建设,铁路集装箱管理系统、铁路智能调度作业系统陆续投入使用。新建16#-18#泊位智能堆场,目前共建成智能堆场达7个,通过区域管理,提高了货物风险管控能力。无线网络基站从原来的3座发展到现在的23座,其中4G基站14座,5G基站9座,为公司生产作业系统及辅助系统提供无线数据传输保障。

为推动港口的安全发展,公司采用最新IT技术,从安全双控体系、过程监管、隐患排查、安全事故分析处理、安全培训和宣传等方面进行系统化管理。2020年,结合生产实际和海关、边检、海事等联检单位的监管需求,公司新增监控摄像头434个,加大码头视频监控系统的覆盖范围,推进视频监控系统优化升级及智慧安防平台建设。

为全面推进绿色港口的建设,2020年公司完成绿化面积15.15万m^2,港区绿化总面积达54万m^2,绿化覆盖率达5.4%;还充分运用码头前沿大型装卸设备、输送设备、系统堆场等58台套除尘装置,并在402—407片区、疏港1路等地购置安装约1500支雾化喷枪,按照不同配比对港区堆头、堆场道路、空场地进行结壳剂喷洒抑尘。2020年公司使用结壳剂120t,喷洒面积达1200万m^2,有效抑制了扬尘,为打造绿色港口贡献出力量。

资料来源:http://www.fcgsnews.com/news/hot/2021-1-16/145423.shtml

第一节 物流设施与设备管理概述

一、物流设施设备管理的含义

现代物流设备管理是以企业生产经营目标为依据,运用各种技术、经济和组织措施,对物流机械设备从规划、设计、制造、购置、安装、使用、维修、改造、更新直到报废的整个生命周期进行全过程的管理。其目的是充分发挥设备效能,寻求设备寿命周期费用最经济,从而获得最佳投资效果。

设备有两种形态：实物形态和价值形态。实物形态是价值形态的物质载体,价值形态是实物形态的货币表现。在整个设备寿命周期内,设备处于这两种形态运动之中。对应于设备的两种形态,设备管理也有两种方式,即设备的实物形态管理和价值形态管理。

1. 实物形态管理

设备从规划设置至报废的全过程即为设备实物形态运动过程。设备的实物形态管理就是从设备实物形态运动过程出发,研究如何管理设备实物的可靠性、维修性、工艺性、安全性、环保性以及在使用中发生磨损、性能劣化、检查、修复、改造等技术的业务。其目的是使设备的性能和精度处于良好的技术状态,确保设备的输出效能最佳。

2. 价值形态管理

在整个设备寿命周期内包含的最初投资、使用费用、维修费用的支出、折旧、改造、更新等资金的筹措与支出,构成了设备价值形态运动过程。设备的价值形态管理就是从经济效益角度研究设备价值的运动,即新设备的研制、投资及设备运行中的投资回收、运行中的损耗补偿、维修、技术改造的经济性评价等经济业务,其目的就是使设备的寿命周期费用最经济。

现代设备强调综合管理,其实质就是将设备实物形态管理和价值形态管理相结合,追求在输出效能最佳的条件下使设备的综合效率最高。只有把两种形态管理统一起来,并注意不同的侧重点,才可以实现这个目标。

二、物流设施设备管理的相关概念

要把握好物流设施设备管理活动,还需要理解并掌握以下几个概念。

1. 设备寿命周期

设备的寿命是指设备从最初的调查研究开始直到报废为止的整个过程。它包括调查研究、计划、设计、制造、选型、购置、安装、调试、运转、维修、更新报废等环节。其中调查研究、计划、设计、制造等环节称为设备寿命的前半生;选型、购置、安装、调试、运转、维修、更新报废等环节称为设备寿命的后半生。

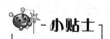

船舶载重线——水上的"电子秤"

船舶载重线标志是指勘绘于船中两舷,标明载重线位置以限制船舶最大吃水,确保船舶最小干舷的标志。《1966年国际载重线公约》及我国《法定规则》均规定必须在船舶两舷勘绘载重线标志,以限制船舶装载时的最大吃水。

最大吃水又称"外形吃水",是指包括任何水下突出物在内的船体外形最低点至某一水线面的垂直距离。营运船舶为改善航行性能,多呈船尾吃水大于船首吃水的尾倾状态,此时船尾吃水即为最大吃水。最大吃水决定了船舶能否安全通过浅水区。它也是国外部分港口收费的依据之一。吃水的大小不仅取决于船舶和船载所有物品,如货物、压载物、燃料和备件的重量,而且还取决于船舶所处水的密度。

通过读取标在船艏和船艉的船舶载重线,可以确定船舶的吃水。船舶载重线标志由甲板线、载重线圈、各载重线三部分组成。

TF 表示热带淡水载重线,即船舶航行于热带地区淡水中总载重量不得超过此线。

F 表示淡水载重线,即船舶在淡水中行驶时,总载重量不得超过此线。

T 表示热带海水载重线,即船舶在热带地区航行时,总载重量不得超过此线。

S 表示夏季海水载重线,即船舶在夏季航行时,总载重量不得超过此线。

W 表示冬季海水载重线,即船舶在冬季航行时,总载重量不得超过此线。

WNA 表示北大西洋冬季载重线。在冬季季节期航行经过北大西洋(北纬36°以北)时,总载重量不得超过此线。

从系统的观点考察,设备寿命的前、后半生,即制造与使用是设备管理这个大系统中的两个子系统,两者之间存在着相互依存、相互促进的内在联系。但是,由于传统设备管理的局限性,设备研制单位只管研制,设备使用单位只管维修,界限分明,表现为制造厂生产的新设备不完全符合或不符合使用单位的要求。因此,造成了不少使用单位设备的大量积压,使用单位在设备更新、改造中的成功经验不能被设备制造单位吸取,阻碍了新设备技术水平的提高。

大量的实践证明,设备在使用与维修时的许多问题取决于它的先天性,即设备初用方案论证阶段、设计试制阶段所确定的一些技术指标,若先天不足,那么后天纠正补救是很困难的。设备寿命的后半生子系统内部各环节之间同样存在着相互制约、相互促进的内在联系。传统设备管理的第一弊病是机械地把买、用、修、更、改造分割开来,片面地局限在中间一段,只维护修理,忽略了合理选型、择优选购、设备更新和技术改造。

在设备合理选型、择优选购这一环节,由于设备部门无权过问或不去过问造成的浪费和损失很大。

把设备管理的范围扩展到设备的一生是现代设备管理的重要观点。把设备管理的各个环节当作一个整体来管理以求得整体的效益最优,这种对设备实行全过程的管理是按照系统论的观点组织设备管理的基本方法。对设备实行全过程管理,是避免设备积压、浪费的重要措施,它有利于从整体上保证和提高设备的可靠性、维修性和经济性,实行全过程管理是有效地提高企业和国家技术装备水平,实现技术装备现代化的重要保证。

2. 寿命周期费用

设备寿命周期费用是指设备一生的总费用，它包括设备的研究、设计、制造、安装、调试、使用、维修、改造直到报废为止所产生的费用总和。

寿命周期费用一般由两部分组成。一部分是原始购置费，设备如系企业自制，则包括调研、设计、制造、安装、调试等原始费用；如系外购，则包括购置费、运输费、安装和调试费用。另一部分是维持费，它包括运行费和维修费两部分。即：

$$设备寿命周期费用＝原始购置费＋维持费＋拆除费－残值$$

设备寿命周期费用的概念涉及设备的一生。因此，追求寿命周期费用最经济这一目标也必须贯彻于设备运动过程的始终。只有在设备寿命一生的各个阶段都认真采取和执行行之有效的措施，才能达到寿命周期费用最经济的目的。

3. 设备的综合效益

设备的综合效益是设备寿命周期的输出与设备寿命周期费用的比值。设备寿命周期的输出是指设备一生在满足安全、卫生、环保、货物安全、交货期等条件下的作业量，用价值表示。

评价设备经济性，不仅要考查寿命周期费用，还要看设备的综合效益如何，同样的费用，要选择综合效益高的设备。

三、物流设施设备管理的特点

物流设施设备管理除了具有一般管理的共同特征以外，与其他专业管理相比较还有以下特点：

1. 技术性

作为企业的主要生产手段，设备是物化了的科学技术，是现代科技的物质载体，因此，现代物流设备管理必然具有很强的技术性。首先，现代物流设备管理包含了机械、电子、液压、光学、计算机等许多方面的科学技术知识，缺乏这些知识就无法合理地设计制造或选购设备；其次，正确地使用、维修这些设备，还需掌握状态检测和诊断技术、可靠性工程、摩擦磨损理论、表面工程、修复技术等专业知识。可见，现代物流设备管理需要以物流技术与物流设备工程技术作为基础，不懂技术就无法搞好设备管理工作。

2. 综合性

设备管理的综合性表现在以下几个方面：

（1）现代物流设备包含了多种专门技术知识，是多门科学技术的综合应用。

（2）设备管理的内容是工程技术、经济财务、组织管理三者的综合。

（3）为了获得设备的最佳经济效益，必须实行全过程管理，它是对设备一生各阶段的综合。

(4) 设备管理涉及物资准备、设计制造、计划调度、劳动组织、质量控制、经济核算等多方面的业务,汇集了企业多项专业管理的内容。

3. 随机性

许多设备故障具有随机性,使得设备维修及管理也带有随机性。为了减少突发故障给企业带来的损失和干扰,设备管理必须具备应付突发故障、承担意外突发任务的应变能力。这就要求设备管理部门信息渠道畅通、器材准备充分、组织严密、指挥灵活、人员作风过硬、业务技术精通,能够随时为现场提供服务,为生产排忧解难。

4. 全员性

现代企业管理强调应用行为科学来调动广大职工参加的积极性,实行以人为本的管理。物流设备的综合性更加迫切需要全员参加,实行物流设备的专业管理与群众管理相结合,才能真正搞好物流设备管理工作。

第二节 物流设施与设备管理的内容和任务

一、现代物流设备的特征

物流设备管理是对物流设备运动全过程进行计划、组织和控制。物流设备管理应该满足设备管理工作的技术要求,使机器设备经常保持良好的技术状态,在保证生产正常运行的同时,还应该使设备管理工作符合经济性要求,做到效率高、费用低。

现代物流设备展现了现代物流技术的发展。近几年来,我国的物流设备现代化水平逐渐提高,在一些大型物流和生产企业,设备的先进性已经与国外先进水平相差不大,其设备的自动化程度较高,体现出集成化、大型化和生产连续化的趋势。因此现代物流设备往往具备一些共同特征,主要表现在以下几个方面:

1. 现代物流设备的社会化程度越来越高

设备的社会化程度具体表现在两个方面:一方面是指设备结构越来越复杂,零部件种类、数量越来越多,配件的管理工作涉及省市内外甚至国外;另一方面是指设备从研究、设计、制造、选型、购置、安装调试、使用、维修一直到报废,环节较多,各环节之间互相影响、互相制约。

2. 现代物流设备涉及的科学技术越来越多

设备中体现的科学技术知识门类越来越多,如液压、机械、电子、电器等,缺乏必要的知识将无法进行管理。

3. 现代物流设备生产效率高

现代物流设备大型化、高速化、连续化、电子化,因此生产效率很高,也就造成在使用中若管理不慎,则会导致直接故障损失大、污染严重、磨损快等严重后果。

4. 现代物流设备能源消耗大

现代设备多为能源密集型的装备,能源消耗很大。

5. 现代物流设备费用高

现代物流设备多为资金密集型的装备,投资和使用费用非常高。

二、物流设施与设备管理的内容

由于现代物流设备具有以上重要特征,因此现代物流设备管理应以追求设备综合效率和寿命周期费用的经济性为目的,从工程技术、财务经济和组织管理三个方面对设备实行终生管理。因此,物流设备管理应包括以下三个方面的内容:

1. 设备的技术管理

设备的技术管理主要包括设备的规划、选购、自制与安装调试,设备合理使用和维护保养管理,设备的计划检修,设备的状态检测与技术诊断,设备的安全技术管理和事故处理,设备的备件管理,设备的技术资料管理,设备的技术改造,设备的技术档案管理等。

2. 设备的经济管理

设备的经济管理主要包括设备投资效益分析,资金筹措和使用,设备移交验收、分类编号、登记卡片和台账管理、库存保管、调拨调动、年终清查等资产管理,折旧的提取与管理,费用的收支核算,设备更新等。

物流设备的经济管理必须遵循价值规律和寿命周期费用变化规律,对物流设备管理的各项内容进行经济论证、经济核算、经济分析和成本控制等活动,开展多种形式的增收节支和经营,使企业取得最佳的经济效益。

3. 设备的组织管理

设备的组织管理主要包括员工的教育和培训,设备管理制度和规范的制定,设备管理、使用的监督检查和评比等。物流设备的组织管理必须遵循机械使用与磨损的客观规律,运用行政手段,科学地把物流设备技术管理和经济管理结合起来,全面完成物流设备管理任务。

物流设备管理的三个方面内容是互相联系的一个整体。其中,技术管理是基础,经济管理是目的,组织管理是手段。只有将三者结合,才能实现综合管理的目的。

三、物流设施与设备管理的任务

物流设备管理的任务是由设备管理的目的决定的。总体来说,物流设备管理的任务是保证为企业的物流活动提供最优的技术设备,使企业物流系统或物流作业建立在最佳的物质技术基础之上，以获得设备最佳的经济效益。这个任务包括以下几个方面：

1. 合理选用设备

要根据技术先进、经济合理的原则，通过全面规划、合理配置，对设备进行全面的技术经济评价，合理选用设备。相关人员应密切配合，掌握国内外技术发展动向，收集技术和经济两方面资料。

技术方面资料包括设备规格、性能、用途、效率、动力、材料对环境的污染、可靠性、维修性、运输安全条件、备品配件的供应等；经济方面资料包括该设备市场状况、设备的价格、运费、相应的配套工程投资、安装费用、维修人员和操作人员的培训费、购买该设备的资金来源、预估设备投资效果等。

2. 保持设备完好

保持设备完好，指通过精确安装和正确使用、精心维修、适时检查、安全作业等环节，使设备始终处于完好的技术状态，使其工作性能能够满足生产工艺或物流作业的要求，随时可以根据企业生产经营的需要投入正常运行。

物流设备完好一般包括：设备零部件、附件齐全，运转正常；设备性能良好，动力输出符合标准；燃料、能源、润滑油消耗正常等三个方面的内容。行业、企业应当制定关于完好设备的具体标准，使操作人员与维修人员有章可循。

3. 改善和提高技术设备素质

技术设备素质是指在技术进步的条件下，技术设备适合企业生产和技术发展的内在品质。通常可以用以下几项标准来衡量：

（1）工艺适应性；

（2）质量稳定性；

（3）运行可靠性；

（4）技术先进性（包括生产效率、物料和能源消耗、环境保护等）；

（5）机械化、自动化程度。

应通过适时改造与更新，改善和提高企业的技术设备素质，使物流现代化水平不断提高。改善和提高技术设备素质的主要途径：一是采用技术先进的新设备替换技术陈旧的设备；二是应用新技术改造现有设备。后者通常具有投资少、时间短、见效快的优点，应该成为企业优先考虑的方式。

4. 充分发挥设备效能

设备效能是指设备的生产效率和功能。设备效能的含义不仅包括单位时间内生产能力的大小，也包含适应多品种生产的能力。充分发挥设备效能的主要途径有以下几方面：

（1）合理选用工艺规范和技术装备，在保证产品质量的前提下，缩短生产时间，提高设备的利用率。

（2）通过技术改造，提高设备的维修性与可靠性，减少故障停机和维修停歇时间，提高设备利用率。

（3）加强生产计划、维修计划综合平衡，合理组织生产与维修，提高设备利用率。

5. 取得良好的设备投资效益

设备投资效益是指设备整个寿命周期的产出与其投入之比。取得良好的设备投资收益，是以经济效益为中心的方针在设备管理工作上的体现，也是设备管理的出发点和落脚点。因此，应追求设备寿命周期费用的最佳经济和设备的综合效益，而不是只考虑设备购买或使用某一阶段时的经济性。

在寿命周期的各个阶段，一方面加强技术管理，保证设备在使用阶段充分发挥效能，创造最佳的产出；另一方面加强经济管理，实现最佳经济的寿命周期费用。在设备规划阶段，要求设备的经济性；在设备维修阶段，要谋求停机损失和维修费用两者之间的最佳平衡，以求得设备维修的最佳经济效果。

第三节 物流设施与设备的选型配置与管理

物流设备的选型配置是物流设备前期管理的重要环节。物流设备一般投资较大，使用周期较长，在配置和选择时，一定要进行科学决策和统一规划。正确地配置和选择物流设备，可以为物流作业选择出最优的技术设备，使有限的投资发挥最大的技术经济效益。

一、物流设备选型配置的原则

1. 系统化原则

系统化就是在物流设备配置、选择中用系统论的观点和方法，对物流设备运行所涉及的各个环节进行系统分析，把各个物流设备与物流系统总目标、物流设备与操作人员、物流设备与作业任务等有机严密地结合起来，发挥各个环节的机能，使物流设备的配置、选择最佳，使物流设备能发挥最大的效能，并使物流系统整体效益最优。

在企业物流系统中，用系统观点和方法解决物流机械设备配置和选择问题是提高企业资源的利用率，实现最合理投资的重要手段。按系统化原则配置与选择物流机械设备不仅要求物流机械设备与整个系统相适应，各物流机械设备之间相匹配，而且还要求全面、系统地分析物流机械设备单机的性能，从而进行综合评价，作出决策。

2. 适用性原则

适用性是指物流设备满足使用要求的能力，包括适应性和实用性。在配置和选择物流设备时，应充分注意到与物流作业的实际需要和发展规划相适应；应符合货物的特征、货运量的需要；适应不同的工作条件和多种作业性能要求，操作使用灵活方便。

因此,首先应根据物流作业的特点,找到必要功能,再选择相应的物流设备,这样的物流设备才有针对性,才能充分发挥其功能。有人认为,物流机械设备的适用性越强,要求的功能越多,其实不然。功能越多,厂家的成本投入一定大,物流机械设备的价格也会提高,购置时一次支付的费用增高,况且,功能太多不一定是实际作业所需要的,花了钱买了不需要的功能,物流机械设备得不到充分利用,肯定会造成浪费,不可能取得良好的经济效益。功能太低,不能满足作业要求,不能体现物流机械设备的优势,物流效益低,同样是不可取的。只有充分考虑按使用要求去选择物流机械设备的功能,才能充分体现物流机械设备的适用性,获得较大的投资效益。

3. 技术先进性原则

技术先进性是指配置与选择物流设备能反映当前科学技术的先进成果,在主要技术性能、自动化程度、结构优化、环境保护、操作条件、现代新技术的应用等方面具有技术上的先进性,并在时效性方面能满足技术发展的要求。物流设备的技术先进性是实现物流现代化所必备的技术基础,但先进性是以物流作业适用为前提,以获得最大经济效益为目的,绝不是不顾现实条件和脱离物流作业的实际需要而片面追求技术上的先进。同时,也要防止购置技术上已属落后、已被淘汰的机型。

4. 低成本原则

低成本是指物流设备的寿命周期成本低。它不仅指一次购置费用低,更重要的是物流设备的使用费用低。任何先进的物流设备的使用都受到经济条件的制约,低成本是衡量机械设备技术可行性的重要标志和依据之一。

在多数情况下,物流设备的技术先进性与低成本可能会发生矛盾。但在满足使用的前提下应对技术先进与经济上的耗费进行全面考虑和权衡,作出合理的判断,这就需要进一步做好成本分析。只有全面考察物流设备的价格和运行成本,选择整个寿命周期费用低的物流设备,才能取得良好的经济效益。

此外,为完成某种轻量级工作而购买价格昂贵的重量级物流机械设备,或选用使用寿命不长的物流机械设备或非标准物流机械设备,都可能会带来经济上的不合理。

5. 可靠性和安全性原则

可靠性是指物流设备在规定的使用时间和条件下,完成规定功能的能力。它是物流设备的一项基本性能指标,是物流设备功能在时间上的稳定性和保持性。如果可靠性不高,无法保持稳定的物流作业能力,也就失去了物流设备的基本功能。物流设备的可靠性与物流设备的经济性是密切相关的。

从经济上看,物流设备较高的可靠性可以减少或避免因发生故障而造成的停机损失与维修费用的支出。但可靠性并非越高越好,这是因为提高物流设备的可靠性需要在物流设备研发制造中投入更多的资金。因此,应全面权衡提高可靠性所需的费用开支与物流设备不可靠造成的费用损失,从而确定最佳的可靠度。

安全性是指物流设备在使用过程中保证人身和货物安全以及环境免遭危害的能力。它主要包括设备的自动控制性能、自动保护性能以及对错误操作的防护和警示装置等。

随着物流作业现代化水平的提高,可靠性和安全性日益成为衡量设备好坏的重要因素。在配置与选择物流设备时,应充分考虑物流设备的可靠性和安全性,以提高物流设备利用率,防止发生人身事故,保证物流作业顺利进行。

6. 一机多用原则

一机多用是指物流设备具有多种功能,能适应多种作业的能力。配置用途单一的物流设备,既不方便使用,又不利于管理,因此,应发展一机多用的物流设备。配置和选择一机多用的物流设备,可以实现一机同时适宜多种作业环境的连续作业,有利于减少作业环节,提高作业效率,并减少物流设备的台数,便于物流设备的管理,从而充分发挥物流设备的潜能,确保以最低投入获得最大的效益。

如叉车具有装卸和搬运两种功能,因此应用极为广泛。又如多用途门座起重机,可实现集装箱吊具、吊钩、抓斗多种取物装置的作业,适用于装卸集装箱、钢材和超长超大等重件杂货、煤和砂石等散装货物。在配置与选择物流机械设备时,要优先考虑一机多用的物流机械设备。

7. 环保性原则

要求物流设备噪声低、污染小,具有较好的环保性。

二、物流设施与设备配置管理的步骤

(一) 制定物流机械设备配置和选择的前期准备工作

1. 了解设备规划的要求

设备规划是企业根据生产经营发展总体规划和本企业设备结构的现状而制定的,用于提高企业设备结构合理化程度和机械化作业水平的指导性计划。科学的设备规划能减少购置设备的盲目性,使企业的有限投资满足重点需要,从而提高投资效益。

设备规划主要包括设备更新规划、设备现代化改造规划、新增设备规划等。

设备规划的编制依据主要有:企业经营发展的需求,现有设备的技术状况,有关安全、环境保护、节能等方面的法规,国内外新型设备的发展和科技信息,可筹集用于设备投资的资金等。

在确定配置方案之前,要根据设备规划确定需更新的物流设备,然后再根据其进行物流设备的配置。

2. 收集有关资料并进行详细分析比较

(1) 经济资料

货物的种类及其特性、货运量、作业能力、货物流向等是最主要的经济资料,它们直接影响着物流设备的配置与选择。因此,必须多渠道、正确地收集这些资料。在收集有关经济资料时,不仅要掌握目前和近期的情况,而且还需要摸清远景的发展或变化趋势。调查所得的资料应加以必要的整理、审查、核实、分析研究,并作出有关的统计分析表。

(2) 技术资料

技术资料包括物流设备技术性能现状及发展趋势、主要生产厂家技术水平状况、使用单位对设备的技术评价等。这些是从整体上把握物流设备技术状况的重要数据和资料。

(3) 自然条件资料

自然条件资料主要包括货场仓库条件、地基的承受能力、地基基础、作业空间等。

(二) 拟定物流机械设备配置的初步方案

对于同一类货物、同一作业线、同一作业过程,可以选用不同的物流机械设备。因而在拟定初步方案时,就可能提出几个甚至更多具有不同程度优缺点的配置方案。然后,按照配置原则和作业要求确定配置物流设备的主要性能,分析各个初步方案的优缺点,并进行初步选择,最后保留2~3个较为可行的、各具优缺点的初步方案,并估算它们的投资,计算出物流设备生产率或作业能力以及初步的需要数量。

(三) 物流机械设备配置方案的技术经济评价与方案的确定

为了比较各种配置方案,从经济上分析哪些方案较为有利,必须进行技术经济评价,以便选择一个有利方案。在确定配置方案时,具体方案中如出现不可比因素,就要求将不可比因素作一些换算,尽量使比较项目有可比性。

(四) 物流机械设备选型的步骤

物流设备的配置方案确定后,接下来就是全面衡量各项技术经济指标,选择合理的机型。选型的步骤如下:

1. 预选

预选要在广泛收集物流机械设备市场供货情报的基础上进行。供货情报的来源主要包括产品样本、产品目录、产品广告、展销会以及销售人员收集的其他情报等,并进行分类汇编,从中筛选出可供选择的机型和厂家。

2. 细选

细选是对预选出来的机型和厂家进行调查、联系和询问,详细了解物流设备的各项技术性能参数、质量指标、作业能力和效率；生产厂商的服务质量和信誉，使用单位对其设备的反映和评价；货源及供货时间；订货渠道、价格、随机附件及售后服务等情况。将调查结果填写在"设备货源调查表"中，并分析比较，从中选择符合要求的厂家作为联系目标。

3. 选定

选定是对选出的厂家进行联系，必要时派专人做专题调查和深入了解，针对有关问题，如物流设备的力学性能状况、价格及优惠条件、交货期、售后服务条件、附件、图纸资料、配件的供应等同厂家进行协商谈判，并作出详细的记录。

然后，由企业有关部门进行可行性论证，选出最优的机型和厂家作为第一方案，同时准备第二、第三方案以应对订货情况变化的需要，经主管领导及部门批准后定案。

三、物流设施与设备配置的衔接管理

在配备物流机械设备时，还要充分考虑前后作业环节之间的相互衔接、相互协调和配套问题，这是保证物流作业连续进行的重要条件。因此，需要对各个作业环节中所有机械设备进行配套性考虑，以便使物流作业通畅，提高物流效率。

1. 物流设备在各作业区之间的衔接

为了保证各作业区之间的相互衔接，在配备机械设备时，要特别注意它们之间的配套衔接。由于物流系统存在许多不同的作业流程，各作业流程需要不同类型的设备来完成相应的物流作业，因此在不同作业流程之间必须认真考虑作业环节的有机连接，需要采用适当的衔接设备来完成不同流程之间的转接任务。

2. 物流设备在数量、吨位上配套

为了经济、高效地完成一定量的货物装卸搬运作业，充分发挥每台机器设备的能力，需要使各机械设备在数量上、吨位上匹配，在作业能力上配套。如果某个环节机械设备作业能力不配套，必然会带来整个物流系统不通畅，形成瓶颈，造成资源浪费。

3. 物流机械在作业时间上的协调

在考虑机械设备数量时，如果能够做到使单位作业量所需要的时间相近或相等，则物流系统在时间上就可以得到很好的衔接。例如，利用皮带输送机进行搬运作业时，其作业活动由输送带上的移动、输送带两端的装卸等几个环节组成。如果上述几个作业环节不能以同样的速率进行，搬运作业就不能达到协调和高效率。

4. 物流机械与场地条件、周边辅助设施匹配

为了提高机械设备的利用率，必须充分利用场地条件和现代化装卸站台及周边设备。例如，为了提高卡车、集装箱等装卸作业效率，需要合理匹配装卸站台的周边设备，包括车

位跳板、门封装置、车位安全装置等。

四、物流设施与设备的使用管理

(一) 物流设施与设备使用管理的基本要求和衡量指标

1. 基本要求

物流设施设备的使用是指在正常的工作环境下,物流设施设备能正常运行,进行物流作业,并且充分发挥设计能力的工作过程。物流设施设备使用的基本要求包括保持设施的良好状态,降低故障率;正确使用设施和设备,进行优化组合,充分发挥它们的功能和效用;安全、优质、高效、低耗、环保地完成物流作业,达到最经济高效的运行状态;提高职工素质,推动物流技术进步。

2. 衡量指标

衡量物流设施设备使用管理水平可以从以下三个方面来考虑。

(1) 效率。物流设施设备使用管理必须使其作业能力得到充分发挥,尽量避免出现低效率运作状态或停工情况,这是衡量使用管理水平的基本指标。

(2) 经济。经济性是衡量使用水平的关键性指标,针对不同的物流设施设备和不同的作业性质,企业应有对应的成本控制指标。例如,对于在月台作业的起重机与库房内的叉车等,均要制定相应的成本控制指标。

(3) 养护。物流设施设备在正常使用过程中不可避免地会发生磨损和老化,但对于那些非正常使用造成的磨损和老化可以通过管理予以预防,并通过必要的维护手段减少磨损,推迟老化。

另外,物流设施设备使用管理还应从物流作业设计、专业人员培养和运行管理等多方面加以考虑,找出企业存在的问题,寻找更加高效的物流设施设备使用管理办法。

(二) 物流设施与设备使用的管理制度

物流设施设备使用的管理需要建立相应的管理机制,这就要求企业制定好物流设施设备使用的管理制度。

1. "三定"与"五定"责任制

定人、定机、定岗位责任,简称"三定"责任制,在此基础上加上定时、定量则为"五定"责任制。责任制把设施设备和具体的操作人员相对固定下来,使设施与设备的使用、维护和保养的每一个环节、每一个项目都落实到具体个人,明确责任与义务。

2. 交接班制度

不少物流设施设备实行24小时连续运转,按多班制工作。因此,要建立严格的交接班制度。交班时,交接班双方都要全面检查,交接清楚,由交方填写交接记录,接方核对以后签收。

3. "无证不上岗"制度

部分物流设施设备要求做到操作人员持证上岗,如操纵叉车要有相应的叉车证,没有叉车证就不允许操纵。否则,极易导致安全事故,造成人员财产的损伤。

4. 岗位责任制度

岗位责任制度主要包括:严格遵守"三定"与"五定"责任制,严守无证不上岗制度,严守操作维护规程,严守设施设备检修、验收制度,禁止违章作业,抵制违章指挥,严守事故应急处理办法等。

5. 使用监控制度

为了保证设施与设备的正确使用,应制定切实可行的监督检查制度,对相关人员定期考评,实行"三级四检"。"三级"是指公司、车间、班组对设施与设备的三级检查;"四检"是指公司内部的月检、车间的周检、设备专业管理人员和维修工的日检、岗位操作人员的点检。

(三) 物流设施与设备的安全管理

物流设施设备安全管理的目的是在其使用过程中,采取各种技术措施和组织措施,确保物流设施设备安全可靠地工作,确保人身、设备本身和作业对象的安全。

1. 影响物流设施设备安全的主要因素

物流设施设备的安全隐患存在于使用的整个过程中,安全事故的发生往往是多种因素综合作用的结果。一般情况下,造成物流设施设备安全事故的原因如下:

(1) 物流设施设备本身的不安全状态,如有些缺乏安全装置的不合格设备流入市场等。

(2) 人的不安全行为因素,如操作人员缺乏安全意识,不执行安全操作规程等。人的不安全行为往往是引发事故的直接原因。

(3) 安全管理不到位。如领导的安全意识不强,对物流设施设备的监控力度不够,对管理人员和操作人员安全教育与培训不足,安全规章制度不健全等都是安全管理不到位的表现。

2. 安全管理的主要内容

安全管理贯穿于物流设施设备使用管理的全过程,其主要工作内容如下:

(1) 建立健全安全管理组织机构

根据企业组织结构的类型,必须在组织机构各层次中分别设置相应的安全管理部门和岗位，配备安全管理专业人员，做到安全管理工作事事有人管。

(2) 建立健全安全管理制度并落实安全作业责任制

安全责任制是企业岗位责任制的重要内容之一。从企业各级领导、各职能部门，直到一线职工，都要根据其工作性质和要求，明确规定物流机械安全责任，认真做好责任落实工作。

(3) 编制安全作业技术方案

对于重大货物的吊装、超重、超高、超宽货物的运输，以及仓库、配送中心的物流作业等都要编制安全作业技术方案，以确保物流设备的安全。

(4) 贯彻执行物流设备的使用安全技术规程

安全技术规程是根据设备的结构和特点，以及安全运行的要求，规定物流设施设备使用和操作过程中必须遵守的事项、程序以及动作等基本规则，它是物流设备安全作业的重要保证。

(5) 开展物流设备的安全教育

各种物流设备的操作人员必须进行专业技术培训和设备使用安全技术规程的学习，作为取得操作证的主要考核内容。

(6) 认真开展物流设备的安全检查活动

加强设备本身的故障和安全装置检查，主要目的是消除设备的故障隐患，确保安全装置灵敏可靠，同时检查物流设备的安全作业条件、作业方案、措施等能否保障设备的安全运行等。

五、物流设施与设备的维护管理

(一) 物流设施与设备维护保养的内容和制度

1. 维护内容

要使物流设施设备经常处于完好的状态，除了正确使用设备之外，还要做好设备的维护保养工作。维护保养工作做得好，可以减少停机损失，降低维修费用，提高生产效率，延长设备的使用寿命，从而给企业带来良好的经济效益。

维护保养是指通过擦拭、清扫、润滑、紧固、调整、防腐、检查等一系列方法对设备进行护理，以维持和保护设备的性能和技术状况。

虽然不同的物流设备其结构、性能和使用方法不同，设备维护保养工作的具体内容也不完全一致，但设备维护保养的基本内容是一致的，即清洁、安全、润滑和防腐。

(1) 清洁，是指各种物流设备要做到无灰、无尘、整齐，保持良好的工作环境。

(2) 安全，是指设备的保护装置要齐全，各种装置不漏水、不漏电、不漏气、不漏油，保证安全，不出事故。

(3) 润滑,是指设备要定时、定点、定量加油,保证润滑面正常润滑,保证运转畅通。

(4) 防腐,是指要防止设备腐蚀,提高设备运行的可靠性和安全性。

物流设备的维护保养一般包括日常维护、定期维护、定期检查。定期检查又称为定期点检。

2. 保养制度

物流设施设备实行三级保养制度,即设备的日常维护、一级保养和二级保养。三级保养制度是以操作者为主对设备进行以保为主、保修并重的强制性维修制度。

(1) 设备的日常维护保养

物流设施设备的日常维护是全部维护工作的基础。它的特点是经常化、制度化,一般日常维护保养包括班前、班后和运行中的保养。

日常维护保养一般由操作工人负责。要求操作工人严格按照操作规程操作,集中精力工作,注意观察设备运转情况和仪器、仪表,通过声音、气味发觉异常情况。如有故障应停机检查及时排除,并做好故障排除记录。

(2) 设备的一级保养

一级保养是为了减少设备磨损、消除隐患、延长设备使用寿命,使设备处于正常技术状态而进行的定期维护。

一级保养一般以操作工人为主,维修工人协助完成。保养一般在每月或设备运行500～700h 后进行。每次保养之后,要填写保养记录卡,谁保养,谁记录,并将其装入设备档案。

(3) 设备的二级保养

二级保养是为了使设备达到完好标准,提高和巩固设备完好率,延长大修期而进行的定期保养。

二级保养一般以维修工人为主,操作工人参加完成。保养时间一般是按照一班制考虑,一年进行一次,或者设备累计运转2 500h 以后进行。二级保养后要填写保养记录卡,由操作者验收,验收后交设备管理部门存档。

(二) 物流设施与设备的检查和维修

1. 物流设备的点检制度

检查设备的目的是判断和确定设备的技术状态是否在规定范围内,据此做出继续使用、采取预防措施或停机修理的结论。物流机械设备的点检是一种先进的设备检查制度,是对影响设备正常运行的一些关键部位进行经常性检查和重点控制的方法。

(1) 设备点检的含义

设备的"点"是指预先规定的设备关键部位或薄弱环节。设备点检是指通过人的感官或运用检测的手段进行检查,及时准确地获取设备部位(点)的技术状况或劣化的信息,及早预防维修,消除隐患。

进行设备点检能够减少设备维修工作的盲目性和被动性,及时掌握故障隐患并予以消除,从而掌握主动权,提高设备完好率和利用率,提高设备维修质量,并节约各种费用,提高总体效益。

(2) 设备点检的类别

① 日常点检。每日通过感官检查设备运行中的关键部位的声响、振动、温度、油压等,并将检查结果记录在点检卡中。

② 定期点检。此类点检的时间周期长短按设备具体情况划分,有一周、半月、一月、数月不等。定期点检除凭感官外还要使用专用检测仪表工具。定期点检主要针对重要设备,要检查设备的性能状况,设备的缺陷、隐患以及设备的劣化程度,为设备的大修、项修方案提供依据。

③ 专项点检。专项点检是有针对性地对设备某特定项目的检测,使用专用仪器工具,在设备运行中进行。

(3) 设备点检的方法

① 运行中检查;

② 停机检查,其中包括停机解体检查和停机不解体检查;

③ 凭感官和经验检查;

④ 使用仪表仪器检查。

某设备的点检方法一经确定,点检人员不能随意自行改变。

(4) 设备点检的步骤

① 确定设备的检查点。设备的检查点往往是设备的关键部位或薄弱环节,检查点一经确定,轻易不要变动,并要长期积累历次检查数据和资料。

② 确定点检路线。检查点确定后,要根据设备的分布和类型等具体情况列出一条点检路线,并明确点检前后顺序。点检路线确定后,也不许轻易变动。

③ 确定点检标准。设备的点检标准要根据设备的各种资料并结合实际经验来制定,其标准要定量化,便于检查。

④ 确定点检周期。设备的各自性能不同、特点不同、寿命不同,点检周期也不同。因此要根据实际情况,分别制定各设备的点检周期,以保证设备按时接受检查。

设备点检人员必须有高度的责任心和技术水平,切实做好点检工作,点检人员对检查信息记录要准确、简明、全面、规范。设备点检工作完成后,必须妥善保存、归档,以便今后工作中使用。

(5) 设备点检工作的检查和考核

做好点检工作,对今后设备的修理工作会起到重要作用,因此要加强领导、定期检查、考核,杜绝不负责任的点检,使点检工作真正收到成效。

2. 物流设备的维修

修理的作用是恢复物流设备已失去的工作能力,使设备恢复到良好的技术状态。设备工作能力的下降和设备技术状态的劣化是逐渐发生的过程,而设备的修理却是间断发生的过程。根据修理内容和工作量的不同,维修作业可以划分成不同的类别。

(1) 大修

物流设备的大修是旨在全面恢复设备工作能力的修理工作。其特征为全部或大部分拆卸分解,修理基准件,更换或修理所有不宜继续使用的零件,整新外观,使设备精度、性能等达到或接近原来出厂水平。为了改进和提高设备工作能力,可以对需要改进的部位(部件或项目)或整机结合大修进行现代化改装。

(2) 项目修理

项目修理简称项修或中修,是在设备技术状态管理的基础上,针对设备技术状态的劣化程度,特别是在已判明故障的情况下,所采取的有针对性的修理活动,这里的项目是指设备部件、装置或某一项设备输出参数。项目修理的特点是修理内容明确,针对性强,可节省修理时间、人力、物力和费用,效果较好。

(3) 小修

设备的小修是指工作量较小的修理。小修的工作内容除日常保养和定期保养的全部内容外,还要根据物流设备的磨损规律,进行机、电检修,对需要修理的部分进行分解检查、修理,更换磨损件,对磨损部位进行加工等。小修属于局部修理,目的在于排除故障,恢复局部功能。

物流机械设备的大修、项修和小修都是以技术状态监测为基础的,从而提高了修理的计划性、准确性和经济性,减少了不必要的拆卸或过剩修理。大修、项修、小修三者都具有恢复物流设备技术性能和使用性能的功用,但具体的工作内容和范围各不相同。大修是整机全面性恢复修理,项修是局部性调整与恢复修理,小修是排除故障性的局部修理。

基础知识训练

1. 简述物流设施设备管理的特点。
2. 物流设施设备管理的任务和内容是什么?
3. 简述物流设施设备的维护保养制度。
4. 简述物流设备的维修类型。

拓展阅读 2.1　物流业特种设备的管理问题与对策

第三章

运输设施与设备

学习目标与要求

1. 了解各种运输方式的特点；
2. 掌握各种运输设施与设备的构成及运用；
3. 能够根据不同业务要求选择最佳的运输设备配置。

教学引导案例

阿里汽车欲自建汽车运输船船队

拥有 8 000 万车主,欲打造全链路汽车电商 O2O 一站式服务的阿里汽车欲自建汽车运输船船队,以解决汽车进口的物流瓶颈问题。

近日据阿里汽车事业部高层人士向媒体透露,已启动"车海淘"业务的阿里汽车计划在未来购置 1 至 2 艘 5 000 车位汽车滚装船,以解决汽车进口的物流瓶颈问题,目前正在进行前期项目调研阶段。

随着汽车平行进口业务规模的不断扩大,汽车滚装运输市场或将迎来新的机会。而中国互联网巨头阿里巴巴的介入,更是让平行进口市场成了市场关注的焦点。据了解,阿里巴巴于 2015 年 4 月对外宣布整合旗下汽车相关业务,成立阿里汽车事业部。

随后在 2015 年 5 月 20 日,阿里汽车宣布启动天猫"车海淘"业务,与全国各大自贸区和企业合作,涉足汽车平行进口车。其设想是,消费者未来可在天猫官方旗舰店在线选购进口车,线下在上海或深圳提车,并享受国家"三包"等售后服务。阿里汽车作为阿里巴巴集团旗下互联网汽车平台,拥有阿里巴巴大数据营销、汽车金融业务以及 8 000 万车主汇聚的平台优势。

阿里巴巴汽车事业部总经理王立成此前曾向媒体表示,阿里汽车未来在上海自贸区就要实现平行进口车年销售15万辆,全国的年销量可能在30万辆左右。而2014年全国的平行进口车仅有10万辆左右,发展潜力巨大。其中,如果销量达到预期,就有近20万辆汽车的物流瓶颈需要解决。

据阿里汽车某高层人士透露,阿里汽车在2014年就开始与国内最大的汽车物流商——安吉汽车物流有限公司以及中海集团进行洽谈,但是最终安吉物流和中海给出的从美西至中国的滚装运输价格太高,而商船三井等境外汽车物流企业的海运报价也很难满足阿里的期望,因此,阿里筹划以菜鸟物流为依托,自建滚装运输船队。

据了解,安吉汽车物流在2014年年中和2015年6月,分别与金陵船厂签署了2艘2 000车位汽车滚装运输船和2艘3 800车位汽车滚装运输船,似乎是在为阿里入局后的汽车平行进口市场做准备。

安吉汽车物流内部人士此前曾表示,中国2014年全年累计进口汽车达142.3万辆,同比增长21.6%,2015年按保守的20%增幅来算,进口量也将达到171万辆,可见汽车滚装运输的市场空间巨大。

资料来源:http://www.chinawuliu.com.cn/xsyj/201508/12/304179.shtml

第一节 运 输 概 述

按照物流的概念,物流是"物"的物理性运动,这种运动不但改变了物的时间状态,也改变了物的空间状态,而运输承担了改变空间状态的主要任务,是改变空间状态的主要手段。中国《物流术语》国家标准中对运输的定义是:"用设备和工具,将物品从一地点向另一地点运送的物流活动。其中包括集货、搬运、中转、装入、卸下、分散等一系列操作。"

运输的功能主要是实现物品远距离的位置移动,创造物品的"空间效用"或称"场所效用"。通过运输活动,将物品从价值低的地方转移到价值高的地方,使物品的使用价值得到更好的实现,即创造物品的最佳效用价值。

一、运输的地位

从整个国民经济来讲,运输业是国民经济的重要经济部门;从物流系统来讲,运输和仓储是物流系统的两大支柱,运输活动及其载体所构筑的运输系统是物流管理系统中最重要的组成部分。通过运输活动,物流系统的各环节才能有机地连接起来,物流系统的目标才能得以实现。

运输是社会物质生产的必要条件之一,是国民经济的基础。马克思将运输称为"第四物质生产部门",就是将运输看作生产过程的继续。

1. 运输是物流活动的核心环节

运输是物流的主要职能之一,也是物流业务的核心内容。运输在物流中的任务主要是解决产品在空间和时间上的位移问题。应该说一切产品的移动都离不开运输环节。目前人们把运输视为物流的代名词，是因为它不仅代表了传统物流的主要业务活动，而且是现代物流过程中最主要的组成部分，也是现代物流活动中的核心环节。

2. 运输费用在物流费用中的比重

在物流活动过程中，会直接耗费人力劳动和物化劳动，它所支付的直接费用主要有运输费、保管费、包装费、装卸搬运费及运输损耗等。而其中运输费所占的比重最大，是影响物流费用的最主要因素，特别在目前我国交通运输还不是很发达的情况下更是如此。

二、运输的原则

运输是实现货物空间位移的手段，也是物流活动的核心环节。随着物流需求的高度化，多品种、小批量物流成为现代物流的重要特征，因此对货物运输的质量要求也越来越高。做好运输管理工作是保证高质量物流服务的重要环节。就物流而言，组织运输工作应贯彻"及时、准确、经济、安全"的基本原则。

（1）及时——按照产、供、销的实际需要，及时把货物送达到指定的地点，尽量缩短物资在途时间。

（2）准确——在货物运输过程中防止各种差错的发生，准确无误地将物资送达到收货人手中。

（3）经济——通过合理的运输方式和运输线路以及配货方案，提高运输效率，降低运输成本。

（4）安全——在货物运输前做好运输包装工作，保证在货物运输过程中不发生霉烂、碰撞、挤压、残损以及丢失现象。对于危险品要防止燃烧、爆炸、泄漏等。

第二节　运输方式介绍与选择

货物的运输方式共有 5 种，即公路、铁路、水路、航空以及管道。每个国家的经济地理环境和工业化程度不同，运输方式的构成也不一样。比如在缺乏河流的内陆国家几乎没有水路运输，在工业化比较落后的国家航空运输的比重也比较低。

历经整整一个世纪，五种新型机械运输工具相继问世，逐渐奠定了铁路、公路、水路、航空以及管道运输方式所构成的运输业基本格局。

机械运输业的产生和发展，极大地推动了生产的发展，缩短了商品流通时间，减少了商品流通费用，开拓了新的商品市场。机械运输业的形成，最终确立了运输业作为一个独立产业部门的地位，成为现代运输业的基础，而现代运输业也构成了现代物流业的核心部门。

一、公路运输

公路运输是一种机动灵活、简捷方便的运输方式,在短途货物集散运转方面,它比铁路、航空等其他运输方式具有更大的优越性。

随着我国城乡交通设施的改善和高等级公路的迅速发展,公路运输已经成为我国物流活动的主要渠道之一,也是实现"门到门"运输中唯一不可替代的现代化运输方式,其重要性更为显著。公路运输是指主要使用汽车或者其他车辆(如人力车、畜力车)在公路上进行客、货运输的一种方式。由于汽车已经成为公路运输的主要运载工具,因此现代公路运输主要指的是汽车运输。

(一) 公路运输的特点

公路运输在所有运输方式中是影响最为广泛的一种运输方式,它的主要特点如下:

1. 机动灵活,适应性强,可以实现"门到门"运输

由于公路网的分布广,不论是城市道路还是农村道路,也不论是高速公路还是普通土路,汽车都可以"无处不到、无时不有"。公路运输可以把旅客从居住地门口直接运送到目的地门口,也可以将货物从发货人仓库门口直接运送到收货人仓库门口,实现了"门到门"的运输形式,所以它既可以成为其他运输方式的衔接手段,又可以自成体系。公路运输可随时调拨,不受时间限制,且几乎随处可停,富于弹性及适应性,各运输环节之间衔接时间较短。

另外,公路运输对货物批量的大小也具有很强的适应性,既可以单车运输,又可以拖挂运输,汽车的载重量可大可小,可装载重至几百吨的货物。

2. 中短距离运输速度快,时效性强

汽车技术进步、汽车运输换装少、沿途停留时间短及高速公路的发展等因素使得公路运输能力大大提高,在中短距离运输中的优势日益显现。据国外资料统计,在中短途距离运输中,汽车的速度是火车的4~6倍、水运的10倍。汽车运送速度快,不仅可以加快资金周转、提高货币的时间价值,而且有利于保持货物质量不变和提高客、货的时间价值。这一点对于运输贵重物品、鲜货及需要紧急运输的物资和人员等特别重要。

3. 原始投资少,经济效益高

公路运输与铁路、水路、航空运输方式相比,所需固定设施简单,而且车辆的购置费用也比较低,原始投资回收期短。据美国有关资料表明,公路货运企业每收入1美元,仅需投资0.72美元,而铁路需投资2.7美元。另外,公路运输投资一年周转一次或两次,铁路运输投资3~4年才周转一次,而航空运输、水路运输投资的周转速度更慢。正是由于公路运输具有资金周转快的特点,因此更容易实现扩大再生产。

4. 操作人员容易培训

汽车驾驶技术比较容易掌握,培训汽车驾驶员一般需要 3~6 个月的时间,而培养火车、轮船和飞机的驾驶员至少需要几年的时间,并且需要花费大量的费用,因此公路运输的驾驶员比其他运输方式的驾驶员多很多。

5. 运载量相对较小,运输成本比较高

常见的货运汽车载货量为 5~10t。虽然集装箱运输车功率较大,单车载运量也仅可达 30t。目前,世界上最大的汽车是美国通用汽车公司生产的,载重 350t 左右,但与动辄上千吨的火车或上万吨的轮船相比,这个运输能力仍然小很多。而且,由于汽车载重量小,行驶阻力比铁路大,所消耗的燃料又是价格比较高的液体汽油或柴油,因此,除了航空运输,汽车运输的成本最高。

6. 行驶安全性低,环境污染大

在公路运输中,由于车种复杂、道路不良、驾驶人员疏失等因素,交通事故较多,故安全性较差。据记载,自汽车诞生以来,已经吞噬掉 3 000 多万人的生命。另外,汽车运输中的尾气排放、噪声及危险货物运输途中的散落等也成为环境污染的主要来源之一。

小贴士

2017 年 8 月 3 日,大河网记者从河南省加快智慧交通建设推进会议上了解到,到 2020 年,河南省将建成与经济社会协同发展相适应的互通、互联、开放、共享的交通运输信息化智能化应用系统及发展模式,实现"五个一"的目标,即"地理信息一张图""监管执法一张网""运输服务一张卡""数据资源一片云""协调指挥一中心",全面建成以"行业运营智能化综合平台、出行服务综合平台、物流信息化综合平台和行业治理综合平台"为载体的"畅行中原"智慧交通品牌。

近年来,河南省交通运输系统紧紧围绕"六个交通"建设,深入实施创新驱动发展战略,着力加强信息化基础设施和应用系统建设,全面提升信息化水平,智慧交通建设取得了长足进步。主要体现在基础支撑能力显著提升、公共服务水平稳步提高、行业监管决策作用充分发挥、大数据分析能力得到加强和智慧交通发展环境持续改善。这些进步为助力全省交通运输事业科学发展发挥了重要的引领和支撑作用。

此外,为服务河南省一系列国家战略的实施,河南省交通运输厅要求智慧交通为信息互联互通提供有力支撑,加快构建全省统一、对接全国的信息网络体系,全面提高运输服务的质量、效率和一体化水平。率先基本实现交通运输现代化,让智慧交通发展走在前面,加快推进科技信息化条件下的传统交通运输生产、管理和服务模式的创新。建设人民满意交通,通过智慧交通发展给人民群众带来更多获得感,下大力通过科技创新进一步提升交通管理水平和运输服务品质,改善群众出行体验。

资料来源:http://news.dahe.cn/2017/08-04/108496100.html

(二) 公路运输的功能

1. 主要承担中、短途运输

我国规定 50km 以内的为短途运输，50～200km 的为中途运输。由于我国高速公路网的逐步形成，汽车运输将会形成短、中程运输并举的局面。由于公路运输可以进行直达运输，所以目前公路运输也在长途运输中有了市场。

2. 补充和衔接其他运输方式

当其他运输方式担负主要运输时，就由汽车担负其起点和终点的短途集散运输，完成其他运输方式到达不了的地区的运输任务，作为其他运输方式的衔接运输形式。

二、铁路运输

铁路运输是指利用轨道交通工具（如火车）在铁路线上进行的货物和人员运输。铁路运输是现代化运输方式之一。

铁路运输既适合于大批量旅客的中、长距离客运，也适合于担负远距离的大宗货物货运；适合铁路运输的货物也非常广泛，既适合大宗低值货物的中、长距离运输，也适合运输散装货物和罐装货物。铁路运输在我国国民经济中占有重要地位，在我国对外贸易货物运输中也起着非常重要的作用。

(一) 铁路运输的特点

1. 铁路运输的优点

(1) 能力大，价格低，适合于大批量的低值物品的中、长距离运输。
(2) 受气候和自然条件影响较小，能保证运行的经常性、持续性和准时性。
(3) 计划性强，运输能力可靠，安全性比较高。
(4) 可以方便地实现背驮运输、集装箱运输及多式联运。

2. 铁路运输的缺点

(1) 原始投资大，建设周期长，占用固定资产多。
(2) 受轨道线路限制，灵活性较差，难以实现"门到门"运输，通常需要其他运输方式配合才能完成运输任务。
(3) 始发和终到的作业时间较长，不利于运距较短的运输业务。
(4) 运输中的货损率相对来说比较高。由于装卸次数较多，货物毁损或灭失事故通常比其他运输方式多。

(二) 铁路运输的功能

(1) 承担大宗货物的中长距离运输。

(2) 承担大批量的旅客中长途运输。

(3) 承担货物的集装箱运输。

(三) 铁路货物运输的方式

1. 整车运输

整车运输是指一批货物至少需要一辆货车的运输。具体地说，凡是一批货物的重量、体积或形状需要一辆或一辆以上货车装运的，均应按整车托运。整车运输的条件如下：

(1) 货物的重量与体积

我国现有的货车以棚车、敞车、平车和罐车为主。标记载重量大多为50t和60t，棚车容积在100m^3以上，达到这个重量或容积条件的货物即应按整车运输。

(2) 货物的性质和形状

有些货物虽然重量和体积不够一车，但按性质与形状需要单独使用一辆车时，应按整车运输，需要冷藏、保温、加温的货物也需要整车运输。

整车运输装载量大，运输费用低，运输速度快，能承担的运量也较大，是铁路的主要运输形式。

2. 零担运输

凡不够整车运输条件的货物，即按重量、体积和形状都不需要单独使用一辆货车运输的一批货物，除可使用集装箱运输以外，应按零担货物托运。

3. 集装箱运输

使用集装箱装运货物或运输空集装箱，称为集装箱运输。集装箱运输适合于运输精密、贵重、易损的货物。凡适合集装箱运输的货物，都应按集装箱运输。

4. 快运货物运输

为加速货物运输，提高货物运输质量，适应市场经济的需要，铁路开办了快运货物运输（简称快运），在全路的主要干线上开行了快运货物列车。

5. 班列运输

货运固定班列（简称班列）是指铁路开行的站间直通、运行线和车次全程不变，发到日期和时间固定，实行以列、组、车或箱为单位报价，即定点、定线、定车次、定时、定价的货物列车。班列运输具有运达迅速、手续简便、运输费用透明、班列优先的特点。

按其运输内容分为集装箱货物班列、鲜活货物班列、普通货物班列。

三、水路运输

水路运输是指利用船舶及其他航运工具，在江、河、湖、海及人工水道上运送旅客和货物的一种运输方式，是交通运输的重要组成部分。水路运输具有点多、面广、线长的特点，主要承担长距离的大宗、散装货物和进出口货物的运输,旅客运输所占的比例较少,而且限于短距离。国际间的货物运输大部分依靠水路运输。

(一) 水路运输的特点

1. 水路运输的优点

(1) 运输量大

由于水具有浮力,水运与其他陆上运输相比有较大的载运量。内河驳船运载量一般为普通列车的3～5倍。最大的矿石船可达40万t,超巨型油轮可达70万t级,第六代集装箱船的箱位超过8 000标准箱。

(2) 单位运输成本低

水运的运输成本约为铁路运输的1/25～1/20,公路运输的1/100。因此,水路运输(尤其是海运)是价格最低廉的运输方式,适于运输费用负担能力较弱的原材料及大宗物资。

(3) 续航能力大

一艘商船出航,所携带的燃料、粮食及淡水可历时数十日,绝非其他任何运输工具可比。且商船具有独立生活的各种设备,如发电设备、制造淡水设备、储藏大量粮食的粮舱、油槽等,上面的人能独立生活。

2. 水路运输的缺点

(1) 运达速度慢

船舶体积大,受水流阻力、风力影响,航行速度较低。一般船舶航行速度只能达到30km/h,而火车和汽车的速度均可超过100km/h,飞机航行速度更是超过1 000km/h。此外,船舶沿途会经停许多港口进行补给及维修,常常需要数周时间,有些货物要经过几个月甚至半年才能送到用户手中。

(2) 受气候和商港限制,可及性低

商船航行在海上,遇暴风需及时躲避,遇大雾需按避碰章程办理,以防损害。这都是对水路运输的限制。另外,商船到达商港后,可能因港湾水深或装卸设备的缺乏而受到入港与作业限制。再者,水路运输的可及性不高,往往需要地面运输系统的配合才能完成客、货运输过程。

(3) 船舶投资和港口投资巨大

航运公司订造或购买船舶需要花费大量的资金,回收期较长,且船舶一般没有移作其他用途的可能。港口基础设施的修建费用巨大,船舶大型化和装卸自动化的趋势使港口设施建设的投资费用进一步提高。

(二) 水路运输的功能

(1) 承担长距离、大宗货物,特别是集装箱的运输。

(2) 承担原料、半成品等散装货物的运输。
(3) 承担国际间的货物运输,是国际商品贸易的主要运输方式。

(三) 水路运输的分类

(1) 按贸易种类划分,可以分为外贸运输和内贸运输。
(2) 按船舶的航行区域划分,可以分为内河运输、沿海运输、近海运输和远洋运输。
(3) 按运输对象划分,可以分为旅客运输和货物运输。
(4) 按船舶营运组织形式划分,可分为定期船运输、不定期船运输和专用船运输。

四、航空运输

航空运输是交通运输体系的一个重要组成部分。航空运输促进了全球经济、文化的交流和发展,由于其突出的高速直达性,在整个交通运输体系中具有特殊的地位,并拥有很大的发展潜力。它与其他交通运输方式分工协作、相辅相成,共同满足社会对运输的各种需求。

航空运输是指利用航空器及航空港进行空中客、货运输的一种方式。由于在各种航空器中飞机是主要的运输工具,因此航空运输主要指的是飞机运输。

(一) 航空运输的特点

1. 航空运输的优点

(1) 速度快,时效性强

性能先进的民航飞机速度是汽车、火车的 10 倍,轮船的 30 倍,可提供最快速度的送达服务,这是其他运输方式望尘莫及的。

(2) 不受地形限制,机动性大

飞机在空中飞行,受地形因素的限制很少,受航线条件限制的程度也远比汽车运输、铁路运输和水运小得多。它可以将地面上任何距离的两个地方连接起来,可以定期或不定期飞行。尤其对于灾区的救援、供应及边远地区的急救等紧急任务,航空运输已成为必不可少的手段。

(3) 舒适安全

现代民航客机的客舱宽敞、噪声小,机内有供膳、视听等设施,旅客乘坐的舒适程度较高。由于科学技术的进步和民航客机适航性要求的严格,航空运输的安全性与以往相比已大大提高。

(4) 节约包装、保险、利息等费用

由于采用航空运输方式,货物在途时间短,周转速度快,因此企业存货可以相应地减少,一方面有利于资金的回收,减少利息支出,另一方面企业仓储费用也可以降低。又由于航空运输货物安全准确,货损和货差很少,因此保险费用相应也较低。与其他运输方式相比,航空运输的包装简单,包装成本减少。这些都造成企业隐性成本的下降、收益的增加。

2. 航空运输的缺点

(1) 受气候条件限制。为保证飞行安全,航空运输对飞行的气候条件要求较高,从而影响了运输的准时性和正常性。

(2) 可达性差。一般情况下,航空运输难以实现客、货的"门到门"运输,必须借助其他运输工具转运。

(3) 运货量小且运价较高。航空运输由于受飞机机舱容积和运载量比较小的制约,运载成本和运价比地面运输高。

(二) 航空运输的功能

航空运输主要适用于国家客运及城市间长距离的直达运输、时间性强的快递运输、鲜活易腐和价值高的货物的中长途运输,以及紧急救援运输等。

五、管道运输

管道运输是使用管道输送流体货物的一种运输方式,所运货物大多属于燃料一类,主要有油品、天然气、二氧化碳气体、煤浆及其他矿浆等。管道运输与其他运输方式最大的不同是:管道既是运输工具设备,又是运输通道设施,驱动方式是用机泵给货物以压能,使货物本身连续不断地被运送。

传统的管道运输常见于城市生活和工业生产的自来水输送系统、污水排放系统、煤气或天然气输送系统和工业石油输送系统等。新兴的管道运输主要是指用管道来输送煤炭、矿石、垃圾等固体货物的系统。

(一) 管道运输的特点

(1) 运量大。一条输油管道线可以源源不断地完成输送任务。
(2) 占地少。输送管道通常埋在地下,占用土地较少。
(3) 建设周期短、费用低。
(4) 耗能少、成本低、效益好。
(5) 安全可靠、连续性强。
(6) 灵活性差。

(二) 管道运输的分类

按照货物性能可以分为:固体管道运输(固体粉碎后加水成浆状)、气体管道运输、液体管道运输。

按照货物种类可以分为:输水管道运输、原油管道运输、成品油管道运输、天然气管道运输、二氧化碳气体管道运输、液化气管道运输、煤浆管道运输。

通常情况下,把管道分成四大类:原油管道、成品油管道、天然气管道、煤浆矿浆管道。

管道运输是将货物运送至目的地,而运输工具本身——管道固定不动,只是货物本身在压力驱动下沿管道移动。管道运输由于具有运量大、运输成本低、易于管理等特点而备受青睐,呈快速发展的趋势。随着科学技术的发展,各国愈来愈重视输煤管道的研究和应用。随着运行管理的自动化,管道运输将会发挥愈来愈大的作用。

六、运输方式的选择

运输方式的选择是物流合理化的重要基础,因此,对于进出货物必须选择最合适的运输方式,这种选择不仅限于单一的运输方式,而是通过运输方式的合理组合实现物流的合理化。

(一) 运输方式选择考虑的因素

选择运输方式的判断标准主要包括以下要素:货物的性质、运输时间、交货时间的适应性、运输成本、批量的适应性、运输的机动性和便利性、运输的安全性和准确性等。对于货主来说,运输的安全性和准确性、运输费用的低廉性以及缩短运输总时间等因素是其关注的重点。

具体来说,在选择运输方式时要考虑以下方面。

第一考虑运输物品的种类。物品的形状、单件重量、容积、危险性、变质性等都成为选择运输方式的制约因素。

第二考虑运量。在运量方面,一次运输的批量不同,选择的运输方式也会不同。一般来说,原材料等大批量的货物运输适合于铁路运输或水运。

第三考虑运输距离。货物运输距离的长短直接影响运输方式的选择,一般来说中短距离运输比较适合汽车运输。

第四考虑运输时间。货物运输时间长短与交货期有关,应根据交货期来选择适合的运输方式。

第五考虑运输费用。物品价格的高低关系到承担运费的能力,也成为选择运输方式的重要考虑因素。在考虑运输费用时,不能仅从运输费用本身出发,而必须从物流总成本的角度联系物流的其他费用综合考虑。

运输费用与其他费用(包装费、保管费、库存费、装卸费、保险费等)之间存在着相互作用的效益背反关系。

当然,在具体选择运输方式时,往往会受到运输环境的制约,而且也没有一个固定的标准。因此,必须根据运输货物的各种条件,通过综合判断来加以确定。

(二) 车辆路线选择和调度

选择合适的运输方式可以为公司赢得具有竞争力的成本优势,因为运输成本通常占物流总成本的 1/3~2/3。运输中至关重要的是找到车辆可以实现的最小化距离或最短时间的最佳运送路线。

在确定汽车的路线和调度时有许多因素是必须要考虑的。这些因素包括:在每个站点的装卸、使用在容量和载重量上有类似或不同能力的多种货车、最大的驾驶时限(例如8小时轮班制),以及装载和运送时使用同一交货时间窗口以避免交通高峰,或满足一天内企业最迫切需求的时间要求(如晚饭前给餐厅运送啤酒)。

在车辆运输管理中最重要的决策之一就是路线选择和配送调度。路线是指货车必须遵循的装载点和运送点的顺序。调度是一套为指定路线上的装载点和运送点作详细说明的到达和发车时间。

当需要在现有道路的设施上指定到达时间时,这是一个调度问题;当没有指定到达时间时,这就是一个路径问题。当时间窗口和优先关系存在时,则同时履行路径选择和时间调度职能。

公路运输服务的目的是最小化路线选择成本、最小化固定和可变成本之和、提供最优质的服务。当一个汽车承运商提供汽车运输服务时,以下因素是必须要考虑的:

(1) 需求。需求是稳定或不稳定的,而交货时间可以提前确定或不指定。

(2) 设施和设备。有各种各样的设施和设备可供选择,例如,可以有一个或几个枢纽;货车可以是相同型号的或不同型号的;车辆装载能力的限制可以在某段时间不变或一直不变;路线可以是直接的、间接的,甚至是混合的。

(3) 成本。在提供服务时会产生大量的成本,例如购买或租赁车辆费用、终端费和机场费等固定运作成本,人工成本和燃料费用等在途相关成本,装卸费用等与数量相关的成本以及间接成本。

(4) 服务类型。所提供的服务类型有像 UPS 服务那样的只收取和只发送形式。另外,也可以有混合接送的服务形式,如邮局的邮递员取走我们放在发信邮箱的邮件,同时把发送给我们的邮件送进收信邮箱中。

影响托运方决策的因素有很多,例如与运输相关的成本包括与运输方式相关的成本、与装载相关的库存成本、设施成本、订单处理成本和与服务水平有关的成本。

第三节　各种运输设施与设备

一、公路运输设施与设备

公路运输设施设备主要由道路及其附属设施、站场和运输车辆组成。

(一) 道路及其附属设施

1. 道路

道路也称作公路,是指城市间、乡村间主要供汽车行驶的公共道路,它是汽车运输的物质基础,由路基、路面、桥梁、涵洞和隧道以及沿线附属设施等组成。路基、路面、桥梁、涵洞和隧道是道路工程的主体构造物,其设计、修筑和养护需保证在设计使用期内安全而耐久地承受行车载荷。

(1) 按公路的作用及使用性质分

在我国,根据公路的作用及使用性质将道路划分为国家干线公路(国道)、省级干线公路(省道)、县级干线公路(县道)、乡级公路(乡道)以及专用公路。不同类型和等级的道路组成了整个道路网,各种道路在道路网中担负不同的使命,起着不同的作用。

① 国家干线公路(国道)

国道是国家干线公路的简称。国道网包括首都放射线、南北纵线和东西横线,它采用放射线与纵横网格相结合的布局方案,形成由中心城市向外放射以及横连东西、纵贯南北的大通道,由7条首都放射线、9条南北纵向线和18条东西横向线组成,简称"7918网"。

② 省级干线公路(省道)

省道又称省级干线公路。在省公路网中,具有全省性的政治、经济、国防意义,并经省、市、自治区统一规划的公路确定为省级干线公路。省道由全省(自治区、直辖市)公路主管部门负责修建、养护和管理。

③ 县级干线公路(县道)

县道是指具有全县(县级市)政治、经济意义,连接县城和县内主要乡(镇)、主要商品生产和集散地的公路,以及不属于国道、省道的县际间公路。县道由县、市公路主管部门负责修建、养护和管理。

④ 乡级公路(乡道)

乡道又称乡村公路,主要指为乡村经济、文化、生产、生活服务以及乡村与外部联系的公路。乡道由县统一规划,由县、乡(人民政府)组织修建、养护和使用。

⑤ 专用公路

专用公路是由工矿、农林等部门投资修建,主要为该部门使用的公路。

（2）按公路的使用任务、功能和适应的交通量分

根据公路的使用任务、功能和适应的交通量将道路分为高速公路、一级公路、二级公路、三级公路和四级公路五个等级,如表3-1所示。高速公路、一级和部分二级公路又称为汽车专用公路,其余的称一般公路。

① 高速公路,是专供汽车分向、分车道行驶,并全部控制出入的干线公路。高速公路为高等级路面,具有四个或四个以上车道,设有全部立体交叉和中央分隔带,并有完善的交通安全设施与管理设施、服务设施。

表3-1 公 路 等 级

公路等级	在交通网中的作用	年平均昼夜交通量
高速公路	具有特别重要的政治、经济意义,专供汽车分道行驶,全部控制出入	2.5万辆以上
一级公路	连接重要政治、经济中心,通往重点工矿区,可供汽车行驶,部分控制出入	1万辆至2.5万辆
二级公路	连接政治、经济中心或大工矿区的干线公路;或运输任务繁忙的城郊公路	2 000辆至7 000辆
三级公路	沟通县以上城市的一般干线公路	200辆至2 000辆
四级公路	沟通县、乡、村等的支线公路	200辆以下

② 一级公路,是供汽车分向、分车道行驶的公路,其设施与高速公路基本相同,只是部分控制出入。一般应设置分隔带,当受到特殊条件限制时,必须设置分隔设施。它是连接高速公路或是某些大城市结合部、开发区经济带以及人烟稀少的边远地区的干线公路。

③ 二级公路,是连接中等以上城市的干线公路,或者是通往大工矿区、港口的公路,或运输繁忙的城郊公路,具有较高等级的路面。

④ 三级公路,是沟通县、城镇的集散公路,路面等级中等。

⑤ 四级公路,是沟通乡、村等地的地方公路,路面等级一般。

以上五个等级的公路构成了我国的公路网,其中高速公路、一级公路为公路网骨干线,二、三级公路为公路网内基本线,四级公路为公路网的支线。

2. 道路的附属设施

道路沿线附属设施包括交通安全管理设施、服务设施、绿化设施、照明设施、道路管理设施等,在这里主要指交通安全管理设施。

机动车在道路上行驶,容易发生交通事故,影响车辆的行驶速度和道路的通行能力,因而需要加强对交通的控制和管理。齐全的交通标志能有效地保护路桥设施,保障交通秩序,提高运输效率和减少交通事故。它是公路沿线设施必不可少的组成部分。

除了采用行政手段来加强对交通的控制和管理之外,还需要采用一些道路交通控制

设施。主要有交通标志、道路交通标线、道路交通信号、交通隔离设施和交通监控系统五类。它们的主要功能是对车辆、驾驶员和行人起限制、警告和引导作用。

(1) 交通标志

交通标志是指把交通指示、交通警告、交通禁令和指示道路等交通管理与控制法规用文字、图形或符号形象化地表示出来,设置于路侧或公路上方的交通控制设施。标志牌的方向应与行车方向垂直,设置的位置应提前于标志内容所指的地点,以保证驾驶员有足够的时间识别、看明白和调整驾驶操作。同时,标志牌应突出于周围背景,有别于周围地物,高出道路一定高度。它可划分为以下四种:

① 禁令标志

禁令标志是禁止或限制车辆、行人通行的标志,如限速、禁停、不准超车、不准左转等,为强迫执行标志,要求驾驶员必须遵守。禁令标志如图 3-1 所示。

图 3-1 交通禁令标志样例

② 警告标志

警告标志是唤起驾驶员对前方公路或交通条件的注意,如陡坡、急转弯、行人路口以及影响行车安全的地点的标志。此类标志用等边三角形表示,如图 3-2 所示。

图 3-2 交通警告标志样例

③ 指示标志

指示标志是指示车辆、行人行进或停止的标志,如绕道标志、目的地和停车场等。此类标志用圆形、正方形或长方形表示,采用蓝底白字,如图 3-3 所示。

④ 指路标志

指路标志是指出前方的地名或名胜古迹的位置和距离,预告和指示高速公路或一级公路的中途出入口、沿途的服务设施和必要的导向等的标志。此类标志用矩形表示,一般

立交直行和左转弯行驶　　　　干路先行　　　　　　机动车车道

图 3-3　交通指示标志样例

采用蓝或绿底白字,如图 3-4 所示。

图 3-4　交通指路标志样例

(2) 道路交通标线

道路交通标线与交通标志具有相同的作用,它将交通的警告、禁令、指示用画线、符号、文字等嵌在路面、缘石或路边的建筑物上,由路面上的各种标线、箭头、符号、文字、立面标记、突出路标和路边线轮廓标等所构成的交通安全设施,可以单独使用或与标志配合使用。道路交通标线可以用涂料漆画,也可以由固定栏杆组成。

按照《道路交通标志和标线》(GB 5768—86)规定,道路交通标线可以分为车行道中心线、车道分界线、车行道边缘线、停止线、减速让行线、人行横道线等,如图 3-5 所示,主要用于引导车辆行驶方向或实施交通管制。

图 3-5　道路交通标线样例

道路交通标线为沿道路中线或车道边线或防撞墙埋设的反光标志物。车辆夜间行驶时,在车灯照射下,路标的反光作用可以勾勒出行车道或车道的轮廓,从而向驾驶员指示行驶方向。道路交通标线的颜色有白色和黄色两种。白色一般用于车辆准许超越的标线,如人行横道线、车道分界线、停止线等。黄色表示受交通管制或必须强迫执行的标线,车辆不许超过这些标线,如禁止通行区、不准超车的双中心线等。

箭头表示车辆的行驶方向,主要用于交叉路口的导向车道内或设在车道合并处,颜色为白色。

路面文字标记是用以指示或限制车辆行驶的标记,如最高车速限制标记、大小机动车道标记等。路面文字标记的颜色为黄色。

立面标记是提醒驾驶员注意,在车行道内或近旁有高出路面的构造物,以防止发生碰撞的标记。立面标记可设在墩柱、侧墙、隧道洞口、人行道、安全岛的壁面上,标记颜色为红白相间。

突出路标是固定于路面上的突起标记块,一般做成定向反射型。一般路段的反光玻璃球为白色,危险路段的反光玻璃球为红色或黄色。

路边线轮廓标用以指示道路方向、车行道的边界及危险路段的位置和长度,设置在道路两侧。路边线轮廓标柱体颜色为白色,上涂黑色标记,黑色标记中间为矩形色块,红色色块表示道路右侧,黄色色块表示道路左侧。

(3) 道路交通信号

交通信号是为控制和引导交通流,保障交通安全畅通而发出的通行、停止或停靠的具有法律效力的信息。根据《中华人民共和国道路交通安全法》的规定,交通信号分为指挥灯信号、车道灯信号、人行横道灯信号、交通指挥棒信号和手势信号等五种。信号灯为红、黄、绿三种色灯。

(4) 交通隔离设施

在城市道路的对向车道之间,车行道和人行道之间或者机动车道和非机动车道之间,以及高等级公路的对向车道之间,设置隔离设施,以防止车辆或行人越界,保证行车和行人安全。交通隔离设施有临时性和永久性两种。

临时性隔离设施可由便于装卸和搬运的移动式墩座、链条和栏杆组成,设在临时需要分隔开车辆或车辆和行人的地点,如图 3-6 所示。

图 3-6 临时性交通隔离设施样例

永久性隔离设施采用铁隔栅、钢管护栏、波纹钢板护栏、混凝土墩座和链条等,如图 3-7 所示,固定在分隔线位置上,长期使用。有些永久性隔离设施还种植了绿化带,用以美化环境,并可防止夜间行车时对向车辆的灯光直接照射。

(5) 交通监控系统

交通监控系统是一个监视和收集交通和道路状况的信息并进行集中处理的综合系统,通常设置在城市道路交通繁忙、事故多发地段以及高速公路的全线或部分路段上。它一般由以下几个子系统组成:

图 3-7 永久性交通隔离设施样例

① 信息收集和处理子系统。设置车辆检测器,收集交通流量、车速、车辆通过时间等信息,并将其传送到交通指挥控制中心,进行分析和处理。

② 道路情报子系统。设置可变情报显示板,为驾驶员提供道路情报,如交通情况、交通限制信息等。

③ 紧急电话子系统。在高速公路沿线每隔 2km 左右设置一对紧急电话分机,以供驾驶员向公路管理机构报告事故、故障或求援等。

④ 闭路电视子系统。在道路交通繁忙和易发生交通事故的路段上安置摄像机,所收集的信息直接反映到交通指挥控制中心的电视监视器上,供管理人员分析和指挥使用。

⑤ 通信子系统。由勤务电话、无线电话、无线对讲机及通信传输等部分组成。

⑥ 控制中心系统。通过传输设备、人机对话设备和中心计算机等,记录、分析各子系统收集到的信息,向各子系统发布指示或指令,控制道路沿线有关设备工作。

(二) 公路站场

公路运输站场是办理客货运输、集散、中转、包装加工、货运中介代理及仓储保管、车辆保养修理等业务及为用户提供相关服务的场所,它是汽车运输产业的生产与技术基地,是公路运输网的重要组成部分,同时也是联运服务的枢纽和中心。

公路站场分为公路客运站和公路货运站,因物流中主要涉及公路货运站,此处不再对公路客运站进行叙述。

公路货运站是专门办理货物运输业务的汽车站,是货物集结、待装运、转运的场所,一般设在公路货物集散点。货运站的主要工作是组织货源、受理托运、理货、编制货车运行作业计划,以及进行车辆的调度、检查、加油、维修。站内一般设有营业室、调度室、停车场、驾驶人员食宿站等设施,有的还有装卸设备和装卸人员。

公路货运站除开展正常的货运生产外,还应提供与运输生产有关的服务,如为货主代办报关、报检、保险等业务,提供商情信息服务,开展商品的包装、加工处理等服务,代货主办理货物的销售、运输、结算等服务。另外,还应为货运车辆提供停放、清洗、加油、检测和维修服务,为货主和相关人员提供食、宿、娱乐服务等。

(三) 公路运输设备

汽车是公路运输的主要运载工具,指由本身的动力驱动(不包括人力、畜力),装有驾驶装置的在固定轨道以外的道路或自然地域上运输客、货或牵引其他车辆的车辆。

汽车的分类方法还有多种不同的形式,可以按照动力装置类型划分,分成内燃机汽车、电动汽车、燃气轮机汽车等,或按照行驶道路条件分类,分成公路用车和非公路用车(如越野汽车和在机场、矿山等场地内的用车)。

这里主要介绍一下按用途分类的汽车情况,按照用途分类,汽车可以分为运输汽车和特种用途汽车两大类。

1. 运输汽车

运输汽车可以分为轿车、客车、载货车,并可按照汽车的主要特征参数分级,即轿车按照发动机工作容积(发动机排量)、客车按照车辆总长度、载货车按照汽车总质量分级。

(1) 轿车

轿车是指用于载送人员及其随身物品,且座位布置在两轴之间的汽车。包括驾驶者在内,座位数一般为2~9个。轿车根据发动机工作容积分为微型轿车、普及型轿车、中级轿车、中高级轿车、高级轿车。

(2) 客车

客车是指乘坐9个以上乘员,主要供公共服务使用的汽车,客车可以根据车辆长度分为微型客车、轻型客车、中型客车、大型客车、特大型客车。

(3) 载货车

载货车是指用于运载各种货物,驾驶室内还可以容纳2~6个乘员的汽车,它是最主要的物流公路运输机械设备。这里介绍按两种分类方式划分的载货车。

第一,根据载货车总质量可以分为:

① 微型载货车,总质量小于1.8t的货车,如图3-8所示。

② 轻型载货车,总质量在1.8~6t之间的货车,如图3-9所示。

③ 中型载货车,总质量在6~14t之间的货车,如图3-10所示。

④ 重型载货车,总质量大于14t的货车,如图3-11所示。

第二,根据载货车用途可以分为:

① 普通货运汽车

a. 平板车,即挂车无顶也无侧厢板,主要用于运输钢材和集装箱等货物,如图3-12所示。

图 3-8 微型载货车样例

图 3-9 轻型载货车样例

图 3-10 中型载货车样例

图 3-11 重型载货车样例

图 3-12 平板载货车样例

b. 敞车,即挂车顶部敞开,可装载高低不等的货物。

c. 高栏板车,其车厢底架凹陷或车厢特别高以增大车厢容积,如图 3-13 所示。

d. 厢式货车,具有独立的封闭结构车厢或与驾驶室联成一体的整体式封闭结构车厢，如图 3-14 所示。

图 3-13　高栏板车样例

图 3-14　厢式货车样例

② 专用货运汽车

a. 汽车列车，即一辆汽车（货车或牵引车）与一辆或一辆以上挂车组成的专用汽车，方便实现区段运输、甩挂运输和滚装运输，如图 3-15 所示。

b. 自卸汽车，即装有由本身发动机驱动的液压举升机构，能将车厢卸下或使车厢倾斜一定角度，货物依靠自重能自行卸下的专用汽车，如图 3-16 所示。

图 3-15　汽车列车样例

图 3-16　自卸汽车样例

c. 罐式汽车，即装有罐状的容器，并且通常带有工作泵，用于运输液体、气体或粉状物质，以及完成特定作业任务的专用汽车，如图 3-17 所示。

d. 冷藏保温汽车，即装有冷冻或保温设备的厢式货车，用来运输易腐或对温度有特定要求的货物。

e. 集装箱运输车,即专门用来运输集装箱的专用汽车,如图 3-18 所示。

图 3-17　罐式汽车样例　　　　　　图 3-18　集装箱运输车样例

2. 特种用途汽车

随着汽车工业和市场经济的发展,对汽车运输的效率和经济性以及各种功能的要求也越来越高,从而使得汽车运输工具向多样化和专用化发展成为必然规律。特种用途汽车的使用也越来越趋向于专门化,品种越来越多,而且朝着系列化、多品种化以及小批量化的方向发展。这种汽车根据特殊的使用要求设计和改装而成,主要执行运输以外的任务,具有装甲和武器的军用作战车辆不属于此类。

目前我国特种用途汽车的发展重点主要归纳为以下几个方面:

(1) 高等级公路服务用车辆

高等级公路的发展给汽车运输提供了有利的条件,也给汽车工业带来广阔的发展前景。为了有效地发挥高等级公路的功能和效益,在高等级公路专用车辆的发展上主要朝着大型化、专用化方向发展,如集装箱运输车、大型罐式汽车、大型厢式汽车、大型冷藏汽车、轿车运输车等。

(2) 城市建设用专用车辆

这类专用车辆主要可以归纳为下面几小类:

① 供市政管理用专用车辆,如环境监测车、交通监理车、救护车、运钞车等;

② 供建筑用专用车辆,如散装水泥运输车、混凝土搅拌车、混凝土泵车等;

③ 供环境保护用专用车辆,如洒水车、清扫车、垃圾车、吸污车等。

(3) 农用运输汽车

农用运输汽车是指农村地区运输用或农田作业用汽车,它一般结构比较简单,造价比较低,发动机功率较小,而运输转矩较大、车速较低,最大装载质量比较小,轮胎附着性能好,离地间隙高。农用运输车辆可以分为三轮农用运输车和四轮农用运输车两种。

(4) 工矿自卸汽车

工矿自卸汽车是指主要用于矿区、工地运输矿石、砂石等散装货物，并可自身卸货的汽车。这种汽车的最大总质量和最大轴载质量一般都超过公路承载规定，不能在普通公路上行驶，且需要采用多桥驱动形式。

(5) 机场专用车辆

目前，机场各种用途的专用车辆还主要依赖进口。目前我国各主要大中型城市正在兴建现代化机场，急需与之相配套的各种机场专用车辆，如大型飞机加油车、飞机牵引车、升降平台车、货物运输车、电源车、跑道清扫车、旅客运输车等。

(6) 油田用专用车辆

油田用专用车辆主要是为了满足新疆沙漠油田开发的需要，而研制的各种沙漠油田专用车辆，逐步形成轻、中、重系列产品。主要有油田固井车、压裂车、修井车、测井车等。

二、铁路运输设施

铁路运输设施主要由铁路线路、站场和附属设施三部分组成。铁路线路是列车所行驶的轨道式通道；站场是旅客和货物出入铁路运输系统的交接点或界面，也是列车进行准备、检查、解体、编组等作业的场所；附属设施包括通信、信号、电力供应和给排水等交通控制、营运管理和供应的设施。这里主要介绍铁路线路、站场和信号设施。

(一) 铁路线路

铁路线路承受机车、车辆和列车的重量，并且引导它们的行走方向，所以它是运行的基础。铁路线路是由路基、桥隧建筑物和轨道组成的一个整体工程结构。

1. 路基

路基是铁路线路承受轨道和列车载荷的基础结构物。按地形条件及线路平面和纵断面设计要求，路基横断面可以修成路堤、路堑和半路堑三种基本形式。

路基顶面的宽度，根据铁路等级、轨道类型、道床标准、路肩宽度和线路间距等因素确定。路基面的形状分为有路拱和无路拱两种，非渗水的路基面往往做成不同形式的路拱，以便排水。为保证路基的整体稳定性，路堤和路堑的边坡都应根据有关规定筑成一定的坡度。

为了消除或减轻地面和地下水对路基的危害作用，使路基处于干燥状态，需采用地面和地下水排除措施，将降落或渗入路基范围的地面或地下水拦截、汇集、引导和排离出路基范围外。

2. 桥隧建筑物

铁路通过江河、溪沟、谷地和山岭等天然障碍物或跨越公路及其他铁路线时需要修筑各种桥隧建筑物。桥隧建筑物包括桥梁、涵洞、隧道等。

(1) 桥梁

桥梁主要由桥面、桥跨结构和墩台组成,如图 3-19 所示。

桥面是桥梁上的轨道部分。墩台包括桥台和桥墩,位于两端和路基邻接的叫桥台,中间的叫桥墩,横跨在两墩台之上的部分叫桥跨,两个墩台之间的空间叫桥孔,每个桥孔在设计水位处的距离叫孔径,每一桥跨两端支座间的距离叫跨度。整个桥梁包括墩台在内的总长度,称为桥梁的全长。

(2) 涵洞

涵洞设在路堤下部的填土中,是用以通过少量水流的一种建筑物。

(3) 隧道

铁路隧道是线路穿越山岭的主要方式之一,还有穿越江河湖海与地面障碍的功能,如越江隧道、地下铁路隧道等,如图 3-20 所示。

图 3-19　铁路桥梁样例

图 3-20　铁路隧道样例

3. 轨道

轨道由钢轨、轨枕、联结零件、道床、防爬设备和道岔等组成。

(1) 钢轨

采用稳定性良好的"工"字形断面宽底式钢轨,它由轨头、轨腰、轨底三部分组成。

(2) 轨枕

轨枕是钢轨的座,承受钢轨传来的压力并将其转给道床,还起到保持钢轨位置和轨距的作用。轨枕按照制作材料分钢筋混凝土枕和木枕两种。

(3) 联结零件

联结零件包括接头联结零件和中间联结零件两种。接头联结零件联结钢轨,由鱼尾板(又称夹板)、螺柱、螺帽和弹性垫圈等组成;中间联结零件(亦称钢轨扣件)联结钢轨与轨枕,分为钢筋混凝土枕用和木枕用两类。

(4) 道床

道床承受轨枕上部的荷载并将其均匀地传给路基,可以缓和车轮对钢轨的冲击,排除轨道中的雨水以及保持轨道的稳定性。一般采用碎石道砟,具有坚硬、稳定和不易风化等优点。

(5) 防爬设备

列车运行时纵向力的作用会使钢轨产生纵向移动,称为爬行。为防爬,一方面加强钢轨和轨枕间的扣压力与道床阻力,另一方面设置防爬器和防爬撑。

(6) 道岔

道岔是铁路线路和线路间连接和交叉设备的总称,其作用为使机车由一条线路转向另一条线路,或者越过与其相交的另一条线路。最常用的道岔是普通单开道岔,它由转辙器、转辙机械、辙叉、连接部分和岔枕组成。除单开道岔外,还有三开、交分道岔等。

4. 限界

为了确保机车车辆在铁路线路上运行的安全,防止机车车辆撞击邻近线路的建筑物和设备,而对机车车辆和接近线路的建筑物、设备所规定的不允许超越的轮廓尺寸线称为限界。铁路基本限界可分为机车车辆限界和建筑接近限界两种。货物装车后货物任何部分的高度和宽度超过机车车辆限界时,称为超限货物。按货物超限程度分为一级超限、二级超限和超级超限三个级别。

(二) 铁路站场

车站是铁路运输的基本生产单位,它集中了和运输有关的各项技术设备,并参与整个运输过程的各个作业环节。车站按技术作业性质可分为中间站、区段站、编组站;按业务性质可分为客运站、货运站、客货运站;按等级可分为特等站、一至五等站。

在车站内除与区间直接连通的正线外,还有供接发列车用的到发线、供解体和编组列车用的调车线和牵出线、供货物装卸作业的货物线、为保证安全而设置的安全线路、避难线以及供其他作业的线路,如机车行走线、存车线、检修线等。

1. 中间站

中间站是为提高铁路区段通过能力,保证行车安全和为沿线城乡及工农业生产服务而设的车站。其主要任务是办理列车会让、越行和客货运输业务。

中间站应配备的设备有:

(1) 客运设备:包括售票房、候车室、行包房的旅客站舍、旅客站台、雨棚和天桥、地道、平过道等跨越设备。

(2) 货运设备:包括货物仓库、货物站台和货运室、装卸机械等。

(3) 站内线路:包括到发线、牵出线和货物线等。

(4) 信号及通信设备。

2. 区段站

区段站多设在中等城市和铁路网上牵引区段的分界线。其主要任务是办理货物列车的中转作业,进行机车的更换或机车乘务组的换班以及解体、编组区段列车和摘挂列车。

区段站应配备的设备有:

(1) 客运设备:与中间站基本相同,但规模较大。

(2) 货运设备:与中间站基本相同,但数量较多。

(3) 运转设备:包括到发线、调车场、牵出线或中小能力驼峰、机车走行线及机待线。

(4) 机务设备:指机务段或机务折返段。

(5) 车辆设备:包括列车检修所和站修所。

3. 编组站

编组站是铁路网上办理大量货物列车解体和编组作业,并设有比较完善的调车设备的车站,有列车工厂之称。编组站和区段站统称技术站,但二者在车流性质、作业内容和设备布置上均有明显区别。区段站以办理无改编货物列车为主,仅编少量的区段、摘挂列车,而编组站主要办理各类货物列车的解编作业,且多数是直达列车和直通列车,改编作业量往往占全站作业量的60%以上,有的高达90%。

编组站的主要任务是解编各类货物列车,组织和取送本地区车流,供应列车动力,整备检修机车,进行货车的日常技术保养等。

编组站的主要设备有办理运转作业的调车设备(调车驼峰、牵出线、编组场等)和行车设备(到达场、出发场或到发场)以及机务设备(机务段)、车辆设备(车辆段)。

三、铁路运输设备

铁路运输设备主要指沿着固定轨道行驶,由电力、内燃机或蒸汽作动力的各种车辆。在铁路系统中,通常把有动力配置的车辆称为机车(动车),没有动力配置的车辆称为车辆(挂车或拖车)。

(一) 铁路机车

机车,俗称火车头,是铁路运输的基本动力装置。列车的运行和机车车辆在车站作有目的的移动均需要机车的牵引或推送。因此机车的台数与牵引力大小均影响列车的行驶速度与服务质量。理想的机车除了能够提供足够的马力之外,在维修保养方面也需要具有方便性,这样才可以提高营运效率。目前,世界上较常用的机车有四种形式,即蒸汽机车、内燃机车、电力机车和动车组。

1. 蒸汽机车

蒸汽机车是利用燃煤将水加热成蒸汽,再将蒸汽送入汽缸,借以产生动力,来推动机车的车轮转动,牵引列车的一种机车,如图 3-21 所示。这类机车的主要优点是价格低廉而且维修容易,缺点是牵引力不够大,热效率很低且污染大。由于其热效率低、能耗高、污染严重,因此在现代铁路运输中,蒸汽机车已经逐渐被其他类型的机车所取代。

2. 内燃机车

内燃机车是以内燃机(柴油机)为动力,利用柴油作燃料,以内燃机带动发电机产生电能作为动力来源,来驱动机车运行,如图 3-22 所示。其准备时间比蒸汽机车短,启动加速快,单位功率重量轻,劳动条件好,因而装备数量较多,是我国铁路运输的主力机型。

图 3-21 蒸汽机车样例

图 3-22 内燃机车样例

3. 电力机车

电力机车依靠其顶部升起的受电弓从接触网上获取电能,并将电能转变为机械能来牵引列车运行,如图 3-23 所示。电力机车功率大,因而能高速行驶,牵引较重的列车,启动、加速快,爬坡性能好,并且环境污染小,但电气化线路投资较大。

4. 动车组

铁路列车除了以机车联挂客、货车牵引行驶之外,还可将驾驶室及动车与客车合在一起。这种车辆在铁路营运上称为动车组,如图 3-24 所示。

(二) 铁路车辆

铁路车辆是运送旅客和货物的工具。车辆一般不配置动力装置,需要联挂成列车后由机车牵引运行。根据用途,铁路车辆分为客车和货车两大类。

图 3-23　电力机车样例

图 3-24　动车组机车样例

1. 客车

按照旅客旅行生活的需要和长、短途旅客的不同要求，常见的客车有硬座车（YZ）、软座车（RZ）、硬卧车（YW）、软卧车（RW）、餐车（CA）、行李车（XL）、邮政车（UZ）、双层软座车（SRZ）等，括号内字母为车辆的基本型号。客车如图 3-25 所示。

图 3-25　铁路客车样例

2. 货车

为了适应不同货物的运送要求，货车的种类很多。主要有：

（1）平车

这是铁路上大量使用的通用车型，无车顶和车厢挡板，装卸方便，如图 3-26 所示。它主要用于运输大型机械、集装箱、钢材等，必要时可以装运超宽、超长的货物。

（2）敞车

这是铁路上使用的主要车型，无车厢顶，设有车厢挡板，如图 3-27 所示。主要用于运输建材、木材、钢材、袋装及箱装杂货、散装矿石、煤炭等货物。

图 3-26　铁路平车样例　　　　　　图 3-27　铁路敞车样例

（3）棚车

这是铁路运输用主要的封闭式车型，多采用侧滑开门式，也有的采用活动顶棚，如图 3-28 所示。主要适用于运输防雨、防潮、防丢失和散失等较贵重的货物或家畜等活畜产品。

（4）罐车

这是铁路运输中用于运输气、液、粉等货物的专用车型，主要采用的是横卧圆筒形，如图 3-29 所示。可分为轻油用罐车、黏油用罐车、酸碱类罐车、水泥罐车、压缩气体罐车等多种。

图 3-28　铁路棚车样例　　　　　　图 3-29　铁路罐车样例

（5）漏斗车

漏斗车主要用于粮食等散装货物的机械化装卸或用于铁路铺设新线及老线维修时铺设道砟，如图 3-30 所示。

（6）保温及冷藏车

这是能保持一定温度进行温度调控及能进行冷冻的车辆，适用于冬夏季节的生鲜食品的运输，如图 3-31 所示。

图 3-30　铁路漏斗车样例

图 3-31　铁路保温及冷藏车样例

(7) 自翻车

自翻车的车体靠倾翻风缸或油缸的作用能够向一侧倾翻,同时卸货侧面的侧墙自行开启,将货物卸在轨道一侧,如图 3-32 所示。主要用于装卸频繁的矿山运输。

图 3-32　铁路自翻车样例

(8) 守车

这是编挂在货物列车尾部,专供货物列车车长乘务用的车辆,如图 3-33 所示。

(9) 特种车

特种车是指运输特殊货物或具有特殊用途的铁路车辆。如长大货物车,用于装运大型或重型货物。其结构多种多样,以适应各种大型货物的运输,主要有长大平车、凹底平车、落下孔车、双联平车、钳夹车等。

图 3-33　铁路守车样例

四、水路运输设施——港口

港口是运输网络中水陆运输的枢纽,是旅客和货物的集散地,是水路运输的重要基础设施,如图 3-24 所示。

图 3-34　港口样例

(一) 现代港口的功能

在综合物流时代,港口的功能发生了很大的变化。现代港口的功能更加广泛,将朝着全方位增值服务中心的方向发展,具备 5 个"中心"的功能。

1. 物流服务中心

港口首先应该为船舶、汽车、火车、货物、集装箱提供中转、装卸和仓储等综合物流服务,尤其是提高多式联运效率和港口竞争能力。

2. 商务中心

现代港口应该为用户提供方便的运输、商贸和金融服务,如代理、保险、银行、货代、船代、通关等。

3. 信息与通信服务中心

现代港口不但应该为用户提供市场决策的信息及咨询服务,还要建成电子数据交换(EDI)系统的增值服务网络。

4. 现代产业中心

现代港口的开发建设,发挥着筑巢引凤的作用,首先促进了与港口生产有关的产业的发展,这些产业的发展又将进一步刺激物资交换和生活消费品的需求。因此,港口的发展有利于人口的集中,有利于城市经济的增长。

5. 后援服务中心

现代港口既为物流增值服务提供了便利,对货物提供运输、仓储、加工、分拨、包装、信息等一系列增值服务,取得规模经济效益;同时又是一个人员服务中心,提供人才培训、供应和海员服务、贸易谈判条件,并提供舒适的生活娱乐空间,强化港城一体化关系,优化城市功能。

（二）港口的分类

港口是水陆运输网络中的枢纽,是旅客和货物的集散地。港口类型的划分主要有以下几种方法。

1. 按港口的使用目的划分

（1）综合性商港

综合性商港是供商船出入,为国内外贸易服务和进行客货运输的港口,一般具有停靠船舶、上下旅客、装载货物、供应燃料和修理船舶等所需要的各种设施和条件。综合性商港的代表有中国的上海港、大连港、天津港,德国的汉堡港,日本的神户港,荷兰的鹿特丹港和美国的纽约港等。

（2）专业港

专业港是以单一货物的运输为主的,为大型工矿企业运输原材料或制成品的港口。其代表港口有我国的秦皇岛港煤码头、宁波北仑港、大连新港等。

（3）渔港

渔港是专供渔船停泊补给、出海作业、鱼品加工的基地,如我国浙江的沈家门港、舟山群岛的定海港等。

（4）军港

军港是为军用舰艇提供停泊、补给、训练和修理的基地,有天然防浪屏障或人工防浪设施,并可建造和修理舰船。著名的军港如俄罗斯的海参崴、美国的珍珠港、意大利的塔兰托港、我国的旅顺港等。

（5）避风港

避风港是一种无装卸设备,供船只躲避大风浪的港湾,如琉球的奄美大岛、日本九州的六连岛。

2. 按港口的地理条件划分

（1）海港

海港是指沿海修建,可接受远洋航轮、从事船运或其他海上活动的港口。具体而言就是指为海船服务的港口,如我国的大连港和北仑港等。

（2）河口港

河口港是位于江河入海口处的港口。河口港均有近海的深水航道,供海船出入,它靠泊码头和沟通内河,供内河船队进行装卸与编队作业。此种港口位于江河入海口,地理位置优越,发展条件优良,可兼停海船和河船。世界上很多大港口都是河口港,如我国长江口的上海港、荷兰莱茵河口的鹿特丹港和美国密西西比河口的新奥尔良港等。

(3) 河港

河港是指位于江河沿岸的港口,广义上包括位于湖泊、水库和内陆运河沿岸的港口,如我国长江沿岸的南京港、镇江港、芜湖港、武汉港、重庆港等。

(4) 湖港

湖港是指位于湖泊岸壁的港口,如我国的大理港、岳阳港等。

(5) 运河港

运河港是指沿运河修建的港口,如我国的常州港、济宁港等。

3. 按贸易性质划分

(1) 国际贸易港

国际贸易港是指政府指定对外开放的航运贸易港。进出此类港口需经港监、海关、边防、商检、动植物检验检疫机构办理有关手续。我国大部分沿海港口都属于国际贸易港。

(2) 国内贸易港

国内贸易港是专供本国船舶出入的港口。

(3) 自由港

自由港是指全部或绝大多数外国商品可以免税进出的港口,又称自由口岸、自由贸易区、对外贸易区,这种港口划在一国关境之外,外国商品进出港口时除免交关税外,还可在港内自由改装、加工、长期储存或销售货物。

(三) 港口的组成

根据港口运输作业的主要内容,港口系统可以划分为港口水域设施、码头构筑物、港口陆域设施三个组成部分。如图 3-35 所示为港口总平面图。

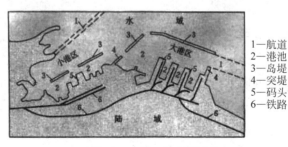

图 3-35 港口总平面图

1—航道
2—港池
3—岛堤
4—突堤
5—码头
6—铁路

1. 港口水域设施

港口水域是供船舶航行、运转、锚泊、停泊装卸使用的,要求有适当的深度和面积,水流平缓，水面静静。港口水域主要包括港内航道、锚地、船舶回转水域、港池、防波堤、护岸以及港口导航设施等。

(1) 航道

航道是供船舶进出港的航行通道。有防波堤掩护的海港，以防波堤为界，把航道分为港外航道和港内航道。航道一般设在天然水深好，泥沙回淤量小，不受横风、横流和冰凌等因素干扰的水域中。航道必须有足够的水深和宽度，并配有航标，以便安全航行。

(2) 锚地

锚地是供船舶(船队)在水上停泊及进行各种作业的水域。有防波堤掩护的海港，把口门以外的锚地称为港外锚地，口门以内的锚地称为港内锚地。前者供船舶抛锚停泊等待检疫、引航和乘潮进港，后者供船舶避风停泊、等待靠岸及离港、进行水上由船转船的货物装卸等。

(3) 船舶回转水域

回转水域是为船舶在靠离码头、进出港口需要转头或改向时而设置的水域，又称转头水域。其大小与船舶尺度、转头方向、水流和风向等因素有关，一般设在口门和码头泊位之间，以方便船舶作业。

(4) 港池

供船舶靠泊、系缆和进行装卸作业使用的直接与码头相连的水域称为港池。港池内水域要求不受风浪和水流的影响，以便为船舶提供一个稳静的水域条件供船舶安全作业。另外，要求港池有足够的水域面积，使船舶能方便地靠岸和离岸，港池大小可根据船舶尺度、靠离码头方式、水流和强风的影响及转头区的布置等因素确定。

(5) 防波堤

沿海港口面临大海，在暴风季节，大海波浪会涌入港内，使港内船舶不能安全停靠和进行装卸作业，因此需要在港口水域中适当位置建筑防波堤，以使港口在恶劣天气条件下水面依然平稳，生产作业正常进行。按平面布置位置，防波堤可以分为岛堤、突堤。

(6) 护岸

护岸是指在河道岸坡上用块石或混凝土铺砌以保护河岸的建筑物。

(7) 港口导航设施

港口导航设施主要有航道标志、信号设施、照明设备、通信设备等。

2. 码头构筑物

码头构筑物主要包括码头、主体结构物、系靠设施、码头前沿装卸作业设备等。

码头是供船舶靠泊、装卸货物、上下旅客的设施，包括岸壁、护舷木、系船桩等。码头都是沿岸布置的，港口水域和陆域的交接线称为码头前沿或码头岸线，它是港口的生产岸线和生产活动的中心。一艘船停靠在码头上，它所占用的码头岸线长度称为泊位，泊位的长度主要取决于船舶长度和安全系缆的要求，而码头岸线的长度取决于所要求的泊位数和每个泊位的长度。

港口的码头岸线长度是港口规模的重要标志之一,表明了它能同时容纳并进行装卸作业的船舶数量。依据岸线的自然条件、作业条件和所需泊位数等因素,码头的平面布置主要有顺岸式、突堤式、挖入式和离岸式等四种。

码头前沿的装卸设备主要指用来完成船舶与车辆的装卸,库场货物的堆码、拆垛,以及舱内、车内、库内装卸作业的各种起重运输机械,如岸壁集装箱装卸桥、门式起重机、轮胎起重机、浮式起重机、驳船、叉车、拖车等。

3. 港口陆域设施

港口陆域设施主要包括仓库、堆场、集疏运通道、客运站、调度控制中心及其他辅助生产设施。

(1)仓库和堆场

由于受运输组织、货流季节性变化和气象因素的影响,运输车辆和船舶往往难以做到同时抵港。即使同时抵港,两者的单元载货量相差悬殊,也不可能实现全部货物的直接换装作业,因此港口需要设置一定容量的仓库和堆场,作为车船不能完全对口的缓冲。

(2)集疏运通道

集疏运通道主要包括港区道路、港口铁路、码头铁路线等。

(3)调度控制中心

调度控制中心是港口各项作业的调度中心,其作用是监督、调整和指挥码头作业计划的执行,一般设置在码头或办公楼的最高层。控制室内配置计算机系统、气象预报系统、监控系统、无线通信系统等设备。

(4)其他辅助生产设施

为保证港口完成水陆联运任务,在港口陆域上还设有各种生产辅助设备,主要包括给排水设施、供电、照明、通信及导航系统、办公楼、流动机械库、机械修理厂、候工室等生产辅助建筑以及燃料供应站、工作船基地等。

五、水路运输设备——船舶

水路运输设备主要包括船、驳、舟、筏等。船舶是现代水路运输工具的核心,是重要的水路运输设备。船舶有多种分类方式,可按用途、航行区域、航行状态、推进方式、动力装置和船体数目等分类。按用途分类,可以分为军用和民用船舶两大类,这里主要介绍民用船舶。

(一)船舶的构成

船舶是海上运输的船体工具,它由许多部分构成。根据船舶各部分的功能和用途,可将船舶的构成分为船体、动力装置及各种配套设备。

1. 船体

船体是货船的基本部分，又分为主船体和船面建筑两部分。

（1）主船体

主船体是指上甲板及以下由船底、舷侧、甲板与舱壁等结构所组成的水密空心结构，为船舶的主体部分。

船体各组成部分的含义如下：

① 船底。船底为主船体的底部结构，有单层底和双层底两种结构形式。其横向两侧以圆弧形式（称其为舭部）逐渐向上过渡至舷侧。

② 舷侧。舷侧为主船体两侧的直立部分。两舷舷侧在过渡至近船舶前后两端时，逐渐成线型弯曲接近并最终汇拢（汇拢段部分分别称船首和船尾）。其中，前部的线型弯曲部分称首舷，后部的线型弯曲部分称尾舷。构成船底、舷侧及舭部外壳的板通常称船舶外板，俗称船壳板。

③ 甲板。甲板为主船体垂向上成上下层并沿船长方向水平布置的大型纵向连续板架。按自上而下位置的不同，自上甲板开始向下依次为二层甲板（第二甲板）、三层甲板（第三甲板）等。

④ 舱壁。舱壁为主船体内垂向方向上布置的结构，有横舱壁和纵舱壁两种。

（2）船面建筑

船面建筑部分是指主甲板上面的建筑，供船员工作、起居及存放船具之用，包括船首房（即首楼）、船尾房及船桥。

2. 动力装置

船舶动力装置包括推进装置及其辅助机械设备和系统、船舶电站、其他辅助机械设备。推进装置由主机、减速装置、传动轴系、推进器等构成；为推进装置运行服务的辅助机械设备和系统有燃油泵、滑油泵、冷却水水泵、加热器、过滤器、冷却器等；船舶电站为船舶的甲板机械，为机舱内的辅助机械和船上照明等提供电力；其他辅助机械和设备包括锅炉、压气机、船舶各系统的泵、起重机械设备、维修机床等。

3. 各种配套设备

船舶的配套设备主要有：主辅机及配套、电气、各种管系、甲板（锚、舵、系泊及起重）设备、安全（消防、救生）设备、通信导航设备及生活设施配套设备等。

（二）船舶的吨位

船舶吨位是船舶大小的计量单位，可分为重量吨位和容积吨位两种。

1. 重量吨位

船的重量吨位又可以分为排水量吨位和载重吨位两种。

(1) 排水量吨位

排水量吨位是船舶在水中所排开水的吨数,也是船舶自身重量的吨数。排水量吨位又可分为轻排水量、重排水量和实际排水量三种。

(2) 载重吨位

载重吨位表示船舶在营运中能够使用的载重能力,可分为总载重吨和净载重吨。

2. 容积吨位

船舶的容积吨位是表示船舶容积的单位,又称注册吨,是各海运国家为船舶注册而规定的一种以吨为计算和丈量的单位。容积吨又可分为容积总吨和容积净吨两种。

(三) 船籍和船旗

船籍指船舶的国籍。商船的所有人向本国或外国有关管理船舶的行政部门办理所有权登记,取得本国或登记国国籍后才能取得船舶的国籍。

船旗是指商船在航行中悬挂的其所属国的国旗,船旗是船舶国籍的标志。按国际法规定,商船是船旗国浮动的领土,无论在公海或在他国海域航行,均需悬挂船籍国国旗。

方便旗船是指在外国登记、悬挂外国国旗并在国际市场上进行营运的船舶。第二次世界大战以后,方便旗船迅速增加,挂方便旗的船舶主要属于一些海运较发达的国家和地区,如美国、希腊、日本、中国香港和韩国。船主将船舶转移到外国去进行登记,以图逃避国家重税和军事征用,自由制定运价不受政府管制,自由处理船舶与运用外汇,自由雇佣外围船员以支付较低工资,降低船舶标准以节省修理费用,降低营运成本以增强竞争力等。

而公开允许外国船舶在本国登记的所谓"开放登记"国家,主要有利比里亚、巴拿马、塞浦路斯、新加坡、巴拿马等国及百慕大群岛(英)。通过这种登记可为登记国增加外汇收入。

(四) 船舶的种类

物流领域使用的客、货运输船舶的种类繁多。主要有以下几种:

1. 客船和客货船

专运旅客的船舶称为客船,如图 3-36 所示,游船也属客船。我国沿海和长江中下游运送旅客的船舶大多利用下层船舱装载货物,因而称为客货船,对客船的设计有快速性、安全性、耐波性和操作性好的要求。

2. 货船

(1) 杂货船

杂货船一般是指定期航行于货运繁忙的航线,以装运零星杂货为主的船舶,如图 3-37 所示,它主要用于装载一般包装、袋装、箱装和桶装的件杂货物。由于件杂货物的批量较小，杂货船的吨位亦较散货船和油船小。货舱和甲板分层较多，便于分隔货物。新型的杂货船一般为多用途型，既能运载普通件杂货，也能运载散货、大件货、冷藏货和集装箱。

图 3-36 客运船舶样例

图 3-37 杂货船样例

(2) 干散货船

干散货船又称散装货船，是用以装载无包装的大宗货物的船舶。因为干散货船的货种单一，不需要包装成捆、成包、成箱的装载运输，不怕挤压，便于装卸，所以都是单甲板船。总载重量在 5 万 t 以上的，一般不装起货设备。

由于谷物、煤和矿砂等的积载因数（每吨货物所占的体积）相差很大，所要求的货舱容积的大小、船体的结构、布置和设备等许多方面都有所不同。因此，一般习惯上仅把装载粮食、煤等货物积载因数相近的船舶称为散装货船，而将装载积载因数较小的矿砂等货物的船舶称为矿砂船。

用于粮食、煤、矿砂等大宗散货的船通常分为以下几个级别：

① 质量为 10 万 t 级以上的，称为好望角型散货船，如图 3-38 所示。

② 质量为 6 万 t 级的，称为巴拿马型散货船，如图 3-39 所示。

③ 质量为 3.5 万～4 万 t 级的，称为轻便型散货船。

④ 质量为 2 万～2.7 万 t 级的，称为小型散货船。

图 3-38 好望角型散货船样例

图 3-39 巴拿马型散货船样例

(3) 冷藏船

大多数食品类货物,如鱼、肉、蛋、水果及蔬菜等,在常温条件下进行长时间的运输、保管会发生腐败,失去食用价值。因此,冷藏运输作为一种有效的手段,得到了极为广泛的应用。冷藏并运输鱼、肉、果、疏等货物的船舶总称为冷藏船,如图 3-40 所示。

由于不同种类的货物所要求的冷藏温度不同,因此冷藏船还可按此要求进行细分,如专门运输水果的水果运输船,其中包括防腐要求较高的香蕉运输船。鱼、肉等动物性货物,因需在较低的温度下以冻结的状态进行运输,所以冷冻并运输这类货物的船舶称为冷冻船。

(4) 木材船

木材船是专门用以装载木材或原木的船舶,如图 3-41 所示。这种船舱口大,舱内无梁柱及其他妨碍装卸的设备,船舱及甲板上均可装载木材。为防甲板上的木材被海浪冲出舷外,在船舷两侧一般设置不低于 1m 的舷墙。

图 3-40　冷藏船样例

图 3-41　木材船样例

(5) 油船

专门用于载运原油的船舶简称油船,如图 3-42 所示。由于原油运量巨大,油船载重量亦可达 50 多万 t,是船舶中的最大者。其结构一般为单底,随着环保要求的提高,正向双壳、双底的形式演变。上层建筑设于船尾,甲板上无大的舱口,用泵和管道装卸原油。设有加热设施,在低温时对原油进行加热,防止其凝固而影响装卸。超大型油船的吃水可达 25m,往往无法靠岸装卸,而必须借助于水底管道来装卸原油。

(6) 液化气船

液化气船用来运输液化石油气、液化天然气、氨水、乙烯和液氨等,如图 3-43 所示。根据液化气体的储存方式,可以分为:采用常温加压方式运输的液化气体,装载于固定在船上的球形或圆筒形的耐压容器中;采用冷冻方式运输的液化气体,在大气压力下,将气体冷却至液态温度以下进行运输,液化气体装入耐低温的合金钢制成的薄膜式或球式容器中,外面包有绝热材料,船上设有温度和压力控制装置,适用于大量运输液化气体;此外还有一种低温压力式液化气船。

图 3-42　油船样例　　　　　　　图 3-43　液化气船样例

（7）液体化学品船

液体化学品船是专门用于运载各种散装液体化学品的船舶，如运载甲醇、硫酸、苯等。这类船舶对防火、防爆、防毒、防腐蚀、防渗漏等有很高的要求。船体除双层底外，货舱区均为双层壳结构。根据运载货物的危害性，国际上将这类船分为三级。

（8）集装箱船

集装箱船又称箱装船、货柜船或货箱船，是一种专门载运集装箱的船舶。其全部或大部分船舱用来装载集装箱，往往在甲板或舱盖上也可堆放集装箱。集装箱船的货舱口宽而长，货舱的尺寸按载箱的要求规格化，装卸效率高，可大大缩短停港时间。为获得更好的经济性，其航速一般高于其他载货船舶，最高可达 30 节以上。集装箱船可分为部分集装箱船、全集装箱船和可变换集装箱船三种。

① 部分集装箱船又称集装箱两用船，仅以船的中央部位作为集装箱的专用舱位，其他舱位仍装普通杂货，是一种既可以装普通杂货，又可以装载集装箱的两用船舶。其特点是大舱口，平舱盖，舱盖上也可以装载集装箱。目前世界上的多用途杂货船大多可以装集装箱，因此也可以称之为集装箱两用船。

② 全集装箱船指专门用以装运集装箱的船舶，如图 3-44 所示。其货舱内有格栅式货架，装有垂直导轨，便于集装箱沿导轨放下，四角有格栅制约，可防倾倒。集装箱船的舱内可堆放三至九层集装箱，甲板上还可堆放三至四层。全集装箱船一般都依靠港口内的装卸桥装卸，因此不设置装卸设备。

③ 可变换集装箱船货舱内装载集装箱的结构为可拆装式。因此，它既可装运集装箱，必要时也可装运普通杂货。

（9）滚装船

滚装船是在汽车轮渡的基础上发展起来的，又称滚上滚下船。滚装船主要用来运送汽车和集装箱,如图 3-45 所示。这种船本身无须装卸设备,采用尾斜跳板,装卸货物时,或者是汽车,或者是集装箱(装在拖车上的)直接开进或开出船舱,将船舶垂直方向装卸改为水平方向装卸。

图 3-44 全集装箱船样例

图 3-45 滚装船样例

滚装船具有多层甲板,甲板间舱高度较大,适用于装车;舱内设斜坡道或升降机,便于车辆在多层甲板间行驶;从侧面看,水上部分很高,没有舷窗。这种船的优点是不依赖码头上的装卸设备,装卸速度快,可加速船舶周转;缺点是造价高,货舱利用率低。

(10) 载驳船

载驳船是专门载运货驳的船舶,又称"子母船"。载驳船本身为"母船",驳船为"子船"。其运输方式与集装箱运输方式相仿,因为货驳亦可视为能够浮于水面的集装箱。载驳船的运输方法是先将各种货物装载到统一规格的驳船中,再将驳船装到载驳船上,到达中转港后,卸下驳船,然后用拖轮或推轮将驳船拖带或顶推到目的港。

载驳船的主要优点是不受港口水深限制,不需要占用码头泊位,装卸货物均在锚地进行,装卸效率高;主要缺点是船舶造价高,货驳的组织复杂。

(11) 半潜船

半潜船又称半潜式甲板驳,如图 3-46 所示,它集潜艇与货船的特性于一身,拥有一个大型的装货平台,可在海上垂直下潜至一定深度。先进的半潜船装有 360°全回转螺旋桨,能有效地保证其航行和潜水操纵的灵活性与稳定性。它主要用于海洋托运大型钢结构件、海上石油开采平台、潜艇、军舰等。由于半潜船通过下潜的方式装运大型的货物,所以在业内又享有"海上叉车"的美称。

(12) 拖船和推船

拖船是用于拖带其他船只或浮动建筑物的船舶,其船身较小,而功率较大,自身并不载运货物或旅客。海洋拖船又可分为远洋拖船和沿海拖船,可在相应的航区进行拖曳运输作业,并可执行救援任务。港作拖船主要在港内作业,如协助大型船舶靠离码头、出入船坞等。

顶推船是用于顶推非自航货船的船舶，如图 3-47 所示。与拖船相比，顶推运输时驳船在前，推船在后，整个船队有较好的机动性，阻力减小，航速提高，不再需要驳船上的舵设备和操舵人员，从而降低了运输成本。

图 3-46　半潜船样例　　　　　　图 3-47　顶推船样例

半潜船的军事用途

半潜船的外观非常有辨识度，就像是一艘只保留了首尾和船底，中间掏空的船只。由于半潜船没有船墙，船底又可以没入水中，因此加装一些上层建筑，就能成为一艘合格的临时两栖登陆舰，适合两栖战车和气垫登陆艇使用。

这种预制的半潜船可以在任何时候快速投入使用，成为两栖舰队的补充力量。半潜船可以根据需求对上层进行改装，作为海上移动基地使用，以便在战时直接起降直升机。此外，当军舰无法自主返航时，半潜船可以承担战场救援的任务，将损失降到最低。

2000 年 10 月 12 日，美国科尔(COLE)号宙斯盾导弹驱逐舰在也门亚丁港加油时遭恐怖分子袭击，船身中部被炸开了一个巨大的窟窿，失去了航行能力。由于当地修船的技术设施不能达到要求，以及唯恐军舰在附近修理会再次遇到袭击或导致军机泄密等原因，美国人不得不花费巨资租用荷兰 DOCKWISE 航运公司新建的世界最大半潜船——BLUE MARLIN(蓝色马林鱼)号将重达 8 000 多 t 的科尔号运回美国本土修理。

由此看出，半潜船不再是运输特种货物的货船，而是具有多种用途和功能的军民两用的船只，其地位不亚于航母。

(13) 驳船

驳是水路运输工具之一，驳一般不设动力装置，由拖轮或顶推船拖带或顶推。带有动力装置的驳称为机驳船。驳船是我国内河运输的主要工具。

(14) 其他船舶

除了以上几种常用船舶外，气垫船、水翼船等在高速、短途客货运输方面也有一定的使用范围。

气垫船是介于车、船和飞机之间的一种特殊的船,如图3-48所示。船体常用铝合金制造,靠气垫把船从水面或陆地上托起来,并通过船尾螺旋桨不断向后鼓风,产生反作用力使船前进。由于受到的阻力小,因此速度快,最高速度接近300km/h。

水翼船是一种船体通常为普通型的海上小艇,如图3-49所示。当高速航行时,船体下部类似机翼的水翼表面产生升力,支撑小艇脱离水面航行。为了减轻船身的重量,水翼船的船体通常采用铝合金制成,水翼采用高强度的钛合金,用大功率轻型柴油机或燃气轮机做主机。

图3-48 气垫船样例

图3-49 水翼船样例

六、航空运输设施与设备

(一) 航空港

航空港是航空运输的重要基础性设施,是航空运输使用的飞机场及其他服务设施的总称。在航空港内,除飞机场外,还有为客、货运输服务的设施,如候机楼、货运站等。航空港和飞机场是两个含义不同的概念,但在民用航空中往往混用。航空港包括飞行区、客货运输服务区和机务维修区三个部分。

1. 飞行区

飞行区是航空港的主要区域,占地面积最大。飞行区域内设有跑道、滑行道、停机坪、待机坪和指挥塔等设施。

(1) 跑道

跑道是供飞机起飞、加速和着陆时减速滑跑用的带状地面,是飞行区的主体,是航空港的组成部分之一。

(2) 滑行道

滑行道是供飞机在飞行区各部分之间滑行的通道,大体可以分为出入跑道的滑行道和停机坪上的滑行道两类。

(3) 停机坪

停机坪是供飞机停放,以供旅客上下、货物装卸和检修的场地。

(4) 待机坪

待机坪在滑行道和跑道端的接口附近,地面上由标志线标出,是供飞机在进入跑道前等待许可指令的场地。

(5) 指挥塔

指挥塔是控制航空器进出航空港的指挥中心,一般设置在航空港建筑物的最高处,有利于指挥和航空管制,维护飞行安全。指挥塔如图3-50所示。

图 3-50　指挥塔样例

2. 客货运输服务区

客货运输服务区是旅客、货物、邮件运输服务设施所在区域。主体建筑是候机楼,还有客机坪、停车场、进出港道路系统,区内还配备有旅馆、银行、公共汽车站、进出港道路系统等。货运量较大的航空港还专门设有货运站。客机坪附近配有管线加油系统。

客货运输服务区主体建筑候机楼是为航空旅客提供地面服务的主要建筑物,又称航站楼,通常根据跑道和通往城市公路的布局而设置在航空港内比较适中的地点。其基本功能是保证出发、到达和中转的旅客能迅速而有秩序地登上飞机或离开机场,同时为旅客或迎送亲友的客人提供候机和休息场所。

候机楼按登机口布置方式的不同,可分为前列式、廊道式、卫星式和综合式四种,按其建筑物的布局可分为集中式和分散式两类。集中式候机楼是指候机楼为一完整单元的建筑物,前列式、廊道式、卫星式、综合式候机楼均属此类。分散式候机楼是指每个登机口成为一个小的建筑单元,供一架飞机停靠,旅客乘汽车可以直接到达飞机舱前,建筑单元排列成一直线或弧线,组成候机楼整体,如图3-51所示。

图 3-51　候机楼样例

3. 机务维修区

机务维修区是飞机维护修理和航空港正常工作所必需的各种机务设施的区域。区内建有维修厂、维修机库、维修机坪和供水、供电、供热、供冷、下水等设施,以及消防站、急救站、储油库、铁路专用线等。其位置通常设于连接城市交通网并紧邻飞行区的地方。

4. 目视助航设施

目视助航设施是指在机场及其附近地区为给飞机驾驶员操纵飞机起飞、着陆和滑行提供目视引导信号而设置的设施,主要包括助航灯、标志和标志物。

(1) 助航灯

助航灯通常由机场灯标、近进灯、目视下滑角度指示、着陆区灯、跑道灯、滑行道灯和障碍灯几部分组成。

(2) 标志

标志是指在跑道和飞机活动地区道面上标出的鲜明的白色或黄色线条、字码和符号,包括跑道号码标志、跑道中线标志、跑道边线标志、入口标志、接地地带标志、定距标志、滑行道中线标志、滑行等待位置标志和停机坪上的各种引导线。机场及附近地区的障碍物也涂有醒目的标志。

(3) 标志物

标志物是利用不同形状和涂色以传达信息的设施,有照明的和不照明的,带文字符号和不带文字符号的,如风向标、着陆方向标、信号板、各种滑行引导标记牌等。

由于无线电导航设备的性能日益提高,运输机驾驶员已有可能利用这种设备进行自动着陆。但是自动着陆所需的地面设备和机载设备造价昂贵,而现代化目视助航设施造价低廉,并能保证绝大多数机场常年不至于由于能见度低而关闭。因此,在一定时间内,目视助航设施还不会完全被电子设备所取代。

(二) 飞机

飞机是航空运输的最主要机械设备,按不同方式可以把飞机划分成不同类别。

1. 按飞机的用途不同划分

按飞机的用途划分,有民用航空飞机和国家航空飞机之分。

国家航空飞机是指军队、警察和海关等使用的飞机,民用航空飞机主要指民用飞机和直升机。

2. 按飞机的运输对象不同划分

根据运输对象不同,可以分为客机、货机和客货两用机。客机主要运送旅客,如图3-52所示;货机专门用于运送各类货物,现役的货机多数是由客机改装而来的,如图3-53所示。

客机运送旅客时,行李一般装在飞机的深舱。由于直到目前为止,航空运输仍以客运为主,客运航班密度高、收益大,所以大多数航空公司都采用客机运送货物。不足之处是,由于舱位少，每次运送的货物数量十分有限。全货机运量大，可以弥补客机的不足，但经营成本高，只限在某些货源充足的航线使用。客货混合机可以同时运送旅客和货物，并根据需要调整运输安排，是最具灵活性的一种机型。

图 3-52　客机样例　　　　　　　　　　图 3-53　货机样例

3. 按飞机发动机的类型划分

按飞机发动机的类型，有螺旋桨飞机和喷气式飞机之分。螺旋桨式飞机利用螺旋桨的转动将空气向机后推动，借其反作用力推动飞机前进，所以螺旋桨转速越高，飞行速度越快。

喷气式飞机所使用的喷气式发动机靠燃料燃烧时产生的气体向后高速喷射的反冲作用使飞机向前飞行，它可使飞机获得更大的推力，飞得更快。超音速飞机是指航行速度超过音速的喷气式飞机，目前超音速飞机由于耗油量大、载客量少、造价昂贵、使用率低，使许多航空公司望而却步。又由于它的噪声很大，被许多国家的机场以环境保护的理由拒之门外，或者被限制在一定的时间起降，更限制了它的发展。

4. 按飞机的发动机数量划分

按飞机的发动机数量，有单发（动机）飞机、双发（动机）飞机、三发（动机）飞机、四发（动机）飞机之分。

5. 按飞机的航程远近划分

按飞机的航程远近分，有近程、中程、远程飞机之别。远程飞机的航程为 1.1 万 km 左右，可以完成中途不着陆的洲际跨洋飞行。中程飞机的航程为 3 000km 左右，近程飞机的航程一般小于 1 000km。近程飞机一般用于支线，因此又称支线飞机。中、远程飞机一般用于国内干线和国际航线，又称干线飞机。

6. 按飞机的客座数划分

根据飞机的客座数，还可以划分为大、中、小型飞机。飞机的客座数在 100 座以下的为小型,100~200座为中型,200座以上为大型。

(三)航空集装箱运输设备

当今世界航空运输中集装箱的应用已十分广泛。我国4类以上的机场均配有集装箱设备。航空运输中的集装箱设备主要是指为提高飞机运输效率而采用的托盘、货网和集装箱等成组装载设备。为了使用这些设备,飞机的货舱和甲板都设置了与之配套的固定系统。

1. 航空集装箱设备

国际航空运输协会(IATA)对航空运输中使用的集装箱采用了"成组器"(ULD)这一术语,表示它是成组装载用的一种工具。成组器可以分为航空用成组器和非航空用成组器两种。

(1) 托盘

托盘又称集装板,是指具有平滑底面的一块货板。要求它能用货网、编织带把货物在托盘上捆绑固定起来,并能方便地在机舱内进行固定。

(2) 货网

货网又称网套或网罩,用编织带编织而成,主要用于固定托盘上的货物。货网与托盘之间利用货物上的金属环连接,根据托盘的尺寸,货网也有相应的规格尺寸。

(3) 固定结构圆顶

固定结构圆顶是一种与航空用托盘连接的,不用货网就可以固定货物的罩壳,托盘固定在罩壳上,与罩壳连成一体。

(4) 非固定结构圆顶

非固定结构圆顶是一种用玻璃钢、金属制造的,设有箱底,能与航空用托盘和货网相连的罩壳。

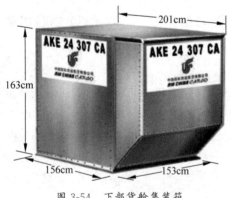

图 3-54 下部货舱集装箱

(5) 主货舱用航空集装箱

主货舱用航空集装箱又称上部货舱用集装箱。由于飞机的机身是圆筒状的,其货舱分上部货舱和下部货舱,航空集装箱的形状要求与货舱形状相配。

(6) 下部货舱用集装箱

下部货舱用集装箱,是指装在飞机下部货舱的集装箱,如图 3-54 所示。

2. 航空集装箱搬运与装卸设备

航空集装箱搬运与装卸设备主要有托盘拖

车、集装箱拖车、升降平台、传送车等。

(1) 拖车

拖车是机场经常使用的短距离的搬运车辆,如图 3-55 所示。一般情况下采用蓄电池或电动机作为动力驱动,或采用内燃机牵引车牵引。

(2) 升降平台

升降平台是用于拖车及集装箱卡车的过渡设备,为货物快速输送、转移提供了保障,提升了物流工作的能力和效率。它可以使集装箱作横向、纵向、旋转及升降运动。

(3) 传送车

传送车适用于飞机所运载的行李及散货的快速装卸,如图 3-56 所示。

图 3-55　机场拖车样例

图 3-56　机场传送车样例

七、管道运输设施与设备

(一) 管道运输设施的组成

管道运输设施由管道线路设施、管道站库设施和管道附属设施三部分组成。

1. 线路设施

管道的线路设施是管道运输的主体,包括以下部分:

(1) 管道主体。管道主体由钢管及管阀件组焊连接而成,如图 3-57 所示。

(2) 管道防腐保护设施。包括阴极保护站、阴极保护测试桩、阳极地床和杂散电流排流站。

(3) 管道水工防护构筑物、抗震设施、管堤、管桥及管道专用涵洞和隧道。

2. 管道站库设施

按照管道站、库位置的不同,分为首站(起点站)、中间站和末站(终点站)。按照所输介质的不同,又可分为输油站和输气站。输油站包括增压站(泵站)、加热站、热泵站、减压站和分输站；输气站包括压气站、调压计量站和分输站等。

图 3-57　管道主体样例

3. 附属设施

管道附属工程主要包括管道沿线修建的通信线路工程、供电线路工程和道路工程，还有管理机构、维修机构及生活基地等设施。

（二）常见的几种管道运输设施

1. 输油管道设施

管道运输是原油和成品油最主要的运输方式之一。输油管道也是最常用的运输管道之一。以石油管道工程为例，它是由管道线路工程、管道站库工程和管道附属工程三部分组成的。

（1）管道线路工程

管道线路工程是管道工程的主体，约占管道工程总投资的 2/3，主要包括管道的本体工程、防腐工程和穿跨越工程等。管道本体工程是由钢管及管阀件组焊连接而成的；防腐工程包括外防腐绝缘层、阴极保护站及沿线测试装置等；穿跨越工程包括穿越铁路或公路工程、穿跨越峡谷工程、穿山隧道工程以及穿越不良地质地段工程等。此外，线路阀室和清管设施等也属于线路工程之列。

（2）管道站库工程

站、库工程内包含以下几类系统工程：工艺系统工程、自控系统工程、通信系统工程、动力系统工程以及给排水系统、供热系统等。

（3）管道附属工程

管道附属工程主要包括管道沿线修建的通信线路工程、供电线路工程和道路工程。还有管理机构、维修机构及生活基地等设施。

输油管有两类：一类属于企业内部，如油田的油气集输管道，炼油厂、油库内部的输油管等;另一类是长距离输送原油、石油产品的管道。

油品沿着管道向前流动,压力不断下降,需要在沿途设置中间辅油泵站继续加压,直至将油品送至终点。为了继续加热则设置中间加热站,加热站与输油泵站设在一起的称为热泵站。

输油管的终点又称末站,它可能属于长距离输油管的转运油库,也可能是其他企业的附属油库。末站的任务是接受来油和向用油单位供油,所以有较多的油罐与准确的计量系统。为了满足沿线地区用油,可在中间输油站或中间阀室分出一部分油品,输往他处;也可在中途接受附近矿区或炼厂来油,汇集于中间输油站或干管,输往终点。

随着石油开采量的增加,世界各国的长距离输油管建设日益增多,成为经济上和军事上的重要工程。为了节约钢材、减少动力消耗和投资,输油干管的建设日益朝着长距离、大口径、高压力、薄管壁的方向发展。生产管理自动化水平也日益提高,从泵站的就地自动控制到应用微处理机和大型数字电子计算机进行集中控制、测量、监视和调节,实现了生产管理自动化。

2. 浆体管道输送设施

(1) 浆体管道输送的特点

浆体管道输送方式是一种用水力输送大宗颗粒状物料的运输方式,是使用较多的管道运输方式之一。它具有与其他运输方式完全不同的特点。

与其他运输方式相比,它有下述优点:

① 基建投资少、建设周期短、建设速度快。

② 能耗小、运营费低、运输成本低。

③ 受地形条件的限制少,易于克服自然地形的障碍。

④ 可以实现连续运输,无铁路、公路运输方式的车厢空载回程和不会出现寒冷地区物料在车厢中的冻结问题。

⑤ 安全可靠、作业率高,几乎可不停顿地进行全年输送,几乎没有物料损耗。

⑥ 由于长距离浆体输送管道绝大部分都埋没在冰冻层以下,因此不占或少占农田,受气候变化的影响较小,不污染环境,不破坏生态平衡。

⑦ 可极大地减少建设工程量、减少管理人员和辅助生产设施。

⑧ 易于实现自动控制,便于维护管理。

与其他运输方式相比,浆体管道输送方式也有其应用上的局限性或缺点:

① 输送物料比较单一,只能输送一种或几种与水混合后不会产生物理性质和化学性质变化的颗粒状物料。其他运输方式则没有这种限制,可以输送任何物料。

② 只能定向、定点、定量输送,不像其他运输方式那样可以向任何多点不定量输送。

③ 浆体管道输送方式对物料的粒度、相对密度和浓度等变化的敏感性强或应变能力低,对它们的变化范围有严格的控制,其他运输方式则不存在这种敏感性。

④ 耗水量较大,缺水地区采用浆体管道输送方式时,需花费较多投资开采水源或采取循环供水措施,并增加电耗,这就在一定程度上降低了浆体管道输送方式的优越性。

当前我国的铁路、公路运输能力不足,有计划地发展长距离浆体管道输送方式,可以大大减轻铁路、公路的过重负担,大大降低铁路、公路扩建的投资,可间接地带来巨大的社会效益。

(2) 浆体管道输送系统

浆体管道输送系统一般都有三大环节,分别为浆体制备系统(前处理)、浆体输送系统(泵站和管道)和脱水系统(后处理),根据输送距离的长短和输送工艺的繁简,这三大环节也不相同。

① 浆体制备系统

浆体制备系统的功用是制备适宜管道输送的浆体,用于长距离浆体管道输送系统,包括合格的料度、合格的浓度和合格的浆体 pH 值,对浆体和冲洗水还要进行除氧,甚至在冬季还要对浆体进行加热。

② 浆体输送系统

浆体输送系统主要包括泵站和输送管道,它是整个浆体管道输送系统的核心,其功用是将已制备合格的浆体输送到预定的目的地,也就是送到有关用户或浆体的输送终点或储存地。它是基建投资、能耗和运营费的主要组成部分,是优化设计的关键所在。

③ 浆体的脱水与储存

浆体中的水是作为载体随物料到达输送终点的,到达终点后要进行脱水与储存,脱水后物料的含水量要满足用户直接使用要求或储存要求。脱除后的污水通常含有 pH 值偏高的悬浮物、油类等以及其他有害成分,必须经过处理使其满足其他用户或本企业循环使用和重复使用的要求,如向外排放应满足地方或国家的排放标准要求。

3. 特种物料管道设施

这里主要介绍两种特种物料管道:膏体管道运输和密封容器的管道运输。

(1) 膏体管道运输

由于生产工艺的需要,有些固体物料要求以特高浓度供给用户,人们把这种特高浓度的浆体称为"膏体"。这种浆体的形态有如牙膏一样,其流动性很小,具有一定的可塑性。由于膏体的黏度很大,管道输送的阻力很大,因此由洗煤厂向火力发电厂输送煤浆或由选矿厂向坑内矿输送全尾砂,仍以常规的经济浓度输送以降低能耗。到达用户后,再制备成膏体供给火力发电厂或坑内矿。

在具体工程设计中,根据物料的特性(粒度和粒度组成、密度、物料的物理化学特性等),由用户提出要求。在既定的膏体输送浓度和运量条件下,输送流量也是一定的。

(2) 密封容器的管道运输

密封容器管道运输是新近出现的管道输送方式。浆体管道输送的物料比较单一,技术要求比较严格,只能输送一种或几种与水混合后不会产生物理性质或化学性质的粒状物料。对于长输管道还有粒径的要求,最大粒径不超过 1~2mm。为了突破这种限制,发挥管道输送方式的优势,出现了密封容器的管道输送。

密封容器为管道运输方式拓展了新的应用领域,开阔了新的视野。密封容器管道输送与浆体管道输送相比,具有以下特征:

① 不必采用破碎、研磨和筛分机械来减小输送物料的粒径,即使物料的粒度较大,也能进行密封容器的管道输送,大大简化了工艺流程和管理。

② 不必担心粉粒状物料在输送过程中会产生破坏、变质和磨损等不利现象。

③ 黏着性强的粉粒状物料如采用一般的管道输送方式,易产生糊壁现象,堵塞管道,影响输送。采用密封容器管道输送,可避免上述不利现象的产生。

④ 密封容器管道输送对管道的腐蚀和磨损小,特别是有浮力的水力密封容器管道输送。

⑤ 成型的"密封囊"管道输送,一般不收回"密封囊";不成型的密封容器管道输送,应设密封容器收回管道,以便重复使用。

⑥ 如果管道中的水为静止状态,利用水的浮力,将装载容重小于 $1\,000 \text{kg/m}^3$ 的密封容器提升到一定高度,可大大降低能耗。只是装入和卸出密封容器时,要求在管道装入口和装入口的上下管道邻近处设置必要的大型开闭电动阀门,在卸出口处设置起重设备,以取出密封容器进行卸载。卸载后的密封容器利用自重采用适当方式返回装载点重复使用。

密封容器管道输送方式的发展历史较短,但发展速度较快。虽然还有很多课题需要进行深入研究,但已由基础研究和试验阶段逐步过渡到实际应用阶段。密封容器有如"潜水列车"和"空气列车"在管道中行进,既安全可靠又可降低运费。由于被输送的物料装在密封容器中,与载体不直接接触,特别是空气密封容器尤为安全可靠,因此不存在变质和吸湿问题。

据报道,日本已应用水力密封容器输送城市污泥,应用空气密封容器输送城市垃圾;英国和德国用空气密封容器运送邮件;哈萨克斯坦建成了总长度达 650km 的密封容器管道,用来输送粮食。

基础知识训练

1. 简述运输的地位和原则。
2. 简要介绍不同运输方式的区别。
3. 航空运输的主要设施与设备有哪些?

拓展阅读 3.1　自动驾驶如何成为物流新引擎

第四章

仓储设施与设备

学习目标与要求

1. 了解仓储的含义和作用,熟悉仓储的作业流程;
2. 掌握仓库的种类,熟悉自动化立体仓库的优缺点;
3. 了解各种不同货架的功能。

教学引导案例

绿色物流——智慧仓储监控管理 3D 可视化系统

随着电子商务产业的迅速发展,快递爆仓已成为困扰仓储物流的一大难题。大量的碎片化订单,传统仓储管理和运作方式已无法满足,加速仓储物流管理的智能化、自动化升级创新,延伸而出的智慧物流概念成为物流行业的发展趋势。在大数据、移动互联网、物联网、云计算等新兴技术高速发展背景下,智慧物流越来越受到政府与企业的重视,成为智慧城市建设的得力抓手和有力支撑。

智慧物流的优势在于集成智能化技术,使物流全过程可自动感知识别、可追踪溯源、可实施应对、可智能化决策,各环节信息系统交互集成。而通过依托可视化技术,智慧仓储管理可以通过 2D 组态、三维仿真形态的方式展现出物流中心的全场景管理交互系统,方便上游供应方的大批量货物进行集中仓库储存、管理等作业。

系统界面由 3D 仿真物流仓储中心以及左侧 2D 面板组成,整合了传统的仓库管理系统(WMS)和仓储控制系统(WCS),打造三维仿真仓储物流中心,包括 RFID、AGV、机器人码垛、立体化仓库、集装箱货运、机器人充电桩等,场景展示设备的运行状态、实时位置、装载货物情况等,可根据需求设置

AVG 行走路径。

1. 货物信息可视与调配

HT 仓储管理监控的实现对仓储场景起到监控的作用,对于货架和移动中的货品进行数据采集,可通过可视化系统快速获取设备的运行状态、货架的数据变更以及面板数据的实时反馈,达到全方位掌握仓储转运中心的活动状态,使得监管、维护以及调配多维度统一。

2. 出入库管理

在可视化技术支持下,数据可视化除了"可视",还有可交流、可互动的特点。集合仓储系统应用物联网、视频监控联网技术、输送和分拣技术、灵活的叉车服务模式、智能穿梭车和货架系统、嵌入智能控制与通信模块的物流机器人技术、RFID 托盘等,数字孪生一个物流全过程,让物品出入库信息可展现、可监控、可管理。

3. 快速智能检索信息

在面板上设置了智能多维搜索,系统通过对数据的采集与分析检索出相应的货物流。高效化的检索功能有利于用户了解订单的状态以及出入库等信息。

4. 人员、车辆及设备管理

通过可视化等技术将仓储中心的设备、人员等信息都集成监控,实现运维管理统一化、智能化。仓储管理人员可以实时通过平台数据了解人员配置、车辆使用情况、设备数量等。

5. 仓储数据统计

在信息化基础上,数字化地展示作业后的情况,提取各模块数据并进行分析,让管理人员对当前仓储作业能力进行评估,为一系列可能发生的实际问题找到解决方案。提高仓库现场的管理水平,实现仓库数据实时化、透明化,提高管理效率、仓储效益等。

6. 实现价值

(1) 解放人工作业,提高效率。从以前的手动仓库,人工随身携带清单,调配产品以及装运货物,到如今的智能仓储,完全取代了人工仓库。智能仓储系统的自动接受、识别、分类组织和提取获取等功能更加适应如今的社会,可视化的技术赋能了仓储物流行业,通过可视化让产品可知可控,提高库存物资的盘点效率,降低员工的作业难度,达到高效作业。

(2) 降低企业成本,绿色环保。随着国家绿色理念的推行,绿色物流是现代物流的必然产物。产品从投产至销出,制造加工的时间仅占 10%,几乎 90% 的时间为仓储、运输、装卸、分装、流通加工、信息处理等物流过程。而利用 HT 可视化技术可以减少纸质作业的使用。通过整合现有资源,优化资源配置,企业可以提高资源利用率,减少资源浪费与企业成本,降低物流对环境的影响,充分利用可视化技术以实现绿色物流。

(3) 数据联动,高效管理。传统仓库管理,数据单一有限,只能满足基础需求。如今依托互联网新兴技术如大数据、云计算、AI、物联网、机器视觉等应用,以及可视化技术,保证出货的及时性、准确性和高效性;可以对数据可视化,进行数据挖掘及分析预测,提升仓库精细化管理,让决策有据可依。打造仓储物流可视化让数据共通与联动,让管理更高效。

资料来源:https://www.163.com/dy/article/GN8HM13B0552NQ1D.html

第一节 仓储与仓储设备概述

一、仓储概述

(一)仓储的概念

仓储作为物流过程中的一种作业方式,其内容包括对商品的检验、整理、保管、加工、集散等多种作业。仓储解决了供需之间和不同运输方式之间的矛盾,为商品提供场所价值和时间效益。它在物流系统中起着缓冲、调节和平衡作用,是物流活动的一个主要功能要素。

随着现代科学技术与生产力的进步和发展,仓储的概念已不再是单纯的储存、保管商品,还具有挑选、配货、检验、分类等业务在内的配送功能及附加标签、重新包装等流通加工功能。

(二)仓储的功能

1. 调节功能

在物流中仓储起着"蓄水池"的作用,一方面可以调节生产与消费的关系,如销售与消费的关系,使它们在时间和空间上得到协调,保证社会再生产的顺利进行;另一方面,还可以实现对运输的调节。

产品从生产地向销售地流转主要依靠运输完成,但不同的运输方式在运向、运程、运量及运输线路和运输时间上存在着差别,采用一种运输方式一般不能直达目的地,需要在中途改变运输方式、运输线路、运输规模、运输方法和运输工具,以及为协调运输时间而对产品进行倒装、转运、分装、集装等物流作业,还需要在产品运输的中途停留,即仓储。

2. 检验功能

在物流过程中,为了保障商品的数量和质量准确无误,分清责任事故,维护各方面的经济利益,要求必须对商品及有关事项进行检验,以满足生产、运输、销售的要求。仓储为组织检验提供了场地和条件。

3. 集散功能

仓储把生产单位的产品汇集起来，形成规模，然后根据需要分散发送到消费地。通过一集一散，衔接产需，均衡运输，提高物流速度。

4. 配送功能

根据用户的需要，对商品进行分拣、组配、包装和配发等作业，并将配好的商品送货上门。配送功能是仓储保管功能的外延，可提高仓储的社会服务效能。

（三）仓储的作用

1. 调节商品的时间需求

通过仓储可以调节商品的时间需求，进而消除商品的价格波动。一般商品的生产和消费不可能是完全同步的，为了弥补这种不同步所带来的损失，就需要仓储来消除这种时间性的需求波动。

2. 降低运输成本

通过仓储可以降低运输成本，提高运输效率。通过商品的仓储，将运往同一地点的小批量的商品聚集成为较大的批量，然后再将其进行运输，到达目的地后，再分成小批量送到客户手中，这样虽然产生了仓储的成本，但是可以更大限度地降低运输成本，提高运输效率。

3. 提高消费者满意度

通过商品在消费地的存储，可以达到更好的客户满意度。对于企业来说，如果在商品生产出来之后，能够尽快地将其运到目标消费区域的仓库中去，那么目标消费区域的消费者在对商品产生需求的时候，就能够尽快地得到这种商品，这样消费者的满意度就会提高，而且能够创造更佳的企业形象，为企业以后的发展打下良好的基础。

4. 满足消费者个性需求

通过仓储，可以更好地满足消费者的个性化消费需求。随着时代的发展，消费者的消费行为越来越向个性化的方向发展，为了更好地满足消费者的这种个性化消费要求，可以利用商品的存储对商品进行二次加工。

二、仓储的作业流程

仓储作业流程按一定顺序相互连接，一般物品从入库到出库需要顺序地经过卸车、检验、整理、保管、捡出和集中、装车、发运等作业环节。各个作业环节之间并不是孤立的，它们既相互联系，又相互制约。

(一) 入库业务

物品入库作业,按照工作顺序,大体可以划分为两个阶段:入库前的准备阶段和确定物资入库的操作程序。

1. 编制仓库物品入库计划

物品入库计划是仓库业务计划的重要组成部分。物资进货计划的主要内容包括各类物资的进库时间、品种、规格、数量等。

2. 入库前具体的准备工作

(1) 组织人力、物力。

(2) 安排仓位,核算占用仓位的面积,以及进行必要的腾仓、清场、打扫、消毒工作,准备好验收场地等。

(3) 备足苫垫用品,确定堆码形式。

3. 物品入库的操作程序

(1) 物品接运。在完成物品接运过程的同时,每一步骤应有详细的记录。接运记录要详细列明接运物品到达、接运、交接等各个环节的情况。

(2) 核对凭证。

(3) 大数点收。大数点收是按照物品的大件包装(即运输包装)进行数量清点。

(4) 检查包装。在大数点收的同时,对每件物品的包装和标志要进行认真的查看。

(5) 办理交接手续。入库物品经过上述工序,就可以与接货人员办理物品交接手续。

(6) 物品验收。在办完交接手续后,仓库要对入库的物品做全面的、认真细致的验收,包括开箱、拆包、检验物品的质量。

(7) 办理物品入库手续。物品验收后,由保管或收货人根据验收结果,在物品入库单上签收。

(二) 保管业务

通常我们认为,物品在入库之后出库之前处于保管阶段。而现代物品保管工作是伴随着物品储运全过程的技术性措施,是保证储运物品安全的重要环节,它是一个活动过程,贯穿于整个物流的各个环节。

1. 保管作业流程

仓库保管阶段按内容分为三个阶段:①物品入库阶段,主要业务为接运、验收和办理入库手续等;②物品储存保管阶段,这一阶段是物品在整个储存期间,为保持物品的原有使用价值,仓库需要采取一系列保管措施,如货物的堆码苫垫、苫垫物品的维护保养、物品的检查盘点等;③物品出库阶段,主要业务是备料、复核、装车等。

保管作业流程的详细内容如表 4-1 所示。

表 4-1　仓库保管作业活动内容表

业务阶段	业务活动	作业内容
入库阶段	接运	1. 车站、码头、机场提货 2. 短途运输 3. 现场交接
	验收	1. 验收准备 2. 实物验收、验收记录 3. 登账建卡
储存保管阶段	储存保管	1. 分类整理 2. 上架、堆垛 3. 倒垛 4. 储存经济管理（顶额、财产处理） 5. 安全管理
	维护保养	1. 温度、湿度控制 2. 维护保管 3. 检查、盘点
出库阶段	出库	1. 核对凭证 2. 审核、划价 3. 备料、包装 4. 改卡、记账
	发运代运	1. 领料或送料 2. 代办托运

2. 分拣配货作业

现代保管应该是流通领域的保管，因此其作业在很大程度上是分拣配货作业。常见的分拣配货方式有拣选式、分货式、分拣式以及自动分拣式四种。

（1）拣选式配货作业

拣选式配货作业是拣选人员或拣选工具巡回于各个储存点，将所需物资取出，完成货物配备的方式。

（2）分货式配货作业

分货式配货作业是分货人员或分货工具从储存点集中取出各个用户共同需要的货物，然后巡回于各个用户的货位之间，将这一货物按用户需求分放，然后再集中取出第二种货物，如此反复，直到作业完成。

（3）分拣式配货作业

分拣式配货作业是分货式和拣选式的一体化配货方式，是一种中间方式。分拣人员或分拣工具从储存点拣选出各个用户共同或不同需要的多种货物,然后巡回在各个用户的货位之间,按用户需要放入货位,直到这次取出的货物放完。

(4) 自动分拣式配货作业

自动分拣式配货作业是建立在信息化基础上的,其核心是机电一体化。配送作业的自动化能够扩大作业能力,提高劳动效率,减少作业差错。

(三) 出库业务

物资出库业务管理,是仓库根据出库凭证,将所需物资发放给需求单位所进行的各项业务管理。物资出库作业的开始,标志着物资保管养护业务的结束。

企业自用库和中转库的物资出库业务有些不同。一般来说,企业自用库的出库业务比较简单。中转库的物资出库程序是:物资出库前准备、核对出库凭证、备料、复核、点交清单等。

三、仓储设备的特点

仓储设备是指能够满足储藏和保管物品需要的技术装置和机具,它是构成仓储系统的重要组成因素,担负着仓储作业的各项任务,是确保仓储作业流程顺利完成的重要保证,同时影响着仓储活动的每一个环节,在仓储活动中处于十分重要的地位。

离开仓储设备,仓储系统就无法运行或服务水平及运行效率不佳。现代储存设备的特点如下:

1. 仓储设备是提高仓储系统效率的主要手段

一个完善的仓储系统离不开现代储存设备的应用。许多新的仓储设备的研制开发,为现代仓储的发展作出了积极的贡献。实践证明,先进的储存设备和先进的仓储管理是提高仓储能力,推动现代仓储迅速发展的两个车轮,二者缺一不可。

2. 仓储设备是反映仓储系统水平的主要标志之一

仓储设备与仓储活动密切相关,其水平的高低直接关系到仓储活动各项功能的完善和有效实现,决定着物流系统的技术含量。

3. 仓储设备是构筑仓储系统的主要成本因素

现代储存设备是资金密集型的社会财富,其购置投资相当可观。同时,为了维持系统的正常运转,发挥设备效能,还需要继续不断地投入大量的资金予以维护。

第二节 仓 库

一、仓库的功能

仓库为存放、保管、储存物品的建筑物和场地的总称,从社会经济活动方面看,无论是

生产领域还是流通领域都离不开仓库。仓库作为物流服务的据点,在物流作业中发挥着重要的作用。一般来讲,仓库具有以下功能:

1. 储存和保管的功能

储存和保管物品是仓库的最基本的传统功能。物品的保管需要一定的空间和条件。仓库的作用就是为物品的储存保管提供必要的场所和良好的条件,防止自然因素和社会因素对物品的不良影响,以保存物品的使用价值。

2. 配送和加工的功能

现代仓库的功能已由保管型向流通型转变,即仓库由原来的储存、保管物品的中心向流通、销售的中心转变。仓库不仅具有仓储、保管物品的设备,而且还增加了分袋、配套、捆装、流通加工、移动等设施,能够进行拣选、配货、检验、分类等作业,具有多品种小批量、多批次小批量物品的配送功能以及附加标签、重新包装等流通加工功能。这样,既扩大了仓库的经营范围,提高了物品的综合利用率,又方便了消费者,提高了服务质量。

3. 调节物品运输能力的功能

各种运输工具的运输能力差别较大,船舶的运输量大,海运船的运量一般在万吨以上,内河船的运量则以百吨或千吨计。火车的运量较小,每节车皮能装 30~60t,一列火车的运量多达几千吨。汽车的运量最小,一般在 10t 以下。在码头和车站进行不同运输方式的转运时,运输能力是很不匹配的,这种运输能力的差异也是通过仓库调节和衔接的。

4. 信息传递功能

在处理有关仓库管理的各项事务时,需要及时而准确的仓库信息,如仓库利用水平、进出货频率、仓库的地理位置、仓库的运输情况、顾客需求状况以及仓库人员的配置等,这对仓库管理能否取得成功是至关重要的。

二、仓库的种类

仓库按不同的标准可进行不同的分类,一个企业或部门可以根据自身的条件选择建设或租用不同类型的仓库。

(一) 按照仓库使用范围分类

(1) 自用仓库:是指各企业为了保管本公司的物品(包括原料、半成品、产成品)而建设的仓库。

(2) 营业仓库:按照仓库业管理条例取得营业许可,保管他人物品的仓库为营业仓库。

(3) 公用仓库:是指由国家或某个主管部门修建的为社会服务的仓库,如机场、港口、铁路货场、库房等仓库。

（4）出口监管仓库：是指经海关批准，在海关监管下，存放已按规定领取了出口货物许可证或批件，已对外买断结汇并向海关办完全部出口海关手续的物品的专用仓库。

（5）保税仓库：是指经海关批准，在海关监管下，专供存放未办理关税手续而入境或过境物品的仓库。

（二）按照仓库在流通领域所发挥的功能分类

1. 采购供应仓库

采购供应仓库主要用于集中储存从生产部门收购的和供国际间进出口的商品，一般这类仓库的库场设在商品生产比较集中的大、中城市，或者商品运输枢纽的所在地。

2. 批发仓库

批发仓库主要用于储存从采购供应库场调进或在当地收购的商品，这类仓库一般贴近商品销售市场，规模与采购供应仓库相比一般要小一些。它既从事批发供货，也从事拆零供货业务。

3. 零售仓库

零售仓库主要用于商业零售业的短期储备，一般是提供店面销售。零售仓库的规模较小，所储存物资周转快。

4. 储备仓库

储备仓库一般由国家设置，以保管国家应急的储备物资和战备物资。这类仓库中的货物一般储存时间比较长，并且储存的物资会定期更换，以保证物资的质量。

5. 中转仓库

中转仓库处于货物运输系统的中间环节，存放那些等待转运的货物，一般货物在此临时停放。这类仓库一般设置在公路、铁路的场站和水路运输的港口码头附近，以方便货物在此等待装运。

6. 加工仓库

加工仓库具有加工延迟功能，一般将具有产品加工能力的仓库确认为加工仓库。

（三）按照保管物品种类的多少分类

（1）综合仓库：是用于存放多种不同属性物品的仓库，如图4-1所示。

（2）专业仓库：是用于存放一种或某一大类物品的仓库，如图4-2所示。

（四）按照仓库所具有的保管条件分类

（1）通用仓库（普通仓库）：是用以储存没有特殊保管要求的物品的仓库。

图 4-1 综合仓库样例

图 4-2 专业仓库样例

（2）保温、冷藏、恒温恒湿库：是用于要求保温、冷藏或恒温恒湿物品的仓库，如图 4-3 所示。

（3）特种仓库：是指储存具有特殊性能的、要求特别保管条件的物品（如危险品、石油、冷藏物品等）的仓库，如图 4-4 所示。这类仓库必须配备有防火、防爆、防虫等专门设备，其建筑构造、安全设施都与一般仓库不同。例如冷冻物品仓库、石油仓库、化学危险品仓库等均属于这类仓库。

（4）气调仓库：是用于存放要求控制库内氧气和二氧化碳浓度的物品的仓库。

图 4-3 冷藏仓库样例

图 4-4 特种仓库样例

（五）按照建筑物空间位置以及类型分类

1. 地面仓库

地面仓库是建筑于地面以上的建筑物，按其构造特征又可分为封闭式仓库［包括平房库、楼房库、筒库（如图 4-5 所示）、油罐库（如图 4-6 所示）等］、半封闭式仓库（即料棚，包括固定料棚和活动料棚)、露天场地(即货场)。

图 4-5　筒库样例

图 4-6　油罐库样例

2. 半地下仓库

半地下仓库是一部分建筑在地平面以下,一部分露出地平面的仓库,此类仓库一般适合存放油料等易挥发、怕高温的物品。

3. 地下仓库

地下仓库是建筑于地平面以下或山洞等处的仓库,其建筑结构与地面封闭式仓库略同,但在建筑设计和施工方面应有防水、防潮等措施。

(六) 按仓库作业的机械化程度分类

1. 人力仓库

人力仓库一般规模较小,采用人力作业方式,无装卸机械设备。一般储存电子元器件、工具、备品备件等物品。

2. 半机械化仓库

半机械化仓库是指入库采用机械作业,如叉车等,出库采用人工作业方式的仓库。一般适合批量入库、零星出库的情况。

3. 机械化仓库

机械化仓库指入库和出库均采用机械作业的仓库,采用的机械如行车、叉车、输送机等,它适合整批入库和出库、长大笨重的货物储存等。一般机械化仓库配备高层货架,有利于提高仓库的空间利用率。

4. 半自动化仓库

半自动化仓库是自动化仓库的过渡形式,配备高层货架和输送系统,采用人工操作巷道堆垛机的方式,多见于备件仓库。

5. 自动化仓库

自动化仓库是现代仓储业的主要发展方向。它是以高层货架为主体,配备自动巷道作业设备和输送系统的无人仓库。以下部分将针对自动化仓库做具体详细的介绍。

以上分类是按照目前仓库保管状况划分的,随着社会经济的发展,仓库的类别也将不断地变化。

(七) 按结构和构造分类

1. 平房仓库

平房仓库是指仓库建筑物是平房,结构很简单,有效高度一般不超过 5～6m 的仓库。这种仓库建筑费用很低,可以广泛采用。

2. 多层仓库

多层仓库(或楼房仓库)为两层以上的建筑物,是钢筋混凝土建造的仓库。建造多层仓库可以扩大仓库实际使用面积。

3. 高层货架仓库

高层货架仓库是指利用高层货架配以货箱或托盘储存货物,利用巷道堆垛机及其他机械进行作业的仓库。

4. 散装仓库

散装仓库是指专门保管散粒状或粉状物资的仓库。

5. 罐式仓库

罐式仓库是指以各种罐体为储存库的大型容器型仓库,如球罐库等。

三、自动化立体仓库

自动化立体仓库是指采用高层货架配以货箱或托盘存储货物,用巷道堆垛起重机及其他机械进行作业,由计算机进行管理和控制实现自动收发作业的仓库,如图 4-7 所示为其效果图。

(一) 自动化立体仓库的特点

自动化立体仓库的入库、检验、分类整理、上货入架、出库等作业由计算机管理控制的机械化、自动化设备来完成,其存在许多优点和缺点。

1. 自动化立体仓库的优点

(1) 自动化立体仓库实施机械化和自动化作业,一方面能大大节省人力,减少劳动力费用的支出;另一方面能准确、迅速地完成出入库作业,提高作业效率。

(2) 自动化立体仓库采用高层货架、立体储存,能有效地利用空间,减少占地面积,降低土地购置费用。一般来说,立体仓库的货架高度在 15~44m 之间,空间利用率为普通仓库的 2~5 倍。

图 4-7　自动化立体仓库规划效果图

(3) 自动化立体仓库采用托盘或货箱储存物品,物品的破损率显著降低。

(4) 自动化立体仓库货位集中,便于控制与管理,特别是使用电子计算机,不但能够实现作业过程的自动化控制,而且能够进行信息处理。

2. 自动化立体仓库的缺点

(1) 自动化立体仓库结构复杂,配套设备多,需要的基建和设备投资高。

(2) 货架安装精度要求高,施工比较困难,而且施工周期长。

(3) 储存物品的品种受到一定的限制,对长大笨重物品以及要求特别保管条件的物品,必须单独设立储存系统。

(4) 对仓库管理和技术人员要求较高,必须经过专门培训才能胜任。

(5) 工艺要求高,包括建库前的工艺设计和投入使用中按工艺设计进行作业。

(6) 自动化立体仓库一旦建成,设备的数目就固定了,运行速度可调整的范围不大,因此,其作业弹性不大。

(7) 自动化立体仓库的高架吊车、自动控制系统等都是先进的技术性设备,由于维护要求高,因此必须注意设备的保管保养,并与设备提供商保持长久联系,以便在系统出现故障时能得到及时的技术支援。

(二) 自动化立体仓库的分类

1. 按货架高度分类

根据其高度来分,有低层(仓库高度在 5m 以下)、中层(仓库高度在 5~15m 之间)和高层(仓库高度在15m以上)自动化立体仓库。

图4-8 单元货架式立体仓库样例

2. 按货物存取形式分类

（1）单元货架式立体仓库

单元货架式是常见的仓库形式,如图4-8所示。货物先放在托盘或集装箱内,再装入单元货架的货位上。

（2）移动货架式立体仓库

移动货架由电动货架组成,货架可以在轨道上行走,由控制装置控制货架合拢和分离。作业时货架分开,在巷道中可进行作业;不作业时可将货架合拢,只留一条作业巷道,从而提高空间的利用率。

（3）拣选货架式立体仓库

拣选货架式仓库中分拣机构是其核心部分,分为巷道内分拣和巷道外分拣两种方式。"人到货前拣选"是拣选人员乘拣选式堆垛机到货格前,从货格中拣选所需数量的货物出库。"货到人处拣选"是将存有所需货物的托盘或货箱由堆垛机送至拣选区,拣选人员按提货单的要求拣出所需货物,再将剩余的货物送回原地。

3. 按货架构造分类

（1）单元货格式立体仓库

单元货格式立体仓库类似于单元货架式,巷道占去了三分之一左右的面积。

（2）贯通式立体仓库

为了提高仓库利用率,可以取消位于各排货架之间的巷道,将单个货架合并在一起,使每一层、同一列的货物互相贯通,形成能一次存放多货物单元的通道,而在另一端由出库起重机取货,成为贯通式仓库。根据货物单元在通道内的移动方式,贯通式仓库又可分为重力式货架仓库和穿梭小车式货架仓库。重力式货架仓库每个存货通道只能存放同一种货物,所以它适用于货物品种不太多而数量又相对较大的仓库。梭式小车可以由起重机从一个存货通道搬运到另一通道。

（3）水平旋转货架式立体仓库

这类仓库本身可以在水平面内沿环形路线来回运行。每组货架由若干独立的货柜组成,用一台链式传送机将这些货柜串联起来。每个货柜下方有支撑滚轮,上部有导向滚轮。传送机运转时,货柜便相应运动。需要提取某种货物时,只需在操作台上给予出库指令。当装有所需货物的货柜转到出货口时,货架停止运转。这种货架对于小件物品的拣选作业十分合适。它简便实用,充分利用空间,适用于作业频率要求不太高的场合。

(4) 垂直旋转货架式立体仓库

这类仓库与水平旋转货架式仓库相似，只是把水平面内的旋转改为垂直面内的旋转。这种货架特别适合存放长卷状货物，如地毯、地板革、胶片卷、电缆卷等。

4. 按建筑物构造分类

(1) 自立式钢架仓储系统（分立式结构）

自立式仓储系统钢架与建筑物是各自分离的结构体，如图4-9所示，它是在现有的厂房或新建筑物内独立安装仓储系统。自立式钢架仓储系统一般以15m以下较为经济，因为当其高度高于15m时，建筑物内部必须采用挑空结构，且地板负荷会超过其耐力，需要进行基础加固，所以不经济。

图4-9　自立式钢架仓库样例

(2) 一体式钢架仓储系统（整体式结构）

一体式钢架仓储系统的钢架与建筑物结构是一体的，其钢架除了承受本身储存品的负荷以外，还必须承受仓顶重量及风力、地震等外力所产生的应力。一体式钢架自动仓库的高度一般在15m以上，目前，国外的一体式钢架仓储系统有的高达40m。

（三）自动化立体仓库的组成

自动化立体仓库由仓库建筑、高层货架、巷道式堆垛起重机、水平搬运系统和控制系统等组成。

1. 仓库建筑与高层货架

自动化立体仓库的主体和货架为钢结构或钢筋混凝土结构，货架内是标准尺寸的货位空间，巷道堆垛起重机穿行于货架之间的巷道中完成存、取货的工作。

2. 巷道式堆垛起重机

巷道式堆垛起重机是自动化立体仓库的主要搬运、取送设备，它主要由机架、运行机构、升降机构、货叉伸缩机构和电气控制设备组成。巷道堆垛起重机沿仓库轨道水平方向移动，载货平台沿堆垛机支架上下移动，货叉可借助伸缩机构向平台的左右方向移动存取物品。目前，巷道式堆垛起重机的运行速度为：水平运行80m/min；升降10～16m/min；货叉8～15m/min。

3. 输送系统

自动化立体仓库的输送系统主要由液压升降平台、输送台、自动导向车（AGV）、货箱或托盘等组成，其作用是配合巷道堆垛机完成物品输送、搬运、分拣等作业。

4. 控制系统

巷道式堆垛起重机和水平搬运系统的运行以及物品的存入与拣出是由控制系统来完成的,控制系统是自动化立体仓库的"指挥部"和"神经中枢"。自动化立体仓库的控制系统形式有手动自动控制、随机自动控制、远距离控制和计算机全自动控制四种形式。计算机全自动控制又分为脱机、联机和实时联机三种形式。

目前,我国物流系统的作业水平是不高的,因此,在对系统生产效率的要求不是很高的情况下,人力作业不感到费力而采用机械作业又太复杂时应优先考虑人力作业;一般机械可以方便地完成作业,而自动化过于复杂时应优先考虑机械作业。不应试图排除轻微体力劳动和简便的机械作业,一味追求自动化。

第三节 货 架

一、货架的概念

中华人民共和国国家标准《物流术语》(GB/T 18354—2006)对货架的定义是:用支架、隔板或托架组成的立体储存货物的设施。货架是仓储系统中的重要设备,在物流及仓库中占有非常重要的地位。随着各行各业对物流重视程度的不断提高和自动化仓库数量的增加,为实现仓库的现代化管理、改善仓库的功能,不仅要求货架数量多,而且要求具有多功能,并实现机械化和自动化。

二、货架的作用及功能

货架在现代物流活动中具有相当重要的作用。仓库管理实现现代化,与货架的功能有直接的关系。

货架的作用及功能如下:

(1) 货架是一种架式结构物,可充分利用仓库空间,提高库容利用率,扩大仓库储存能力。

(2) 存入货架中的货物互不挤压,物资损耗小,可完整保证物资本身的功能,减少货物的损失。

(3) 货架中的货物存取方便,便于清点及计量,可做到先进先出。

(4) 保证存储货物的质量,可以采取防潮、防尘、防盗、防破坏等措施,以提高物资存储质量。

(5) 很多新型货架的结构及功能有利于实现仓库的机械化及自动化管理。

三、货架的分类

货架的种类多种多样,根据不同的划分方式,可以分成很多不同的类型。

1. 按照货架发展形态的不同,可分为:

(1) 传统式货架

包括层架、层格式货架、抽屉式货架、U形货架、悬臂式货架、栅架、鞍架、气罐钢筒架、轮胎专用货架等。

(2) 新型货架

包括旋转式货架、移动式货架、装配式货架、调节式货架、托盘式货架、进车式货架、高层货架、阁楼式货架、重力式货架等。

2. 按照货架的适用性的不同,可分为:

(1) 通用货架

(2) 专用货架

3. 按照货架封闭性程度的不同,可分为:

(1) 敞开式货架

(2) 半封闭式货架

(3) 封闭式货架

4. 按照货架高度的不同,可分为:

(1) 低层货架(高度在5m以下)

(2) 中层货架(高度在5～15m)

(3) 高层货架(高度在15m以上)

5. 按照货架构造的不同,可分为:

(1) 组合可拆卸式货架

组合可拆卸式货架具有轻便灵活、适用范围广的特点,多用于平面仓库和分离式仓库。

(2) 固定式货架

固定式货架具有牢固、承载大、刚性好的特点,多用于库架合一式自动仓库,可细分为单元式货架、一般式货架、贯通式货架等。

四、常用的几种货架

1. 层架

层架由主柱、横梁、层板构成,架子本身分为数层,如图4-10所示,层间用于存放货物。层架应用广泛,种类繁多,一般可进一步按层架存放货物的重量级划分为重型货架、中型货架和轻型货架三种。

层架结构简单,省料,适用性强,便于作业的收发,但存放物资数量有限,是人工作业仓库的主要存储设备。轻型货架多用于小批量、零星收发的小件物资的储存。中型和重型货架需配合叉车等工具储存大件、重型物资,所以其应用领域广泛。

图 4-10 层架样例

2. 层格式货架

层格式货架的结构与层架类似,区别在于某些层甚至整体每层中用间隔板分成若干个格。

(1) 抽屉式货架

抽屉式货架(图 4-11)属于封闭式货架的一种,具有防尘、防湿、避光的作用。用于比较贵重的小件物品的存放,或用于怕尘土、怕湿等的贵重物品,如刀具、量具、精密仪器、药品等物品的存放。

(2) 橱柜式货架

橱柜式货架(图 4-12)的结构是在层格架或层架的前面装有橱门,上下左右及后面均封闭起来,门可以是开关式,也可以是左右拉开式或卷帘式。其特点及用途和抽屉式货架相似,用于存放贵重物品、文件、文物及精密配件等。

图 4-11 抽屉式货架样例　　图 4-12 橱柜式货架样例

（3）开放式层格式货架

每格原则上只能放一种物品,物品不易混淆,但存放数量不大。其缺点是层间光线暗,存放数量少,主要用于规格复杂多样,必须互相间隔开的物品。

3. 托盘货架与倍深式托盘货架

托盘货架是用于存放装有货物托盘的货架,多为钢材结构,也可用钢筋混凝土结构,可作单排型连接,也可作双排型连接,如图4-13所示。

采用托盘货架,每个托盘占一个货位,能克服托盘直接堆码产生的问题。较高的托盘货架适用堆垛起重机存取货物,较低的托盘货架可用叉车存取货物。托盘货架可实现机械化装卸作业,便于单元化存取,库容利用率高,可提高劳动生产率,实现高效率的存取作业,便于实现计算机的管理和控制。

倍深式托盘货架与一般托盘货架结构基本相同,只是把两排托盘货架结合起来增加储位而已,因此,储位密度增加一倍,但存取性和出入库方便性略差,并且必须采用倍深式叉车。

4. 悬臂式货架

悬臂式货架(图4-14)又称为长臂架,是由3~4个塔形悬臂和纵梁相连而成,分单面和双面两种。臂架用金属材料制造,为防止材料碰伤或产生刻痕,在金属悬臂上垫上木质衬垫,也可用橡胶带保护。悬臂架的尺寸不定,一般根据所放长形材料的尺寸大小而定其尺寸。

图4-13 托盘式货架样例

图4-14 悬臂式货架样例

悬臂架为边开式货架的一种,可以在架两边存放货物,但不太便于机械化作业,存取货物作业强度大,一般用于轻质的长条形材料存放,可用人力存取操作。重型悬臂架用于存放长条形金属材料。

5. 阁楼式货架

阁楼式货架是在已有的仓库工作场地上面建造楼阁,在楼阁上面放置货架或直接放置货物,将原有的平房库改为两层的楼库,货物提升可用输送机、提升机、电葫芦,也可以用升降台。在阁楼上面可用轻型小车或托盘牵引车进行货物的堆码,如图 4-15 所示。

阁楼式货架既适用于库房较高、货物轻巧、人工存取、出货量较大的情况,也适用于现有旧仓库的技术改造,可提高仓库的空间利用率。

6. 重力式货架

重力式货架又称为流动式货架,是现代物流系统中的一种应用广泛的装备,如图 4-16 所示。它有托盘重力式货架与箱式重力式货架之分。其工作原理是:货物在自身重力的作用下从高处向低处运动,从而完成进库、储存和出库作业。其特点是每一个货格就是一个具有一定坡度的滑道。在货架每层的通道上都安装有一定坡度的导轨,入库的单元货物在重力的作用下在导轨上由入库端流向出库端。

图 4-15 阁楼式货架样例

图 4-16 重力式货架样例

在这样的仓库中,排与排之间没有作业通道,大大提高了仓库空间的利用率。重力式货架的每个通道只能存放一种货物,货物进入后始终处于流动状态,存取迅速,先进先出。

7. 后推式货架

后推式货架(图 4-17)的搁板或滑轨向前方倾斜。用叉车把后到的货物由前方存入货架时,此货物便把原先的货物推到后方;当从前方取货时,后方的货物自动滑向前方,以待拣取。

后推式货架储存密度高,但存取性差。一般深度方向达 3 个储位,最多达 5 个储位,比一般托盘货架节省 30% 空间,增加了储位;适用一般叉车存取,运用于少品种、大批量物品的储存,不宜太重物品的储存;货物自动滑向最前储位,满足后进先出的存取。

8. 驶入式货架

驶入式货架(图 4-18)采用钢质结构,钢柱上一定位置有向外伸出的水平突出构件,当托盘送入时,突出的构件将托盘底部的两个边拖住,使托盘本身起到架子横梁的作用。当架上没有放托盘货物时,货架正面便成了无横梁状态,这时就形成了若干通道,可方便地出入叉车等作业车辆。

图 4-17　后推式货架样例　　　　　图 4-18　驶入式货架样例

这种货架的特点是叉车直接驶入货架进行作业,叉车与架子的正面成垂直方向驶入,在最内部设有托盘的位置卸放托盘货载直至装满,取货时再从外向内顺序取货。驶入式货架能起到保管场所及叉车通道的双重作用,但叉车只能从架子的正面驶入。

这样,从一个方面看可提高库容率及空间利用率,从另一个方面看,很难实现先进先出。因此,每一巷道只宜保管同一品种货物。

9. 水平移动式货架

水平移动式货架(图 4-19)是一种带轮且可移动的货架。在货架下面装有滚轮,在仓库地坪上装有导轨,货架可通过轮子沿导轨移动。

存取货物时,通过手动和电力驱动使货架沿轨道横向移动,形成通道。并可用这个方法不断变换通道位置,以便于对另一货架进行作业。利用叉车等设备进行存取作业,作业完毕,再将货架移回原来位置。这样,就克服了普通货架每列必须留出通道的弊端,减少了仓库作业通道数,一般只需要留出一条通道的位置就可以了。

移动式货架主要用于小件、轻体货物的存取,采取现代技术,使设备大型化,也可用于存取大宗物品,如管件、阀门、电动机托盘等。这种货架尤其适用于环境条件要求高、投资大的仓库,如冷冻、气调等仓库,可相应减少环境条件的投资。

10. 自动式货架

自动式货架由轨道、底座和货架组成,如图 4-20 所示。轨道安装于地面,每个货架的底座上有多个轮子,由电动机驱动沿轨道运行。货架为通用货架,安装在底座上。整套装置可以手控、遥控或集中控制,并且有完善的安全保护装置。

图 4-19 水平移动式货架样例

图 4-20 自动式货架样例

由于货架的全部重量要由几个轮子承受,因而对轮子的要求较高。该货架具有灵活存储不同货物的优点,不仅适于包装货物,也适于托盘和长杆货物的储存,以及以"货到人"方式分拣的货物储存。

11. 旋转式货架

旋转式货架又称回转式货架。它是适应目前生产及生活资料由少品种、大批量向多品种、小批量发展趋势,而发展起来的一类现代化保管储存货架。这种货架可以满足目前由于品种的迅猛增加,拣选作业的工作量、劳动强度日益增大,系统日益复杂的要求。

货物从货架上拣选可以归纳为以下两种方式:一是货物存放在固定的货架内,操作者进行取货;二是货架可以水平、垂直、立体方向回转,货物随货架移动到操作者面前,而后被操作者选取。旋转式货架属于后一种。

旋转式货架在存取货物时,可用微机控制,也可用控制盘控制,根据下达的货格指令,该货格以最近的距离自动旋转至拣货点停止。这种货架存储密度大,货架间不设通道,和固定式货架比,可节省占地面积 30%～50%。由于货架转动,拣货路线简捷,拣货效率高,拣选差错少。

第四节 托 盘

一、托盘的概念和特点

(一) 托盘的概念

托盘是为了使物品能有效地装卸、运输、保管,将其按一定数量组合放置于一定形状的台面上,这种台面有供叉车从下部叉入并将台板托起的叉入口,以这种结构为基本构造的平板台板和在这种基本结构基础上所形成的各种形式的集装器具可统称为托盘。

（二）托盘的特点

托盘的出现促进了集装箱和其他单元器具的发展，使集装化技术的多样化优势得到发挥。同集装箱相比，托盘的优势主要体现在以下几个方面：

1. 自重小

因为托盘大多采用轻质材料制成，其自重远小于集装箱，所以用托盘进行装卸搬运或运输所需的无效劳动较少。

2. 返空容易

由于托盘造价不高，很容易实行相互替代；而集装箱由于价值较大，拥有者一般不会轻易交换其所有权。所以，托盘无须像集装箱那样频繁地返空。即使出现返空，托盘也不会像集装箱那样浪费过多的运输能力。

3. 装卸简单

集装箱在进行装卸作业时，操作人员或机械必须进入箱内，作业难度较大；而托盘的装卸不受空间限制，装盘之后再通过捆扎、紧固等技术作业同样可以达到要求。

4. 装载量适中

托盘的装载量虽然不及集装箱，但也比一般的包装组合大得多，而且它对装卸搬运机械的要求不高，具有更强的适应性。

托盘的主要缺点是：保护性比集装箱差，不宜露天存放，需要有仓库设施与之配套。

二、托盘的规格标准

托盘标准化是实现托盘联运的前提，也是实现物流机械和设施标准化的基础及产品包装标准化的依据。各国在制定托盘规格时考虑了以下因素，即与桥梁、隧道、运输道路和货车站台设施相适应，以及与货车、卡车等车辆宽度相配合，再由托盘规格而决定仓库支柱的间距、货架等尺寸。

所以改变托盘规格涉及一系列的复杂课题，各国要想完全统一托盘规格确实很困难。每个国家都希望自己国内已经普遍使用的规格能成为国际标准，以便在国际经济交流中更为有利。国际标准组织无法统一，只能接受既成事实，做到相对统一。

ISO标准（ISO 6780）原来制定了4种托盘规格，分别为：

1 200mm×800mm，欧洲规格；

1 200mm×1 000mm，欧洲一部分、加拿大、墨西哥规格；

1 219mm×1 016mm，美国规格；

1 140mm×1 140mm，亚洲规格。

2003年,ISO又通过了新方案,增加了1 100mm×1 100mm和1 067mm×1 067mm两种规格,变成6种标准规格。但ISO标准(ISO 6780)规格并不是真正的国际标准规格,因为每个地区仍然推行自己的规格。中国国家标准《联运通用平托盘主要尺寸及公差》(GB/T 2934—1996)目前套用原ISO规定的4种并列的标准,即1 200mm×800mm,1 200mm×1 000mm,1 219mm×1 016mm,1 140mm×1 140mm。

《联运通用平托盘主要尺寸及公差》(GB/T 2934—2007)作为新的国家标准,最终确定了1 200mm×1 000mm和1 100mm×1 100mm两种托盘规格(平面尺寸的制造公差应为−6～+3m),且特别注明1 200mm×1 000mm为优先推荐规格。2007年10月11日由国家标准化管理委员会发布,并于2008年3月1日正式实施。

联运托盘标准的出台,将结束我国托盘行业混沌的局面,对促进托盘联营、循环,以及托盘租赁市场的健康发展起到积极的推动作用。

三、托盘的种类

托盘的种类繁多,结构各异。现今国内外常见的托盘主要有以下几种:

(一)平托盘

通常我们所说的托盘主要指平托盘,它是一种通用托盘,是托盘中使用量最大的一种。平托盘还可以进一步分类。

1. 按台面分类

平托盘按台面分为单面型、单面使用型(图4-21)、双面使用型(如图4-22所示)、翼型等。

图4-21 单面使用型平托盘样例

图4-22 双面使用型平托盘样例

2. 按叉车插入方式分类

平托盘按叉车插入方式分为单向叉入型、双向叉入型、四向叉入型三种。单向叉入型只能从一个方向叉入,因而叉车操作较为困难;四向叉入型平托盘如图4-23所示,叉车可以从四个方向进叉,因而操作较为灵活。

3. 按材料分类

平托盘按制造材料分为纸制托盘、木制托盘、塑料制托盘、木塑复合托盘、钢制托盘、胶板制托盘等。

(1) 纸制托盘

纸制托盘采用高强度蜂窝纸芯、高强度瓦楞纸与纤维板以及其他非木质材料制成,如图 4-24 所示。纸制托盘结构运用科学的力学原理实现其良好的物理特性,具有重量轻、成本低、出口免检、环保、可回收等优点,多为一次性托盘。但其承重量相对于其他托盘较小,防水防潮性能较差。产品规格可按照用户要求定制。

 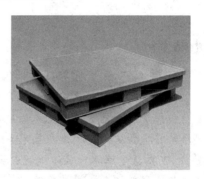

图 4-23　四向叉入型平托盘样例　　　　图 4-24　纸质平托盘样例

(2) 木制托盘

木制托盘是托盘中最传统和最普及的类型,如图 4-25 所示。由于木材具有价格低廉、易于加工、成品适应性强、便于维修、本体较轻等特点,因而为绝大多数用户采用。木制托盘的问题主要存在于卫生和生产稳定性等方面,木材易受潮、发霉、受虫蛀而又无法清洗,其表面木屑脱落及螺钉锈蚀的问题也是难以克服的。此外,由于木材是天然材料,其质量受地域、气候等多方面影响,即便是同一批原料,在干湿度、风裂等方面亦难以达到统一标准。

(3) 塑料制托盘

塑料托盘出现后,很快在市场上占据了一席之地。与木制托盘相比,它整体性好,并且洁净卫生,在使用中又具有质轻、无钉刺、耐酸碱、无质变、易清洗等特点。塑料托盘如图 4-26 所示。由于其使用寿命为木制托盘的 3~8 倍,加之废托盘材料可以回收,使单次使用成本低于木托盘。虽然我国塑料托盘的生产及使用均滞后于西方发达国家,但发展迅速,正被越来越多的用户所认可。

塑料制托盘一般有双面使用型、两向叉入型及四面叉入型三种形式,由于塑料强度有限,因此很少有翼型的平托盘。

图 4-25　木制平托盘样例

图 4-26　塑料制平托盘样例

塑料托盘长久安全使用注意事项

为了使塑料托盘能够长久安全地使用,应按下列要求正确使用:

(1) 塑料托盘应避免遭受阳光暴晒,以免引起塑料老化,缩短使用寿命。

(2) 严禁将货物从高处抛掷在塑料托盘内;合理确定货物在托盘内的堆放方式,货物均匀置放,不要集中堆放和偏心堆放;承载重物托盘应放在平整的地面或物体表面上。

(3) 严禁将塑料托盘从高处抛落,避免因猛烈地撞击而造成托盘破碎、裂纹。严禁叉车叉脚撞击托盘焊接部位。

(4) 叉车或手动液压车作业时,叉刺尽量向托盘叉孔外侧靠拢,叉刺应全部伸进托盘内,平稳抬起托盘后才可变换角度。叉刺不可撞击托盘侧面,以免造成托盘破碎、裂纹。

(5) 托盘上货架时,必须采用货架型托盘。承载量根据货架结构确定,严禁超载使用。

(6) 钢管塑料托盘应在干燥的环境中使用,动载时叉车两翼应从垂直于钢管方向驶入搬运。

(4) 木塑复合托盘

木塑复合托盘是一种最新的复合材料托盘,如图 4-27 所示。它主要采用挤出机挤出木塑复合型材,再组装而成。它综合了木制托盘、塑料托盘和钢制托盘的优点,而基本上摒弃了其不足。机械化的生产,高密度、高强度、耐腐蚀、不吸水的型材,解决了木制托盘洁净度差、生产质量无法规范化和寿命短的问题,并使其具有塑料托盘的特点。

其相当于木制托盘的板材切割及组装方式又解决了塑料托盘在结构适应性及维修维护方面的问题,同时承载性相比塑料托盘也大大提高;在重量及成本上又远远低于钢制托盘。缺点在于自重较大,约为木制、塑料托盘的两倍,人工搬运略有不便,以及由此造成的成本优势不大。

(5) 钢制托盘

钢制托盘是用角钢等异型钢材焊接制成的托盘,和木制托盘一样,也有叉入型和单面、双面使用型等各种形式,如图4-28所示。钢制托盘自身较重,比木制托盘重,人力搬运较为困难。而采用轻钢结构,可制成质量35kg的1 100mm×1 100mm钢制平托盘,可由人力搬移。

图4-27 木塑复合平托盘样例

图4-28 钢制平托盘样例

钢制托盘的最大特点是强度高,不易损坏和变形,维修工作量较小。钢制托盘制成翼形平托盘有优势,这种托盘既可使用叉车装卸,也可利用两翼套吊器具进行吊装作业。

(6) 胶板制托盘

胶板制托盘是用胶合板钉制台面的平板型台面托盘,这种托盘质轻,但承重力及耐久性较差。

(二) 柱式托盘

柱式托盘是在四个角安装有用钢材制成的固定或可拆卸的柱子的托盘,如果从对角的柱子上端用横梁联结,可使柱子形成门框架,如图4-29所示。柱式托盘的主要作用是:

(1) 防止托盘上放置的物品在运输、装卸等过程中发生塌垛损坏。

(2) 利用柱子支撑承重,可以将托盘堆高叠放,而不会压坏下面托盘上的货物。

图4-29 柱式托盘样例

（三）箱式托盘

箱式托盘是指托盘上面带有箱式容器的托盘，如图4-30所示，即在托盘四个边上有板式、栅式、网式等各种平面，从而组成一个箱体，有些箱体有顶板，有些箱体没有顶板。箱板有固定式、折叠式和可卸式三种。

由于四周栏板不同，箱式托盘又有各种称谓，如四周栏板为栅栏式的也称笼式托盘或集装笼。箱式托盘的主要特点是：

（1）防护能力强，可有效防止塌垛，防止货损。

（2）由于四周有护板或护栏，这种托盘装运范围较大，不但能装运可码垛的整齐形状包装货物，也可装运各种形状不规则的散件。

图4-30　箱式托盘样例

（四）轮式托盘

轮式托盘的基本结构是在柱式、箱式托盘下部装有小型轮子，如图4-31所示。这种托盘具有柱式、箱式托盘的优点，多用于一般杂货的运送。轮式托盘可利用轮子作滚上滚下的装卸，也有利于装放车内、舱内后移动位置，所以轮式托盘有很强的搬运能力，不需搬运机械实现搬运。此外，轮式托盘在生产物流系统中还可以兼做作业车辆，利用轮子作短

图4-31　轮式托盘样例

距离运动。

（五）特种专用托盘

上述托盘都带有一定通用性，可适装多种中、小件杂货和散、包装货物。由于托盘制作简单、造价低，所以对于某些运输数量较大的货物，可按其特殊要求制造出装载效率高、装运方便的专用托盘。

1. 航空托盘

航空托盘是航空货运或行李托运用托盘，一般采用铝合金制造，为适应各种飞机货舱及舱门的限制，一般制成平托盘，托盘上所载物品以网罩固定。

2. 平板玻璃集装托盘

平板玻璃集装托盘又称平板玻璃集装架，能支撑和固定平板玻璃。在装运时，平板玻璃顺着运输方向放置以保持托盘货载的稳定性。平板玻璃集装托盘有若干种，使用较多的是 L 型单面装放平板玻璃、单面进叉式托盘，A 型双面装放平板玻璃、双向进叉托盘，吊叉结合式托盘及框架式双向进叉式托盘。

3. 油桶专用托盘

油桶专用托盘是专门装运标准油桶的异型平托盘，如图 4-32 所示。托盘为双面型，两个面皆有稳固油桶的波形表面或侧挡板。油桶卧放于托盘上面，由于波形槽或挡板的作用，不会发生滚动位移，还可几层堆垛，解决桶形物难堆高码放的困难，也方便储存。

图 4-32　油桶专用托盘样例

4. 货架式托盘

货架式托盘的结构特点如下：它是一种框架形托盘，框架正面尺寸比平托盘稍宽，以保证托盘能放入架内，架的深度比托盘宽度小，以保证托盘能搭放在架上。架子下部有四个支脚，形成叉车进叉的空间。这种架式托盘叠高组合，便成了托盘货架，可将托盘货载送入放置。这种货架式托盘也是托盘货架的一种,是货架与托盘的一体物。

5. 长尺寸物托盘

长尺寸物托盘是专门用于装放长尺寸材料的托盘,这种托盘叠高码放后便形成了组装式长尺寸货架。

6. 轮胎专用托盘

轮胎本身有一定的耐水、耐蚀性,因而在物流过程中无须密闭,且本身很轻,装放于集装箱中不能充分发挥箱的载重能力。轮胎存在的主要问题是储运时怕压、挤,因此采用这种托盘是一种很好的选择,如图 4-33 所示。

(六) 滑片托盘

滑片托盘是一种新型托盘,它是由瓦楞纸、板纸或塑料简单地折曲而成的板状托盘,也叫薄板托盘,如图 4-34 所示。它仅在操作方向上有突出的折翼,以便进行推拉操作。按照折翼的个数不同,分为单折翼型滑片、双折翼型滑片、三折翼型滑片和四折翼型滑片。滑动托盘和木制平托盘相比较,具有重量轻、可充分利用保管空间、价格低等优点。

图 4-33　轮胎专用托盘样例

图 4-34　滑片托盘样例

四、托盘的集装方法

(一) 托盘货物的码垛方式

在托盘上装放各种形状的包装货物,必须采用各种不同的组合码垛方式,这对于保证作业的安全性、稳定性有着至关重要的作用。在托盘上码放货物的方式非常多,其中主要的有以下几种:

1. 重叠式

托盘上货物各层以相同的方式码放,上下完全相对,各层之间不会出现交错的现象。使用这种码垛方式的优点是:作业方式简单,便于人工操作,作业速度快;而且包装物的四个角和边相重叠,承载能力大,能承受较大的荷重,同时在货体底面积较大的情况下,这种方式可以保证足够的稳定性。

但使用这种方式也存在一些缺点:由于各层面之间只是简单的排放,缺少咬合,在货体底面积不大的情况下,稳定性不够,容易发生塌垛。使用这种方式再配以各种紧固方式则不但能保持稳固,而且保留了装卸操作省力的优点。

2. 纵横交错式

相邻的两层货物之间的摆放旋转90°,一层成横向放置,另一层成纵向放置。这种方式装完一层后,利用转向器旋移90°,层间有一定的咬合效果,层间纵横交错堆码。这种方式层间有一定的咬合效果,但咬合强度不高。重叠式和纵横交错式较适合自动装盘操作。如果配以托盘转向器,装完一层后,利用转向器旋转90°,这样只要用同一装盘方式就可以实现纵横交错装盘,劳动强度和重叠方式相同。

3. 正反交错式

一层中,不同列的货物都以90°垂直码放,相邻两层货物的码放形式是另一层旋转180°的形式。这种方式不同层间咬合强度较高,相邻层之间不重缝,因而码放后稳定性很高。但操作较为麻烦,而且包装体之间不是垂直的以避免互相承受荷载,所以下部货体容易被压坏。

4. 旋转交错式

第一层相邻的两个包装体都互成90°,两层间的码放又相差180°,这样相邻两层之间咬合交叉,托盘货体稳定性较高,不容易塌垛。但这样码放的缺点是:码放的难度比较大,而且中间形成中空,会降低托盘装载能力。

(二) 防止托盘货物散垛的方式

防止货物在装卸、搬运和运输过程中损坏、散垛是使用托盘作业时需要考虑的重要问题,必须采用有效的防塌措施。防止托盘货物散垛损坏的主要方法是采用货物紧固。主要的托盘货物紧固方法有下列几种:

1. 用绳带捆扎

用绳带捆扎,即用绳索或者包装带对货物进行紧固捆扎,主要有水平、垂直和对角等捆扎方式。捆扎可以应用于多种货物的托盘集合包装,其打结的方式有方结扎、黏合、热融、加卡箍等。

2. 用网罩包裹

加网罩紧固主要用于装有同类货物托盘的紧固,多见于航空运输,将航空专用托盘与网罩结合起来,就可以达到紧固的目的。将网罩套在托盘货物上,再将网罩下端的金属配件挂在托盘周围的固定的金属片上(或将绳网下部缚牢在托盘的边沿上),以防形状不整齐的货物发生倒塌。为了防水,可在网罩之下用防水层加以覆盖。网罩一般由三片(即顶部和两个侧面的网片)组成,一般采用棉绳、布绳和其他纤维绳等材料制成。

3. 加抗滑夹层

将抗滑的纸片或软质聚氨酯泡沫塑料的纸片夹在货箱各层器具之间,以增加摩擦力,防止水平移动(滑动)或冲击时托盘货物各层之间的移位。此外,在包装容器表面涂二氧化硅防滑剂也有较好的防滑效果。

4. 用框架紧固

框架紧固是将墙板式的框架加在托盘货物相对的两面或四面以至顶部,用以增加托盘货物刚性的方法。框架的材料以木板、胶合板、瓦楞纸板、金属板等为主。加固方法有固定式和组装式两种,采用组装式需要打包带紧固,使托盘和货物结合成一体。

5. 楔入加固法

在托盘货物的边角楔入一些专用的块或夹,每层货物通过金属卡具起到加固紧卡的作用。

6. 黏合

使用黏合剂和黏胶带将托盘货物的上下两层黏合在一起,用以防止托盘上的货物滑落。

7. 使用薄膜紧固

共有两种塑料薄膜的紧固方法:

一种是采用热收缩薄膜紧固。利用一些特殊物质的化学性质,如聚乙烯加热后收缩,用热缩塑料薄膜制成一定尺寸的套,套在托盘货物上,然后进行热缩处理,塑料薄膜由于自身的化学性质会发生收缩,起到将托盘货物紧固的作用。经热收缩后的包装件,货物本身与托盘紧固成一体。这种形式属五面封,托盘下部与空气连通。

另一种是用拉伸塑料薄膜将货物与托盘进行整体裹包形成集装件。当拉伸薄膜的外力撤除后收缩紧固托盘货体形成集合包装体,顶部不加塑料薄膜时,形成四面封;顶部加塑料薄膜时,形成五面封;拉伸包装不能完成六面封,因此,不能防潮。此外,拉伸薄膜比收缩薄膜捆缚力差,只能用于轻量物品的集装。

基础知识训练

1. 简述仓储的功能和作用。
2. 仓储业务主要包括哪些作业?

3. 简述托盘的集装方法。

拓展阅读 4.1　装配式仓库：智能仓库的未来

第五章 包装设施与设备

> **学习目标与要求**
> 1. 了解包装的功能与分类;
> 2. 了解包装材料的类型和标识;
> 3. 掌握包装机械设备的种类和功能。

智能包装技术的发展

传统包装对早期的商品物流系统作出了巨大的贡献,但随着现代社会变得越来越复杂,社会中的每一个个体(商品生产商、加工商、物流运营商、零售商和消费者)都需要具有创新性的包装来保证商品的安全和可追溯性。

智能包装是指对环境因素具有"控制""识别"和"判断"功能的包装,它可以识别和显示包装空间的温度、湿度、压力以及密封的程度、时间和包装内容物的泄露物质等重要参数及信息,并能够在一定程度上代替人工,与包装内容物进行有效的"沟通"和作出合理决策,并且能在第一时间获取、存储、处理和分享信息。

智能包装是一个多元学科的交叉应用领域,支撑智能包装的学科主要有材料科学、人工智能、现代控制理论、微电子学、计算机科学等。智能包装分为三类,分别是功能材料型智能包装、功能结构型智能包装及信息型智能包装。

1. 功能材料型智能包装

功能材料型智能包装是为了实现改善和增加包装的功能而应用新型智能包装材料,以达到和完成特定包装的目的。目前研制的功能材料型智能包装通常采用湿敏、光电、温敏、气敏等功能材料,并且对环境因素具有"识别"和"判断"功能。

功能材料型智能包装一般具有时间-温度记录标志、氧气和二氧化碳等气体指示标志、光致变色标志、物理冲击记录标志、微生物污染标志等功能。

时间-温度记录标志是指通过机械、化学和酶的作用机理,提供产品的储存条件信息。氧气和二氧化碳等气体指示标志即通过氧化还原染色剂来监测包装是否泄漏,其能够为消费者提供现场判断依据,从而确定包装食品的食用安全性,为消费者的身心健康起到保护作用。例如:气调包装破损后,外界氧气进入包装内,通过智能包装体系的应用,可以将与氧气反应变色的油墨印刷在包装内,随着氧气浓度的增大,油墨的颜色变化逐渐明显,从而确定包装的完好程度。光致变色标志,如将一种超薄柔软电池像油墨一样"印刷"在产品的包装上,使包装具有声音、灯光以及其他特殊效果,因而使得制造商更有效地通过产品包装来吸引消费者。物理冲击记录标志,如将一种在外力作用下会变色的塑料薄膜涂上具有不同波长的反向干涉涂层,在正常情况下涂层呈明亮色彩,一旦被动使用,涂层便开始产生变化,比如剥落、变成灰色、剥落部分产生花纹等,均为消费者提供了此包装曾启封过的警示信号。微生物污染标志,通过pH染色剂或可以与某些代谢物发生反应的染色剂来监测食品包装中的微生物。

2. 功能结构型智能包装

功能结构型智能包装为了使包装具有某些特殊功能和智能型特点,而增加或改进部分包装结构。功能结构的增加或改进一般侧重包装的安全性、可靠性和部分自动功能,从而使包装的商品使用更加安全和便捷。

这种功能结构型智能包装的具体表现有自动加热、自动冷却、自动报警等。这三种包装都是增加了包装的部分结构,而使包装具有部分自动功能。

自动加热型包装是一种多层、无缝的容器,以注塑成型方法制成,容器内层分成多个间隔,产品可自我加热,其加热原理是:当使用者拿下容器上的箔,并按压容器底部时,容器内的水及石灰石便会产生化学反应,释放热能,进而对产品加热。比如日本的自加热清酒罐和雀巢公司推出的330mL自动加热牛奶咖啡罐。

自动冷却型包装内置一个冷凝器、一个蒸发格及一包用盐做成的干燥剂,在包装的底部储藏冷却时由催化作用产生的蒸气及液体,它能在几分钟内将容器内物品的温度降低至17℃。

自动报警型包装即将一个封闭的报警系统内嵌在包装袋底部,靠压力作用实现报警。当包装袋内食品胀袋产生的压力大于设计的标准压力时,报警系统就会自动报警,提醒商家和消费者食品出现质量问题,已不适宜食用。

3. 信息型智能包装

信息型智能包装主要指能反映包装内容物及其内在品质和储存、运输、销售过程信息的新型包装。这种智能包装应具有记录商品在仓储、运输、销售期间，周围环境对其内在品质产生影响的信息及商品生产信息、销售分布信息的功能。记录和反映这些信息的技术涉及微生物、化学、动力学和电子技术。

射频识别技术（RFID）技术即是信息型智能包装的应用典范。RFID是一种非接触式的自动识别技术，它通过射频信号自动识别目标对象并获取相关数据，可工作于各种恶劣环境，并且识别工作无须人工干预。此技术不仅优化整个包装供应链（产品从生产、物流到消费），而且使物流管理、反馈控制、信息识别的效率和准确度得到提高，更为重要的是可凭借其辨识读取的不可被复制性和加密设置，对基于传统材料和设计的包装防伪给予强有力的补充。它可识别高速运动物体并可同时识别多个标签，操作快捷方便，应用在包装最重要的两大领域——物流和防伪。

资料来源：智能包装研究及应用进展[J].绿色包装,2016.02

第一节 包 装 概 述

一、包装的定义与功能

（一）包装的定义

包装是为在流通过程中保护产品、方便储运、促进销售，按一定技术方法而采用的容器、材料及辅助物等的总体名称，也指为了达到上述目的而采用容器、材料和辅助物的过程中施加一定技术方法等的操作活动。

现代包装业已成为世界许多国家国民经济中一个独立的工业体系，如美国的包装工业在整个国民经济中占第五位，仅次于钢铁、汽车、石油和建筑工业；日本、德国、英国每年的包装工业产值占国民总产值的20%。我国自改革开放以后包装业发展很快，包装工业产值年平均递增近10%，包装业总产值占国民生产总值的比重也在不断上升。目前我国包装工业已形成比较完整的工业体系。

包装作为物流系统的构成要素之一，既是生产的终点，又是物流的始点，它与运输、仓储、搬运、流通加工均有十分密切的关系，合理的包装能提高服务水平、降低费用、改善物料搬运和储运的效率。物流系统的所有构成因素均与包装有关，同时也受包装的制约。

（二）包装的主要功能

包装应使用适当的材料、容器和技术，使物品安全到达目的地，即在物品运送过程的每一阶段，不论遇到何种外在影响，都能保证产品完好，而且不影响物品价值。

在物流中包装主要有以下几种功能。

1. 保护功能

包装的第一项功能便是对物品的保护作用。如避免搬运过程中的脱落,运输过程中的振动或冲击,保管过程中由于承受物重所造成的破损,避免异物的混入和污染,防湿、防水、防锈、防光,防止因为化学或细菌的污染而出现腐烂变质,防霉变、防虫害等。

2. 定量功能

按单位定量,形成基本单件或与此目的相适应的单件。即为了物品搬运或运输的需要而将物品整理成适合搬动、运输的单元,如适合使用托盘、集装箱、货架或载重汽车、货运列车等运载的单元,可以缩短作业时间,减轻劳动强度,提高机械化作业的效率。

3. 标识功能

利用包装物使产品容易识别和计量。

4. 跟踪功能

良好的货物包装能使物流系统在收货、储存、取货、出运的各个过程中跟踪商品。如将印有时间、品种、货号、编组号等信息的条形码标签贴在物品上供电子仪器识别,能使生产厂家、批发商和仓储企业迅速而准确地采集、处理和交换有关信息,加强了对货物的控制,可以减少物品在流通过程中的货损货差,提高跟踪管理的能力和效率。

5. 便利功能

良好的包装能有利于物流各个环节的处理。如对运输环节来说,包装尺寸、重量和形状,最好能配合运输、搬运设备的尺寸、重量,以便于搬运和保管;对仓储环节来说,包装则应方便保管、移动,标志鲜明,容易识别,具有足够的强度。

二、包装的分类

(一)按其在物流过程中的作用不同划分

1. 商业包装(又称销售包装或小包装或内包装)

它是以促进销售为主要目的的包装,这种包装的特点是外形美观,有必要的装潢,包装单位适于顾客的购买量以及商店陈设的要求。在物流过程中,商品越接近顾客,越要求包装能起促进销售的作用。

2. 运输包装(又称大包装或外包装)

它是以强化输送、保护产品为目的的包装。运输包装的特点,应是在满足物流要求的基础上使包装费用越低越好,并应在包装费用和物流损失两者之间寻找最佳的结合点。

（二）按包装的大小不同划分

1. 单件运输包装

单件运输包装指在物流过程中作为一个计件单位的包装。常见的有：

（1）箱，如纸箱、木箱、条板箱、夹板箱、金属箱；

（2）桶，如木桶、铁桶、塑料桶、纸桶；

（3）袋，如纸袋、草袋、麻袋、布袋、纤维编织袋；

（4）包，如帆布包、植物纤维或合成树脂纤维编织包。此外还有篓、筐、罐、捆、玻璃瓶、陶缸、瓷坛等。

2. 集合运输包装（又称成组化运输包装）

集合运输包装指将若干单件运输包装，组成一件大包装。

（1）集装袋或集装包。集装袋是指用塑料重叠丝编织成圆形大口袋，集装包是用相同材料编成的抽口式方形包。

（2）托盘。指用木材、金属或塑料（纤维板）制成的托板。托盘的底部有插口，供铲车起卸用。

（3）集装箱。它具有坚固、密封、容量大、可反复使用等特点。

（三）按在国际贸易中有无特殊要求划分

（1）一般包装。也就是普通包装，货主对包装无任何特殊的要求。

（2）中性包装和定牌包装。中性包装是指在商品内外包装上不注明生产国别、产地、厂名、商标和牌号；定牌包装是指在商品的内外包装上不注明生产国别、产地、厂名，但要注明买方指定商标或牌号。

（四）按对包装的保护技术不同划分

（1）防潮包装。

（2）防锈包装。

（3）防虫包装。

（4）防腐包装。

（5）防震包装。

（6）危险品包装。

（五）按包装使用的次数划分

（1）一次性包装。包装随商品的销售而消耗、损坏，不能重复再用。

（2）重复使用包装。包装材料比较牢固，可以回收，并反复使用。

（六）按包装的耐压程度划分

(1) 硬质包装。包装材料的质地坚硬,能承受较大程度的挤压,如木箱、铁箱等。
(2) 半硬质包装。包装材料能承受一定的挤压,如纸箱等。
(3) 软质包装。包装材料是软质的,受压后会变形,如麻袋、布袋等。

（七）按包装的材料划分

(1) 纸制品包装。经过处理,具有韧性、抗压性、弹性和防潮性等特点。
(2) 纺织品包装。常用于存放小颗粒、粉状的货物。
(3) 木制品包装。具有较强的抗挤压和冲击的能力,使用较广。
(4) 金属制品包装。包装强度大,密闭性好,适合于盛装液体货物或较贵重的货物。

第二节　包装材料与标识

一、包装材料

包装材料是构成包装实体的主要物质,包装材料的选择对保护产品有着非常重要的作用。随着科学技术的发展,新型包装材料和包装技术不断出现,包装材料的性能将会更加完善。包装材料主要有以下几种类型。

（一）金属包装材料

将金属压成薄片制成容器用作物品的包装,所用金属一般为钢铁和铝。通常制成罐、桶、箱、网、笼等,用量最大的材料是马口铁和金属箔。如图 5-1 所示为几种金属包装。

图 5-1　几种金属包装

金属罐用于食品、化学药品、牛奶、油质类物品的包装,而桶则主要用于以石油为主的非腐蚀性的半流体及粉末、固体的包装。

金属材料用于包装,具有牢固、易于加工、不透气、防潮、避光、能再生等优点。但金属作为包装材料具有成本高、在流通中易变形、易锈蚀等缺点。

(二) 纸质包装材料

在包装材料中,纸的应用最广,耗量最大。因为纸具有价格低、质地细腻均匀、耐摩擦、耐冲击、容易粘合、不受温度影响、适于包装生产的机械化等优点。

纸质材料的缺点有防潮性能不好,受潮后强度下降,密闭性、防潮性、透明性差等。

纸质材料包装一般有纸袋、纸箱等,如图 5-2 所示。运输用大型纸袋一般可用 3~6 层牛皮纸多层叠合而成。纸箱的原料是各种规格的白纸板和瓦楞纸板,但要求其强度和耐压能力必须达到一定指标。

图 5-2　几种纸质包装

(三) 木质包装材料

木质材料一般用作外包装,更能显示其抗震、抗压等优点,其包装包括木桶、木箱、木框等,如图 5-3 所示。为了增加强度也可加铁箍;对于重物包装,常在底部加木质垫板。

图 5-3　木制包装

但是,木材存在易于吸收水分、易于变形开裂、易腐、易受白蚁侵害等缺点,再加上资源有限,限制了木质材料在包装中的应用。

（四）塑料包装材料

塑料包装材料（如图 5-4 所示）在包装中的应用日益广泛，如塑料箱、塑料袋、塑料瓶、塑料盘、塑料膜等，在现代包装中处于越来越重要的地位。塑料材料不仅可用于包装固体物品，还可用于包装液体物品，代替传统的玻璃、金属、木制品。

图 5-4　塑料包装

塑料材料用于包装具有许多优点，如有一定的强度，弹性，耐折叠，耐摩擦，抗震动，防潮，气密性好，耐腐蚀，易于加工等。但它也有不少缺点，如易老化，有异味，废弃物难处理，易产生公害等。

（五）复合包装材料

复合包装材料是将两种或两种以上具有不同特性的材料通过各种方法复合在一起，以改进单一包装材料的性能。常见的复合包装材料有三四十种，使用最广泛的是塑料与玻璃复合材料、塑料与金属箔复合材料、塑料与纸张复合材料等。

二、包装的标识

包装商品时，会在外部印刷、粘贴或书写标识，其内容包括：商品名称，牌号，规格，等级，计量单位，数量，重量，体积，收货单位，发货单位，指示装卸、搬运、存放注意事项，图案和特定的代号等。

包装标识是判别商品特征、组织商品流转和维护商品质量的依据，对保障商品储运安全、加速流转、防止差错有着重要作用。

商品包装的标识通常分为两种，一是商品包装的标记，二是商品包装的标志。

（一）商品包装的标记

商品包装的标记是指根据商品的特征和商品收发事项，在外包装上用文字和数字表明的规定记号。它包括：

1. 商品标记

这是注明包装内的商品特征的文字记号,反映的内容主要是商品名称、规格、型号、计量单位、数量等。

2. 重量、体积标记

这是注明整体包装的重量和体积的文字记号,反映的内容主要是毛重、净重、皮重和长、宽、高的尺寸。

3. 收发货地点和单位标记

这是注明商品起运、到达地点和收发货单位的文字记号,反映的内容是收发货的具体地点和收发货单位的全称。例如:国外进口商品在外包装表面刷上标记,标明订货年度、进口单位和订货单位的代号、商品类别代号、合同号码、贸易国代号以及进口港的地名等。

(二)商品包装的标志

包装标志是为了便于货物交接,防止错发错运,便于识别,便于运输、仓储和海关等有关部门进行查验等工作,也便于收货人提取货物,在进出口货物的外包装上标明的记号,包装标志有以下类型。

1. 运输标志

运输标志即唛头。这是贸易合同、发货单据中有关标志事项的基本部分。它一般由一个简单的几何图形以及字母、数字等组成。唛头的内容包括:目的地名称或代号,收货人或发货人的代用简字或代号,件号,体积,重量以及生产国家或地区等。

2. 指示性标志

指示性标志是按照商品的特点,对于易碎、需防湿、防颠倒等商品,在包装上用醒目的图形或文字标明"小心轻放""防潮湿""此端向上"等标志。包装标志的名称及含义具体如表 5-1 所示。

表 5-1　包装标志的名称及含义

包装标志	名　　称	含　　义
	易碎物品	运输包装件内装易碎品,因此搬运时应小心轻放
	禁用手钩	搬运运输包装时禁用手钩

续表

包装标志	名　　称	含　　义
	此端向上	表明运输包装件的正确位置是竖直向上
	怕晒	表明运输包装件不能直接用阳光照射
	怕雨	包装件怕雨淋
	怕辐射	包装物品一旦受辐射便会完全变质或损坏
	堆码质量极限	表明该运输包装件所能承受的最大质量极限
	禁止堆码	该包装件不能堆码并且其上也不能放置其他负载
	堆码层数极限	相同包装的最大堆码层数，n 表示层数极限
	此面禁用手推车	搬运货物时此面禁用手推车

3. 警告性标志

对于危险物品，例如易燃品、有毒品或易爆炸物品等，在外包装上必须醒目标明，以示警告。

第三节　常用的包装设备

一、包装设备概述

包装是产品进入流通领域的必要条件,而实现包装的主要手段是采用包装设备。包装设备是指完成全部或部分包装过程的一类机器。运用高效率的包装设备,可以实现自动化和提高作业效率。随着时代的发展和技术的进步,包装设备在流通领域中正起着越来越大的作用。

(一) 包装设备的概念

在产品流通的过程中,为了有效地保护商品、方便输运、促进销售,需要对产品进行合理的包装。包装过程包括成型、充填、封口、裹包等主要包装程序,以及清洗、干燥、杀菌、贴标、捆扎、集装、拆卸等其他辅助包装工序。完成全部或部分包装过程的机械称为包装机械设备。

(二) 包装设备的特点

包装机械主要应用于食品、医药、化工及军事等多种行业,大多属于自动机械,它既有一般自动机的共性,也有自身特点。总结起来,其具有以下特点:

1. 种类繁多

由于包装对象、包装工艺的多样化,使包装机械在原理与结构上存在很大差异,即使是完成同样包装功能的机械,也可能具有不同的工作原理和结构。例如:颗粒药片包装可以采用热成型—充填—热封口包装机,塑料瓶的生产可采用计数充填机和旋盖机等完成。

2. 更新换代快

由于包装机械不断地向高速化发展,机械零部件极易疲劳,并且随着社会的进步对包装机械的要求也越来越严格,为满足市场需求,包装机械应及时更新换代。

3. 电动机功率小

由于进行包装操作的工艺力一般都较小,所以电动机所需的功率也较小,单机一般为 $0.2 \sim 20 \mathrm{kW}$。

4. 多功能性

包装机械不属于经常性消耗物品,是生产数量有限的专业机械。为提高生产效率、方便制造和维修、减少设备投资,目前包装机械大多具有通用性及多功能性。

（三）包装设备的作用

包装设备在物流领域起着相当重要的作用，主要体现在以下几个方面：

1．大幅度地提高生产效率

手工包装劳动强度大，效率低，采用机械化操作后，能够改善工人的劳动条件，大大提高生产效率。

2．极大地提高包装的技术水平

采用设备包装可以减少污染机会，保证产品的质量。例如采用真空、充气和无菌包装设备，可以延长食品的保质期。设备包装易于实现包装的规格化、标准化，被包装物品外观整齐、美观。

3．减少物料损耗从而降低成本

采用机械设备包装能防止物品散失，节约原材料。对于松散产品，如棉花、烟叶等，采用设备压缩包装，可减少体积，降低包装成本，有利于装卸、运输和保管作业，节约储运费用。

（四）包装设备的发展趋势

随着包装工业不断发展，各行业对商品包装的需求也越来越多元化和精细化，当前的包装设备市场竞争也日趋激烈，促使未来的包装设备正朝着以下方向发展：

1．高新技术的采用使包装机械设备自动化程度逐渐提高

包装设备与计算机紧密结合，实现机电一体化控制，将自动化操作程序、数据收集系统、自动检测系统等应用于包装设备之中。把机械、计算机、微电子、传感器等多种学科的先进技术融为一体，给包装设备在设计、制造和控制方面都带来了深刻的变化。

2．在单机高速化的同时更加注重系统效率的提升

高速化是提高包装机械生产效率的主要途径，并且成为一种趋势，与此同时，还将更多的注意力投向整个包装系统的生产效率上，使高速化向更深层次发展，使包装系统更加经济、合理。

3．包装设备具备更好的柔性和灵活性

随着市场竞争日益加剧，产品更新换代的周期越来越短，因此要求包装设备具有良好的柔性和灵活性，使包装设备的寿命远大于产品的寿命周期，这样才能符合经济性要求。许多专家预测，多用途、高效率、简洁化、组合化、可移动、更小型、更加柔性和灵活性将是未来包装设备发展的重要趋势。为使包装设备具有好的柔性和灵活性，更要求提高自动化程度，大量采用电脑技术、模块化技术和单元组合形式。

4. 更加注重成套性和配套性

包装设备的成套性和配套性关系到其功能能否全部发挥,只重视主机生产而不考虑配套设备完整,将使包装设备应有的功能不能完全发挥出来。因此开发配套设备使主机的功能得到最大的发挥,是提高设备的市场竞争力和经济性至关重要的因素。

5. 进一步提高标准化水平

为了缩短包装机械制造周期,降低生产成本,便于组织工业化生产,以便方便用户使用和维修,整机和部件的标准化、系列化将逐步深化。

二、包装设备分类

包装设备的种类很多,分类方法也很多,主要有以下几种:

1. 按包装物和包装材料的供给方式分类

按包装物和包装材料的供给方式,可以分为全自动包装设备和半自动包装设备。

全自动包装设备是由设备自动供给包装物和包装材料,半自动包装设备是由人工供给包装物和包装材料。

2. 按包装物的使用范围分类

按包装物的使用范围,可以分为通用包装设备、专用包装设备和多用包装设备。

通用包装设备适用于多种不同类型产品的包装;专用包装设备仅适用于某一种特定产品的包装,具有较高的作业效率和包装质量;多用包装设备可以通过调整或更换机器上的某些部件,来适应多种产品的包装。

3. 按包装设备的功能分类

按包装设备的功能,可以分为充填、计量、封口、裹包、捆扎、标记、清洗、灭菌等多种设备。

4. 按包装的产品分类

按包装的产品,可以分为食品、药品、工业品、化工产品、建材等包装设备。

5. 按包装大小分类

按包装大小分为小包、中包、大包等包装设备。

6. 按特种包装分类

按特种包装分为收缩、拉伸、热成型、充气、真空、现场发泡等设备。

7. 按被包装物形态分类

按被包装物形态分为固体(包括块状、粒状和粉状)和液体(包括高黏度、中黏度、低黏度)等包装设备。

8．按传送方式分类

按传送方式分为单位包装机、间歇运动多工位包装机、单头连续运动多工位包装机、多头连续运动多工位包装机等。

9．按包装容器分类

按包装容器分为装箱、装盒、装袋、装瓶、装罐、装桶等设备。

10．按包装层次分类

按包装层次分为单层包装、多层包装设备。

三、包装机械常用装置

1．给料装置

在包装加工过程中，需先将内装物送到机器的料仓中，再借助给料装置，将内装物送往计量装置计量后完成定量包装。物品的给料方式有重力式、振动输送式、带式输送式、螺旋输送式、链条输送式、泵送式、轮转输送式及辊轴输送式等。

（1）重力给料装置

是一种简便的给料方式。位于包装机上部料仓中的内装物在重力作用下向低位流送，但在流送过程中应防止结拱与搭桥等堵塞现象。

（2）振动输送给料装置

是以振动输送机作为内装物的给料装置。它是运用振动技术,对松散颗粒内装物进行中、短距离输送而给料的。这种装置的优点是耗能少，能送高温物品，并可同时进行内装物的分选、定向、冷却或干燥等多种作业，能防止尘土飞扬和杂物掺入；缺点是振动噪声大，输送物品有局限性。

（3）带式输送给料装置

是一种应用广泛的连续输送机，适用于输送散粒物品、块状物品及成件物品，其形式有单条输送带的输送机、多条输送带组合的输送机、串联或并列组合的输送机等。

（4）螺旋输送给料装置

是一种简单的连续式输送机，适用于输送松散状态的干燥物品，也适用于块状或成件物品。黏性大、温度高的物品不宜用螺旋输送机输送，因为容易造成阻塞而中断输送。

（5）链条输送给料装置

是用环形链条作为牵引构件的输送机械，环形链条在驱动装置驱动下连续运行，被输送物品由装在牵引链条上的附件推动或拖曳前进。这种装置根据牵引链条及其附件的不同可以分为普通链条、滚轮链条、长链板链条、平板式链条、推板式链条和链条提升等多种输送给料装置。

(6) 泵送式给料装置

输送各种液态或黏稠性物料均采用泵、管道及阀门等组成的管路系统。液体物料自储藏罐通过泵的抽吸加压,沿输送管道系统输送到包装机的储料箱中,而后再注入包装容器内。

(7) 轮转式给料装置

由料仓或料斗进行给料时,除利用重力作用给料外,有些情况还要使用回转式给料机,常见的有转鼓式和转盘式两种轮转式给料供料机。转鼓式给料机上口与料仓相连接,物品靠重力及其与转鼓表面的摩擦力,在转鼓转动时实现给料,咽道内装有调节闸,用以调节单位时间的给料量,适用于流动性好的松散粉粒物品给料;转盘式给料机适用于干燥的流动性好的松散细粒物品给料,在容积计量中得到应用。

(8) 辊轴式给料装置

辊轴式输送装置又称输送辊道,它由辊子和机器构成,可对物品作水平或倾斜输送。按输送辊道能承受的载荷大小可分为微型、轻型、中型、重型、特重型五种;结构上有单排滚道和多排滚道之分。

2. 计量装置

物品定量包装时,必须根据内装物的不同而采用相适应的计量装置。

(1) 计量装置

容积计量法是根据一定体积内的松散状态粉粒物品为某个定量值这一基本原理进行计量的。常用的容积计量装置有量杯计量、转鼓计量、螺杆计量、膛腔式计量等装置。

(2) 称量装置

称量装置是指用平衡器对包装物品进行计量的装置。在包装机械中常用它进行粉末、细颗粒及不规则的小块等松散物品的包装定量。

(3) 连续称量等分截取计量装置

这种装置由称量检测装置(电子秤)、电子调节系统、物品截送装置、供料及其控制系统、等分截取装置等部分组成,适用于松散、散堆密度不稳定,且允许波动幅度较大又无一定规律的物品进行计量包装。

(4) 规则形体物品的包装计量

规则形体的物品包括香皂、糖果、书籍等,由于其形体与量值的均一性好,给包装计量带来很大方便。

(5) 液体物料的包装计量装置

液体物料有纯液体、液汁、溶液或乳浊液等,与松散态的细粉粒物品比较,液体物料具有流动性好、密度比较稳定等特性,其包装计量要比松散态细粉粒物品容易。常采用液位控制定位法、计量杯定量法和定量泵定量法等来进行包装计量。

3. 包装容器与包装材料的供给装置

包装时,物品经定量装置计量后,即装、填入包装容器中或送到裹包材料片上,由包装机完成作业。包装容器或裹包材料可以采用手工供给或自动供给方式进行,包装容器或裹包材料的自动供给采用专门的自动供给装置系统实现。

(1) 刚性包装容器的供给装置

刚性包装容器是用金属薄板、玻璃、陶瓷及塑料等制造的容器。其特点是具有特定的结构形体、刚性强、稳定性好、质地致密、质量较大等,其容器类型有瓶、罐、筒、盒等。

刚性包装容器的供给装置系统通常由容器输送装置、定距分隔装置及传送装置等组成。容器输送装置承接包装生产线上送来的容器,向自动包装机运送,经定距分隔装置将包装容器分隔开并使之定距排列,再由传送装置把容器依次定时地转送到包装机的装料工作台上。

(2) 袋类包装容器的供给装置

袋类包装容器是一种应用广泛的包装容器,大多用纸、塑料薄膜、复合材料或纤维织物等制成。它具有包装适应性好、成本低、原材料丰富、废弃包装易于处理等特点。包装袋结构形式有扁平袋、中式信封袋、枕式袋、圆柱形袋、方柱形袋等。

(3) 单页包装材料的供给装置

有些物品常采用裹包方式包装。裹包用的包装材料一般为单页材料,也有卷盘材料。包装生产中除了直接用来裹包的单页材料外,还有商标、标签、封签等也常为单页式。这些单页包装材料在完成前期加工后,都按规定的尺寸裁切,经整理成叠后才供包装机使用。

(4) 卷盘式包装材料的供给装置

卷盘式包装材料的应用日益广泛,常用的有纸卷、玻璃纸卷、塑料薄膜及复合材料等。卷盘包装材料在包装生产中可以缩短辅助工作时间,减少包装工时,提高生产率,降低包装成本,从而使包装质量得到提高。

卷盘包装材料的供给装置从结构上分为支承装置、引导装置、牵引输送装置及裁切装置等。对于用作外包装或对位置有严格要求的,还必须有定位检测装置和自动控制装置。

(5) 纸盒和纸箱的供给装置

在包装生产中,一般纸盒作为内装容器,纸箱则作为外包装容器。

纸盒的制备大多用印有商标及说明图文的薄纸板,经压制折印,裁切而成盒坯,供制盒机或直接供包装机制成包装盒。

纸箱的制备是用瓦楞纸板经印刷、压制折印、切坯成箱,再经折合备用。

4. 充填或灌装装置

内装物的充填或灌装是指将经计量装置定量好的物品,引导充填或灌装到包装容器中的装料作业过程。

(1) 松散物品的充填和灌装装置

松散物品主要指粉末状、非规则形体的细颗粒、小块状物品以及液态物料等。其充填或灌装方式有重力式、真空式、等压式和强制加压式等。

重力式充填或灌装是包装中应用广泛的方式,例如:在液体、粉末、颗粒、固体块状物等的包装中均得到了应用。重力式充填或灌装的控制装置将物品自储料箱或计量装置中在重力作用下排出,经导管或装填漏斗的引导而装填进包装容器中。

真空自动充填或灌装是在自动包装机的充填或灌装系统中设置机械真空装置,借助真空装置的作用使包装装载容器在进行流体物料的充填或灌料时间内保持一定程度的真空,在储料箱与待装料容器之间存在的压强差作用下,促使流体物料自储料箱通过阀门而灌装到容器中。

等压式充填或灌装是指含有溶解气体的饮料食品充填和灌装时,必须先建立储液箱和装料瓶之间的等压环境,使之相应于饮料中气体溶解的饱和压力,然后再进行装料灌注。

对牙膏、香脂、果酱等黏稠度高、流动性差的膏状物料,必须采取强制加压的方法,即施加机械压力进行充填或灌装,称为强制加压式充填或灌装。

(2) 装箱包装的装填装置

装箱包装是对经过初次包装及中间包装后的物品进行再次包装,将它们按规定的要求装入包装箱中作为大包装的包装过程,目的在于使储运保管方便和保护物品。

装箱时,内装物的组合视其原包装特性及包装的要求而定。由于内装物多式多样,初次包装容器的性能以及装箱时排列组合不同,因而装箱的方式多样,一般而言有重力装填法、机械推送装填法和机械手装填法等几种方式。

5. 包装件的封口装置

此类装置随封口方法的不同而异,主要分类如下:

(1) 刚性容器的封口装置

该装置系统由盖或塞等封口元件的供给装置,装载了包装物品的罐、瓶、盒的输送装置,将盖、塞等封口元件加在瓶、罐、盒上以及实现封口连接的装置等组成。

(2) 袋类容器的包装封口装置

袋类容器的封口方式和装置与容器材质直接相关。例如:纸质材料必须用粘接材料或其他材料来实施封接;塑料及有塑料膜层的复合材料制造的袋类,一般采用热熔封接方式进行直接封口,也可以用粘接材料或机械性封接方法实施封口的封接。

(3) 裹包机械装置

裹包包装是一种常见的软性包装方式,适用这种包装的物品范围很广。裹包用的柔性材料品种较多。裹包机械装置由折叠器具和折叠执行机械组成,有多种多样的结构形态,常见的有底部裹包接缝,两端作折叠包封的裹包装置;冲模式折叠裹包装置;折叠成包装盒式裹包装置;卷包式裹包装置;扭接式裹包装置等。

(4)包装盒的封口装置

包装盒结构有多种。例如:盒盖、盒体分为两件的金属盒;封舌式的纸盒;热成型或包装过程中成型的塑料盒等。

盒的材质与结构不同,封口方式与装置则各异。金属盒封口有扣盖式和旋盖式;热熔性塑料及其复合材料膜片以热成型法制成的盒体与盒盖,可采用扣压盖机械封口或热熔接封口。

(5)包装箱的封箱装置

包装箱是一种对物品进行了各种形式的包装后,再作集合排列包装的外包装容器。包装箱类型品种繁多,有各种木箱、铁皮箱及纸板箱等。现代包装箱中以纸板箱的应用居首位,其中以瓦楞纸板箱的用量为最多。

各种包装箱的封箱方式差别很大,木包装箱用钉及金属制件进行封箱;瓦楞纸箱主要应用粘接封箱和捆扎封箱,在纸箱内装入内装物之后,先折合封盖,再进行封箱连接作业。

6. 转位和定位机械装置

(1)转位机械

转位机械多采用周期脉动方式进行工作,周期脉动式多工位自动包装机的转位传送是按照包装加工工艺要求,实现转位—停止—转位—停止的周期脉动规则运动。

实现这种运动的转位机构是步进式运动机构,其运动规则应合乎自动包装和转位运动的需要。能实现周期转位的步进运动机构有:转轮式转位机构、摩擦自锁式转位机构、连杆式转位机构、槽轮转位机构、凸轮式转位机构、不完整齿轮及星形轮转位机构等。

(2)定位机构

定位机构也是多采用周期脉动方式进行工作的,其中使用最多的是周期脉动式多工位自动工作机,大多数的加工是在工作台转位后的停息时间进行的。

为保证工作机构对被加工物品顺利进行加工,要求工作台转位后,应准确停在要求位置上,并要求在加工物品受到工作机构的加工力作用时,仍能保持在准确位置上。对定位机构设置的要求,首先是定位准确、可靠,确保工作台转位后停在所需位置上。

四、包装机械设备

包装机械是指完成全部或部分包装过程的机器设备,是使产品包装实现机械化、自动化的根本保证。常见的包装机械设备有打包机、捆扎机、纸箱成型机、开箱机、贴标机、套袋包装机、收缩机、封箱机、胶带封箱机、缠绕机、裹包机、堆码机、码垛机、装箱机、输送机、装盒机、真空包装机等。下面具体介绍几种常见的包装机械设备。

（一）充填设备

充填机械设备是指将待包装的物料按所需的精确量（质量、容量、数量）充填到包装容器内的机械。按其计量方式不同可分为容积式充填机、称重式充填机、记数式充填机。另外一种常见的充填机是自动充填机，如图 5-5 所示，比较适合于干粉剂充填。

充填设备一般由物料供送装置、计量装置、下料装置等组成。它可以作为一种单机单独使用，也可以与各种包装机组成机组联合工作。充填包装设备是包装设备的重要组成部分，其关键是高速度、高精度与高可靠性的统一，其性能的好坏直接影响到包装质量。

图 5-5　自动充填机样例

（二）封口设备

封口机是指在包装容器内盛装产品后对容器进行封口的机器。

不同的包装容器有不同的封口方式，如塑料袋多采用接触式加热加压封口或非接触式的超声波熔焊封口；麻袋、布袋、编织袋多采用缝合的方式封口；瓶类容器多采用压盖或旋盖封口；罐类容器多采用卷边式封口；箱类容器多采用钉封或胶带粘封。

按照封口方式的不同，封口机可分为以下几种类型：

1. 热压式封口机

热压式封口机是采用加热加压的方式封闭包装容器的机器，如图 5-6 所示，常用的加热元件有加热板、加热环、加热辊等，主要用于各种塑料袋的封口。

2. 熔焊式封口机

熔焊式封口机是通过加热使包装容器封口处熔化而将包装容器封闭的机器，如图 5-7 所示，常用的加热方式有超声波、电磁感应和热辐射加热等，主要用于封合较厚的包装材料。

3. 缝合式封口机

缝合式封口机是使用缝线缝合包装容器的机器，如图 5-8 所示，多用于麻袋、布袋、复合编织袋等的封口。

4. 卷边式封口机

卷边式封口机是用滚轮将金属盖与包装容器开口处相互卷曲勾合以封闭包装容器的机器，如图 5-9 所示。卷边式封口机又称封出机，是罐头食品生产过程中的重要机械设备之一。

图 5-6 铝箔容器热压式封口机样例

图 5-7 熔焊式封口机样例

图 5-8 缝合式封口机样例

图 5-9 卷边式封口机样例

5. 液压式封口机

液压式封口机如图 5-10 所示,是指用滚轮滚压金属盖使之变形以封闭包装容器的机器。它生产的罐头密封可靠,能保存较长时间,但开启较困难。

6. 旋合式封口机

旋合式封口机如图 5-11 所示,是指通过旋转封口器材以封闭包装容器的机器。封口器材通常是带有螺纹的瓶盖或带有向内卷曲的盖爪的罐盖,以旋拧的方式旋紧在带有螺纹的瓶口或罐品上。

图 5-10　液压式封口机样例

图 5-11　旋合式封口机样例

（三）灌装设备

灌装设备是将定量的液体物料充填到包装容器中的充填机械，如图 5-12 所示，主要用于食品领域中对饮料、乳品、酒类、植物油和调味品的包装，还用于洗涤剂、矿物油和农药等化工类液体产品的包装。包装所用容器主要有桶、瓶、听、软管等。

（四）裹包设备

用挠性包装材料进行全部或局部裹包产品的包装设备统称为裹包设备，如图 5-13 所示。按裹包方式可分为全裹式裹包机、半裹式裹包机、缠绕式裹包机、拉伸式裹包机、收缩式裹包机等。

图 5-12　灌装机样例

图 5-13　裹包机样例

裹包设备的共同特点是用薄形挠性包装材料,如玻璃纸、塑料膜、粘膜、各类复合膜、拉伸膜、收缩膜等,将一个或多个固态物品进行裹包,广泛用于食品、烟草、药品、日用化工品、音像制品等领域。其种类繁多,功能各异,因而裹包设备的结构较为复杂,其调整、维修需要一定的技术水平。

(五) 捆扎设备

捆扎设备是利用带状或绳状捆扎材料将一个或多个包件紧扎在一起的机器,如图 5-14 所示,它属于外包装设备。目前我国生产的捆扎机基本上采用塑料带作为捆扎材料,利用热熔搭接的方法使紧贴包件表面的塑料带两端加压黏合,从而达到捆紧包件的目的。

(六) 装箱机

装箱机如图 5-15 所示,对于啤酒、饮料等商品,灌装之后必须装箱,进行运输包装后才能进入流通行列。这个装箱工作可以由装箱机来进行。

图 5-14　捆扎机样例

图 5-15　全自动装箱机样例

(七) 贴标机和打码机

贴标机如图 5-16 所示,是将标签粘贴在包装件或产品上的机器。贴标机的基本组成包括供标装置、取标装置、涂胶装置、打印装置和连锁装置等几部分。

打码机是在产品包装上打印出产品批号、出厂日期、有效期等字样的机器。根据打码方式的不同,可以分为打击式(图 5-17)和滚印式两种。

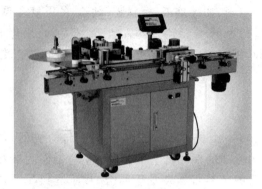
图 5-16　贴标机样例

图 5-17　打击式打码机样例

(八) 真空包装机

真空包装机是将产品装入包装容器后,抽去容器内的空气,以达到预定真空度的一类机械,如图 5-18 所示。充气包装机是将产品装入包装容器后,再将氮气、二氧化碳等气体置换到容器内,并完成封口的一类设备。绝大多数真空包装机都具有充气功能,所以人们把以上设备统称为真空包装机。

真空包装设备具有自动化、高生产率、功能集成化、零部件专业化等特点,适用于食品、金属制品、化工原料、精密仪器仪表、纺织品等的真空包装,而且对于固体、散粒体、半流体或液体都适用。

(九) 泡罩包装机

泡罩包装机(图 5-19)是将透明塑料薄膜或薄片制成泡罩,用热压封合、黏合等方法将产品封合在泡罩与底板之间的一类设备,主要用于轻工、医药和化工等行业。按照包装方法的不同,泡罩包装机可分为辊筒式、辊板式和平板式等。

图 5-18　给袋式真空包装机样例

图 5-19　平板式泡罩包装机样例

五、辅助包装机械

1. 集装机

将物品或包装件形成集合包装的机器称为集装机。集装机主要是为运输包装服务的,其作用是将若干个包装件或物品包装在一起,形成一个合适的搬运单元或销售单元。

(1) 结扎机

结扎机是指使用线、绳等结扎材料,在一定作用力下缠绕物品或包装件一圈或多圈,并将两端打结连接的机器,如图 5-20 所示,主要适用于小件包装。

(2) 捆扎机

捆扎是把松散的物品或数个包装物用绳、带等捆紧扎车以便保管、运输和装卸的一种包装作业。它和封箱一样,是外包装的最后一个环节。捆扎机是用来完成捆扎作业的机器,如图 5-21 所示,适用于瓦楞纸箱等较重的包装捆扎集束。

(3) 堆码机

堆码机是指将预定数量的包装件或物品按一定规则进行堆积的机器,如图 5-22 所示。瓦楞纸箱、塑料箱、各种袋等包装一般堆码在木托盘上,便于运输储存,这是一种方便的辅助包装形式。

图 5-20 卧式自动结扎机　　图 5-21 侧式半自动捆扎机　　图 5-22 高床式自动堆码机

(4) 集装件拆卸机

集装件拆卸机是指将集合包装件拆开、卸下、分离等的机器。

2. 清洗机

采用不同的方法清洗包装容器、包装材料、包装辅助材料、包装件,达到预期清洁度的机器称为清洗机。

(1) 干式清洗机

这种机器使用气体清洗剂,以压力法或抽吸法清除不良物质。

(2) 湿式清洗机

这种清洗机使用液体清洗剂以清除不良物质。

(3) 机械清洗机

这种清洗机是借助工具(如刷子)或固体清洗剂清除不良物质。过去多用毛刷,近来多用尼龙刷,常与浸泡相结合。

(4) 其他清洗机

在某些特殊情况下,还使用采用电离分解或通过超声波产生机械振动清除不良物质的清洗机。

3. 干燥机

干燥机是指用不同的干燥方法,减少包装容器、包装辅助物以及包装件上的水分,达到预期干燥程度的机器。常见的有:通过加热和冷却除去水分的热式干燥机;通过离心分离、振动、压榨、擦净等机械方法达到干燥的机械干燥机;通过化学物理作用来干燥物品的化学干燥机。

4. 杀菌消毒机

消毒机是指清除物品、包装容器、包装辅助物、包装件上的微生物,使其数量降低到允许范围内的机器。无菌包装由于不必冷冻储存、冷藏运输与销售,可以大量节省包装费用与能源。消毒机常常作为多功能包装机的一个组成部分,起到消毒的作用。

杀菌机常用的有热杀菌机、超声波杀菌机、电离杀菌机、化学杀菌机等。

5. 贴标机

贴标机是在包装件或物品上加上标签的机器。贴标机应用范围较广,品种繁多,主要与所用的标签材料和黏合剂有关。

(1) 黏合贴标机

黏合贴标机是将涂有湿敏黏结剂的标签贴在包装件或物品上的机器,如图 5-23 所示。

(2) 热压和热敏黏合贴标机

这种贴标机所用的标签背面涂有一种乳合剂,它只在加热的条件才起黏合作用。

(3) 压敏黏合贴标机

这种贴标机所用的标签背面已涂好能立即黏合的黏结剂,但是被处理网保护着,通过加压达到黏合目的,如图 5-24 所示。

(4) 收缩筒形贴标机

这种贴标机是用热收缩或弹性收缩的方法,将筒形标签贴放在包装件或物品上的机器,如图 5-25 所示。

图 5-23　黏合贴标机　　　图 5-24　压敏黏合贴标机　　　图 5-25　收缩筒形贴标机

基础知识训练

1. 简述包装的作用和分类。
2. 详述包装机械设备的种类。

拓展阅读 5.1　工业 4.0 引导下的包装机械的智能化发展趋势

第六章

装卸搬运设施与设备

学习目标与要求

1. 了解装卸搬运设备的作用和工作特点；
2. 掌握物流装卸与搬运设备的分类；
3. 掌握各种类型的叉车与起重设备的工作特点；
4. 掌握不同类型搬运设备的适用性及其合理配置。

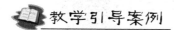

叉车行业未来四大发展趋势

趋势之一：系列化、大型化

系列化是电动叉车发展的重要趋势。国外著名大公司逐步实现其产品系列化，形成了从微型到特大型不同规格的产品。与此同时，产品更新换代的周期明显缩短。电动叉车相对于内燃叉车来说，特点是科技含量高、维护方便、清洁环保。专家预测，新一代电动叉车的维修性、可操作性将更强，显示系统、故障诊断系统将更加完善。

趋势之二：专业化、多品种

自动仓储系统、大型超市的纷纷建立，刺激了对室内搬运机械需求的增长。高性能电动叉车、前移式电动叉车、窄巷道电动叉车等各类电动仓储叉车深受市场欢迎。电动仓储叉车可以在很大程度上帮助用户实现机器作业替代人力劳动，提高生产效率。同样也能很好地适应城市狭窄施工场所以及货栈、码头、仓库、舱位、农舍、建筑物层内和地下工程作业等环境的使用要求。这些是电动仓储叉车发展迅猛的原因。

趋势之三：电子化、智能化

随着电子技术的不断发展，电动叉车这一集电子技术和机械制造技术于一体的产品日新月异。国外著名叉车公司都生产全系列的电动叉车，包括三支点和四支点平衡重式叉车、前移式叉车、拣选车、三向堆垛机和托盘搬运车等；并投入大量的人力、财力进行电动叉车的研发，使之成为现代高新技术产品。

随着国际化进程的加快，中国的电动叉车已经逐步迈向国际市场。老式叉车的方、尖外表正被流线电动叉车的圆弧形外观所取代，这极大地开拓了司机的视野，提高了操作安全性。新型电动叉车将更加注重人类功效学，提高操纵舒适性。研究表明：驾驶室内壁的精巧布置有利于提高生产率。如果所有的控制都能按人机工程学进行布置，司机操纵将更加舒适，更能集中精力工作。

趋势之四：节能化、环保

叉车按动力分为内燃叉车和电动叉车。内燃叉车以内燃机为动力，其功率强劲、适用范围广，缺点是排放和噪声污染较大，对人类健康危害较大。近年来，排放少、噪声小的电动叉车深受市场欢迎。

国外市场特别是欧美发达国家，由于受环保法规影响，电动叉车的保有量为50%～60%，而我国目前的保有量约占15%～20%，有着广阔的市场前景。目前国际电瓶叉车的产量已占电动叉车总量的40%（国内则为10%～15%），在德国、意大利等一些西欧国家电瓶叉车的比例则高达70%，且有不断上升的趋势。采用交流电机、变频调速使电瓶叉车有了质的飞跃。

交流电机的电压有越来越高的发展趋势，使电动叉车在工作中发热更少、效率更高，完全克服了直流电机产生热量多、效率低下、维护频繁的缺点。另外，快速充电技术的发展日趋成熟，充电电流可达到传统充电电流的4倍以上，充电时间更短，效率更高。

资料来源：https://www.sohu.com/a/214485976_99895708

第一节 装卸搬运设备概述

一、装卸搬运概要

（一）装卸搬运的含义

装卸搬运是指同一地域范围内进行的，以改变物品的存放状态和空间位置为主要内容和目的的活动。一般情况下，物品存放的状态和空间位置是密切相连、不可分割的，因此，人们常常用"装卸"或"搬运"来代替装卸搬运的完整意义。

装卸是指物品在指定地点以人力或机械装入运输设备或从运输设备上卸下的活动，

即改变物品的存放和支撑状态并且以物品的垂直移动为主的活动。搬运是指在同一场所内将物品进行水平移动为主的物流作业,即改变"物"的空间位置的活动。两者合称装卸搬运。

在整个物流活动中,如果强调存放状态改变时,一般用"装卸"一词反映;如果强调空间位置改变时,常用"搬运"一词反映。

装卸搬运活动在整个物流过程中占有很重要的位置。一方面,物流过程各环节之间的衔接,以及同一环节的不同活动之间的联系,都是由装卸作业实现的,从而使物品在各个环节、各种活动中处于连续运动或所谓的流动状态;另一方面,各种不同的运输方式之所以能联动,也是由于装卸搬运作业才实现的。

(二)装卸搬运的特点

装卸搬运不仅是生产过程不可缺少的环节,而且是流通过程物流活动的重要内容。装卸搬运的特点主要表现在以下几个方面:

1. 装卸搬运是附属性、伴生性的活动

装卸搬运是物流每一项操作开始及结束时必然发生的活动,它有时会被人忽视,有时被看作其他操作中不可缺少的组成部分。例如,一般而言的"汽车运输",实际就包含了相随的装卸搬运,仓库中泛指的保管活动也含有装卸搬运活动。

2. 装卸搬运是支持、保障性的活动

装卸搬运的附属性不能理解成被动的,实际上,装卸搬运对其他物流活动有一定决定性。装卸搬运会影响其他物流活动的质量和速度,例如:装车不当,会引起运输过程中的损失;卸放不当,会引起货物下一步运输的困难。

3. 装卸搬运是衔接性的活动

任何其他物流活动之间互相过渡时,都通过装卸搬运来衔接,因而,装卸搬运往往成为整个物流的"瓶颈",是物流各功能之间能否形成有机联系和紧密衔接的关键,而这又是一个系统的关键,建立一个有效的物流系统,关键看这一衔接是否有效。比较先进的系统物流方式——联合运输方式就是着力解决这种衔接而出现的。

(三)装卸搬运的工作类型

1. 按装卸搬运采用的物流设施和设备对象分类

按装卸搬运采用的物流设施和对象可分为仓库装卸、铁路装卸、港口装卸、汽车装卸等。

(1)仓库装卸

仓库装卸是配合出库、入库、维护保养等活动,并且以堆垛、上架、取货等操作为主的装卸活动。

(2) 铁路装卸

铁路装卸是对火车车皮的装进及卸出，其特点是一次作业就实现一车皮的装进或卸出，很少有像仓库装卸时出现的整装零卸或零装整卸的情况。

(3) 港口装卸

港口装卸包括码头前沿的装船，也包括后方的支持性装卸，有的港口装卸还采用小船在码头与大船之间"过驳"的办法，因而其装卸的流程较为复杂，往往经过几次的装卸及搬运作业才能最后达到船与陆地之间货物过渡的目的。

(4) 汽车装卸

汽车装卸一般一次装卸批量不大，由于汽车的灵活性，可以很少或根本不需要搬运活动，而直接、单纯利用装卸作业达到车与物流设施之间货物过渡的目的。

2. 按装卸搬运的机械及机械作业方式分类

按装卸搬运的机械和机械作业方式可分为吊车的"吊上吊下"方式，使用叉车的"叉上叉下"方式，使用半挂车或叉车的"滚上滚下"方式，"移上移下"方式及"散装散卸"方式等。

(1) "吊上吊下"方式

采用各种起重机械从货物上部起吊，依靠起吊装置的垂直移动实现装卸，并在吊车运行的范围内或回转的范围内实现搬运或依靠搬运车辆实现小搬运。由于吊起及放下属于垂直运动，因此这种装卸方式属垂直装卸。

(2) "叉上叉下"方式

采用叉车从货物底部托起货物，并依靠叉车的运动进行货物位移，搬运完全靠叉车本身，货物可不经中途落地直接放置到目的处。这种方式垂直运动不大而主要是水平运动，属水平装卸方式。

(3) "滚上滚下"方式

"滚上滚下"方式主要指港口装卸的一种水平装卸方式。利用叉车或半挂车、汽车承载货物，连同车辆一起开上船，到达目的地后再从船上开下，称"滚上滚下"方式。利用叉车的滚上滚下方式，在船上卸货后，叉车必须离船。利用半挂车、平车或拖车的"滚上滚下"方式，拖车将半挂车、平车拖拉至船上后，拖车开下离船而载货车辆连同货物一起运到目的地，再原车开下或拖车上船拖拉半挂车、平车开下。

"滚上滚下"方式需要有专门的船舶，对码头也有不同要求，这种专门的船舶称滚装船。

(4) "移上移下"方式

将两车(如火车及汽车)进行靠接，然后利用各种方式，不使货物垂直运动，而靠水平移动使其从一个车辆上推移到另一车辆上，称"移上移下"方式。"移上移下"方式需要使两种车辆水平靠接，因此，需对站台或车辆货台进行改变，并配合移动工具实现这种装卸。

（5）"散装散卸"方式

"散装散卸"方式适合对散装物进行装卸。一般从装点直到卸点，中间不再落地，这是集装卸与搬运于一体的装卸方式。

3. 按被装物的主要运动形式分类

按被装物的主要运动形式可分为垂直装卸、水平装卸两种形式。

4. 按装卸搬运对象分类

按装卸搬运对象可分为散装货的装卸、单件货物装卸、集装货物装卸等。

5. 按装卸搬运的作业特点分类

按装卸搬运的作业特点可分为连续作业与间歇作业两类。连续作业主要是同种大批量散装或小件杂货通过连续输送机械，连续不断地进行作业，中间无停顿，货间无间隔。在货物量较大、对象固定、货物对象不易形成大包装的情况下适合采取这一方式。间歇作业有较强的机动性，装卸地点可在较大范围内变动，主要适用于不固定的各种货物，尤其适用于包装货物、大件货物，散粒货物也可采取此种方式。

6. 按使用的搬运机械进行分类

按使用的搬运机械可分为输送机搬运、起重机搬运、叉车搬运和输入器搬运等。

二、装卸搬运设备的作用和工作特点

（一）装卸搬运设备的概念

装卸搬运设备是指用来搬移、升降、装卸和短距离输送货物或物料的机械，它是物流系统中使用效率最高、数量最多的一类机械设备，是物流机械的重要组成部分。它不仅用于船舶与车辆货物的装卸，而且用于库场货物的堆码、拆垛、运输，以及舱内、车内、库内货物的搬运和输送。

（二）装卸搬运设备的作用

装卸搬运设备是机械化生产的重要组成部分，是实现装卸搬运作业机械化的物质技术基础，是实现装卸搬运合理化、效率化的主要手段。

在装卸搬运作业中，反复进行的装、搬、卸等作业环节，都需要靠装卸搬运设备有效地衔接才能完成。因此，合理配置和应用装卸搬运设备，安全、迅速、优质地完成货物装卸、搬运、码垛等作业任务，对于实现装卸搬运作业自动化，加快现代化发展，促进经济建设等均有着十分重要的作用。装卸搬运设备的作用主要体现在以下几个方面：

（1）提高装卸搬运效率，缩短作业时间，加速车辆周转，加快货物的送达。

（2）节约劳动力，减轻装卸工人的劳动强度，改善劳动条件。

（3）提高装卸质量，保证货物的完整和运输安全。

(4)降低装卸搬运作业成本。装卸搬运设备的应用势必会提高装卸搬运作业效率,而效率的提高将使单位货物分摊的作业费用相对减少,从而使作业成本降低。

(5)采用机械化作业,加速货位的周转,减少货物堆码占用的场地面积,提高货位的利用率。

(三)装卸搬运设备的工作特点

为了顺利完成装卸搬运任务,装卸搬运设备必须适应装卸搬运作业要求。装卸搬运作业要求装卸搬运设备结构简单、牢固,作业稳定,造价低廉,易于维修和保养,操作灵活方便,生产效率高,安全可靠,能最大限度地发挥其工作能力。装卸搬运设备的性能和作业效率对整个装卸搬运作业效率影响很大,其主要工作特点如下:

1. 装卸搬运对象复杂,要求适应性强

由于装卸搬运作业受货物种类、作业时间、作业环境等因素的影响较大,装卸搬运活动各有特点,因此,要求装卸搬运设备要有较强的适应性,能在各种环境下正常工作。

2. 装卸搬运作业量大,装卸搬运设备能力强

装卸搬运设备起重能力大、起重范围大,生产作业效率高,具有很强的装卸作业能力。

3. 装卸搬运设备机动性差

大部分装卸搬运设备都在设施内完成装卸搬运任务,只有个别设备可以在设施外作业。

4. 装卸搬运设备对安全性要求较高

装卸搬运设备在带来高效、快捷、方便的同时,也带来了不安全因素,如起重机常发生事故,机械装备事故会给操作者带来伤害和使货物损坏,严重影响企业的经济效益。装卸作业的安全性关系到装卸搬运工作的质量。因此,安全性已经成为装卸搬运设备选用和操作时的重点考虑因素。装卸搬运机械的安全性也越来越受到企业管理者的重视。

5. 装卸搬运作业不均衡,工作忙闲不均

有的装卸搬运设备工作繁忙,而有的却长期闲置。无论哪一种情况,都要求加强装卸机械设备的检查和维护,保证设备始终处于良好的技术状态。

三、物流装卸与搬运设备分类

随着社会的发展,人们需要的货物种类越来越多,来源越来越广,外形差异越来越大,特点也各不相同,如有箱装货物、袋装货物、桶装货物、散装货物、易燃易爆及剧毒物品等。

为了适应各类货物的装卸搬运和满足装卸搬运过程中各个环节的不同要求,各种装卸搬运设备应运而生。装卸搬运作业运用的设备种类很多,分类方法也很多。为了便于

运用和管理方便,通常按照以下方法进行分类:

(一)按用途或结构特征分类

1. 起重设备
2. 输送设备
3. 装卸搬运车辆
4. 专用装卸搬运设备

专用装卸搬运设备是指带有专用取物装置的装卸搬运设备,如托盘专用装卸搬运设备、集装箱专用装卸搬运设备、船舶专用装卸搬运设备等。

(二)按作业性质分类

1. 装卸设备
2. 搬运设备
3. 装卸和搬运设备

装卸和搬运设备是指装卸和搬运两种功能兼有的设备,可将两种作业操作合二为一,因而有较好的作业效果,这种设备有叉车、跨运车、龙门起重机等。

(三)按装卸搬运货物的种类分类

1. 长大笨重货物的装卸搬运设备

这类货物的装卸搬运作业通常采用行轨式起重机和自行式起重机。在长大笨重货物运量较大,并且货流稳定的货场、仓库,一般配备行轨式起重机;运量不大或作业地点经常变化时,一般配备自行式起重机。

2. 散装货物的装卸搬运设备

散装货物一般采用抓斗起重机、散装机、星斗装车机和输送机等搬运,主要使用输送机。

3. 成件包装货物的装卸搬运设备

这类货物一般采用叉车,并配以托盘进行装卸搬运作业,还可以使用牵引车和挂车、带式输送机等解决成件包装货物的搬运问题。

4. 集装箱货物装卸搬运设备

1t 集装箱一般选用内燃机叉车或电瓶叉车作业,5t 及以上集装箱选用龙门起重机、旋转起重机进行装卸作业,还可以采用叉车、集装箱跨运车、集装箱牵引车、集装箱搬运车等解决集装箱搬运问题。

第二节 起重设备

一、起重设备概述

(一) 起重设备的工作特点

起重设备是一种作循环、间歇运动的机械,用来垂直升降货物或兼使货物水平移动,以满足货物的装卸、转载等作业要求。它是现代企业实现生产过程、物流作业机械化、自动化,改善物料装卸条件、减轻劳动强度、提高装卸搬运作业质量,降低成本,提高生产率必不可少的重要机械设备,也是最主要的装卸设备之一。

起重机械一般能进行一个起升运动和一个或几个水平运动。它的工作程序是:吊挂(或抓取)货物,提升后进行一个或数个动作的运移,将货物放到卸载地点,然后返程进行下一次动作准备。这称作一个工作循环。完成一个工作循环后,再进行下一次的工作循环。因此,起重设备具有间歇性重复的工作特点。

在工作中,各工作机构经常需要反复启动、制动,而稳定运动的时间相对于其他机械而言则较为短暂。起重机以装卸为主要功能,搬运的功能较差,搬运距离很短。大部分起重机机体移动困难,因而通用性不强,往往是仓库、车间等处的固定设备。同时,起重机的作业方式是从货物上部起吊,因而,作业需要的空间较大。

(二) 起重设备的结构组成及其作用

起重设备主要以起重机为代表,各种类型起重机通常是由工作机构、金属结构、动力装置与控制系统四部分组成的。这四个组成部分及其功用分述如下:

1. 工作机构

工作机构是为实现起重机不同的运动要求而设置的。要把一个重物从某一位置搬运到空间任一位置,则此重物不外乎要作垂直运动和沿两个水平方向的运动。起重机要实现重物的这些运动要求,必须设置相应的工作机构。不同类型的起重机其工作稍有差异。起升机构、变幅机构、回转机构和运行机构是起重机的四大基本工作机构。

(1) 起升机构

起升机构是起重机最主要的机构,也是其最基本的机构。它由原动机、卷筒、钢丝绳、滑轮组和吊钩等组成。大型起重机往往备有两套起升机构:吊大重量的称为主起升机构或主钩;吊小重量的称为副起升机构或副钩。副钩的起重量一般为主钩的 1/5~1/3 或更小。为使重物停止在空中某一位置或控制重物的下降速度,在起升机构中必须设置制动器或停止器等控制装置。

(2) 变幅机构

起重机变幅是指改变取物装置中心铅垂线与起重机回转中心轴线之间的距离,这个距离称为幅度。起重机通过变幅,能扩大其作业范围。即由垂直上下的直线作业范围扩大为一个面的作业范围。不同类型的起重机,其变幅形式也不同。

(3) 回转机构

起重机的一部分相对于另一部分做旋转运动称为回转。为实现起重机的回转运动而设置的机构称为回转机构。起重机的回转运动,使其从线、面作业范围又扩大为一定空间的作业范围。回转范围分为全回转(回转360°以上)和部分回转(可回转270°左右)。

(4) 运行机构

轮式起重机的运行机构是通用或专用汽车底盘或专门设计的轮胎底盘。履带式起重机的运行机构就是履带底盘。桥式起重机、龙门起重机、塔式起重机和门座起重机的运行机构,是专门设计的在轨道上运行的行走台车。

2. 金属结构

桥式类型起重机的桥架、支腿,臂架类型起重机的吊臂、回转平台、人字架、底架(车架大梁、门架、支腿横梁等)和塔身等金属结构是起重机的重要组成部分。起重机的各工作机构的零部件都是安装或支承在金属结构上的。起重机的金属结构是起重机的骨架,它承受起重机的自重以及作业时的各种外载荷。

组成起重机金属结构的构件较多,其重量通常占整机重量的一半以上,耗钢量大。因此,合理的起重机金属结构设计,对减轻起重机自重、提高起重性能、节约钢材、提高起重机的可靠性都有重要意义。

3. 动力装置

动力装置是起重机的动力源,是起重机的重要组成部分。它在很大程度上决定了起重机的性能和构造特点,不同类型的起重机配备不同的动力装置。轮式起重机和履带式起重机的动力装置多为内燃机,一般可由一台内燃机对上下车各工作机构供应动力。

有的大型汽车起重机,上下车各设一台内燃机,分别供应起重作业(起升、变幅、回转)的动力和运行机构的动力。塔式起重机、门座起重机、桥式起重机和龙门起重机的动力装置是外接动力电源的电动机。

4. 控制系统

起重机的控制系统包括操纵装置和安全装置。动力装置解决起重机做功所需要的能源,而控制系统则解决各机构怎样运动的问题。例如,动力传递的方向、各机构运动速度的快慢,以及使机构制动和停止等。相应于这些运动要求,其中的控制系统设有离合器、制动器、停止器、液压传动中的各种操纵阀以及各种类型的调速装置和起重机上专用的安全装置等部件。

这些控制装置能够改善起重机的运动特性,实现各机构的启动、调速、转向、制动和停止,从而达到起重机作业所要求的各种动作,保证起重机安全作业。

二、起重设备的类型和主要技术参数

(一) 起重设备分类

起重机械设备的类型很多,可按多种方法进行分类。

(1) 按取物装置可分为:吊钩起重机、抓斗起重机、电磁起重机、吊钩抓斗起重机、吊钩电磁起重机、抓斗电磁起重机及吊钩抓斗电磁起重机。

(2) 按使用场合可分为:车间起重机、货场起重机、仓库起重机等。

(3) 按运行方式可分为:固定式起重机和运行式起重机。

(4) 按主要用途可分为:通用起重机、建筑起重机、冶金起重机、铁路起重机、造船起重机、甲板起重机等。

(5) 按构造特征可分为:轻小型起重设备、桥式类起重机、臂架类起重机以及堆垛类起重机。

(二) 起重设备的主要技术参数

表示起重机主要性能特征的技术参数指标是选用起重机的主要依据,主要有起重量、工作幅度、起升高度、工作速度等。

1. 起重量

起重量是指起重机能吊起重物的质量,其中应包括吊索和铁扁担或容器的质量,它是衡量起重机工作能力的一个重要参数,通常称为额定起重量,用 Q 表示,单位用 t 表示。

随着工作幅度的变化,起重机的起重量也发生变化。因此,额定起重量包括最大起重量和最大幅度起重量。最大起重量是指基本起重臂处于最小幅度时所允许起吊的最大起重量;最大幅度起重量是指基本起重臂处于最大幅度时所允许起吊的最大起重量。一般起重机的额定起重量是指基本起重臂处于最小幅度时允许起吊的最大起重量,也就是起重机铭牌上标定的起重量。

2. 工作幅度

工作幅度是指在额定起重量下,臂架类起重机旋转中心线到取物装置中心线的水平距离,通常称为回转半径或工作半径,用 R 表示,单位为 m。幅度表示起重机不移位时的工作范围,它包括最大幅度(R_{max})和最小幅度(R_{min})。

对于俯仰变幅的起重臂,当处于接近水平的水平夹角为 13°时,从起重机回转中心轴线到吊钩中心线的水平距离最大,为最大幅度;当起重臂仰到最大角度(一般水平夹角为 78°)时,旋转中心线到取物装置中心线的距离最小,为最小幅度。对于小车变幅的起重臂,当小车行到臂架头部端点位置时,为最大幅度;当小车处于臂架根部端点位置时,为最小幅度。

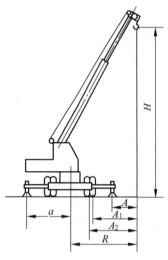

图 6-1 起重机幅度和起升高度示意图

起重机的起重量随幅度变化而变化,同一台起重机,幅度不同,其起重量也不同。对于有支腿装置的轮式起重机,还应以有效幅度 A 表示,即用支腿侧向工作时,在额定起重量下,吊钩中心垂线到该侧支腿中心线的水平距离。有效幅度反映起重机的实际工作能力,没有使用支腿侧向工作时,则工作幅度用 A_1(单胎)或 A_2(双胎)表示,如图 6-1 所示。

3. 起升高度

起升高度是指自地面到吊钩钩口中心的距离,用 H 表示,单位为 m,它的参数标定值通常以额定起升高度表示。额定起升高度是指满载时吊钩上升到最高极限,自吊钩中心到地面的距离。当吊钩需要放到地面以下吊取重物时,则地面以下深度叫下放深度,总起升高度为起升高度和下放深度之和。图 6-2 给出了起升高度的计算简图。

4. 工作速度

起重机的工作速度包括起升、变幅、回转和行走等速度。

(1) 起升速度

起升速度是指起重吊钩上升或下降的速度,单位为 m/min。起重机的起升速度和起升机构的卷扬牵引速度有关,而且和吊钩滑轮组的倍率有关。2 绳比 4 绳快一倍;单绳比双绳快一倍。一般表示起升速度参数时,应注明绳数。

(2) 变幅速度

变幅速度是指吊钩从最大幅度到最小幅度的平均线速度,单位为 m/min。俯仰变幅起重臂的变幅速度也就是起重臂升起和降落的速度,一般落臂速度要快于升臂速度。

(3) 回转速度

回转速度是指起重机在空载情况下,其回转台每分钟的转数,单位为 r/min。

(4) 行走速度

行走速度是指起重机在空载情况下,行走时的最大速度,单位为 m/min。

三、几种常见类型的起重设备

(一) 轻小型起重设备

轻小型起重设备包括千斤顶、滑车、葫芦、卷扬机等,它们具有轻小简练、使用方便的特点,适用于流动性和临时性的作业。手动的轻小型起重设备尤其适合在无电源的场合使用。

1. 千斤顶

千斤顶又称举重器,是一种利用刚性承重件顶举或提升重物的起重设备,如图6-2所示。它靠很小的外力,能顶高很重的重物,又可校正设备安装的偏差和构件的变形等。千斤顶的顶升高度一般为100～400mm,最大起重量可达500t,自重大约10～500kg。千斤顶的特点是结构紧凑、体积小、重量轻、携带方便。

千斤顶主要用于厂矿、交通运输等部门作为车辆修理及其他起重、支撑等设备,被广泛应用于流动性起重作业,如用作汽车、拖拉机等的随车工具。

图6-2 千斤顶样例

2. 滑车

滑车是独立的滑轮组,是一种重要的吊装工具,由定滑轮组、动滑轮组以及依次绕过定滑轮和动滑轮的起重绳组成,如图6-3所示。

图6-3 滑车样例

滑车结构简单,使用方便,能够多次改变滑车与滑车组牵引钢索的方向和起吊或移动运转物体,特别是由滑车联合组成的滑车组,配合卷扬机、桅杆或其他起重机械,不但可以改变作用力的方向,还可以使施力比较容易,因此广泛应用在工厂、矿山、建筑业、农业、林业、交通运输与国防工业的吊装工程中。

3. 葫芦

(1) 手拉葫芦

手拉葫芦是以焊接环链作为挠性承载件的起重工具,如图6-4所示。它使用简单,携带方便,可单独使用,用于小型设备和货物的短距离吊运,也可与手动单轨小车配套组成起重小车,用于手动梁式起重机或架空单轨运输系统中。

手拉葫芦由链轮、手拉链、传动机械、起重链及上下吊钩等几部分组成。其中机械传动部分又可分为蜗轮式传动和齿轮式传动两种。由于蜗轮式传动的机械效率低,零件易磨损,所以现在已很少使用。

(2) 手扳葫芦

手扳葫芦是由人力通过手柄扳动钢丝绳或链条来带动取物位置运动的起重葫芦,如图6-5所示。它广泛用于船厂的船体拼装焊接和电力部门高压输电线路的接头拉紧,农、林业和交通运输部门的起吊装车、物品捆扎、车辆牵引,以及工厂、建筑、邮电等部门的设备安装、校正和机件牵引等。手扳葫芦按其承载件不同分为钢丝绳手扳葫芦和环链手扳葫芦。

图6-4 手拉葫芦样例　　　　图6-5 手扳葫芦样例

(3) 电动葫芦

电动葫芦是一种轻小型起重设备,如图6-6所示,具有体积小、自重轻、操作简单、使用方便等特点。起重量一般为0.1~80t,起升高度为3~30m。它由电动机、传动机构和卷筒或链轮组成,分为钢丝绳电动葫芦和环链电动葫芦两种。

它可以用于提升、牵移、装卸重物等作业,如钢结构及机械设备的安装和移动,比手拉葫芦和手板葫芦操作方便,起重量、起升高度和工作速度更大、更快捷。适用于建筑安装公司、厂矿的土木建筑工程及桥梁施工、电力、船舶、汽车制造、公路、冶金、矿山、边坡隧道、井道治理防护等基础建设工程的机械设备。

图 6-6 电动葫芦样例

4. 卷扬机

卷扬机(绞车)是由动力驱动的卷筒通过挠性件(钢丝绳、链条)起升、运移重物的起重设备,如图 6-7 所示。卷扬机按用途分为建筑卷扬机、林业用卷扬机、船用卷扬机和矿用卷扬机;按卷筒数量分为单筒、双筒和多筒卷扬机;按速度分为快速、慢速和多速卷扬机;按驱动方式可以分为手动绞车及电动绞车。

卷扬机的特点是通用性高,结构紧凑,体积小,重量轻,起重量大,使用转移方便,被广泛应用于建筑工地、水利工程、林业、矿山、码头等场所进行物料升降或平移,还可以作为现代化电控自动作业线的配套设备。

图 6-7 卷扬机样例

(二)桥式类起重机

1. 桥式起重机

桥式起重机用吊钩、抓斗或电磁盘来装卸货物,它由桥架和起重小车两大部分组成,如图 6-8 所示,按桥架结构分为单梁桥式起重机和双梁桥式起重机。

桥式起重机的吊运方式由大车的纵向运动、小车的横向运动,以及起升机构的升降运动所组成。这些运动构成了一个长方形的大范围作业空间。桥式起重机的大车轨道通常

图 6-8 桥式起重机样例

安装在仓库、作业场所的两侧梁柱或两侧地面上,因而具有起重量大、占地面积小,且运行时不妨碍作业场地其他工作的特点。

(1) 单梁桥式起重机

单梁桥式起重机桥架的主梁多采用工字型钢或型钢与钢板的组合截面。起重小车常为手拉葫芦、电动葫芦或用葫芦作为起升机构部件装配而成。

按桥架支承形式不同,分为支承式和悬挂式两种。前者的桥架沿车梁上的起重机轨道运行;后者的桥架沿悬挂在厂房屋架下的起重机轨道运行。

单梁桥式起重机分手动、电动两种,手动单梁桥式起重机各机构的工作速度较低,起重量也较小(通常为 0.5~10t)。但自身质量小,便于组织生产,成本低,适用于无电源或搬运量不大、对速度与生产率要求不高的场合。手动单梁桥式起重机采用手动单轨小车作为运行小车,用手拉葫芦作为起升机构,桥架由主梁和端梁组成,主梁一般采用单根工字钢,端梁则用型钢或压弯成型的钢板焊成。

电动单梁桥式起重机的工作速度、生产率较手动的高,起重量也较大。电动单梁桥式起重机由桥架、大车运行机构、电动葫芦(或由电动葫芦作主要部件的电动起重小车)及电气设备等部分组成。

(2) 双梁桥式起重机

双梁桥式起重机由直轨、起重机主梁、电动葫芦和小车、送电系统和电器控制系统组成,特别适用于大悬挂跨度和大起重量的平面范围物料输送。

图 6-9 龙门起重机样例

2. 龙门起重机

龙门起重机又称龙门吊或门式起重机,它的外形类似门形,如图 6-9 所示。龙门起重机具有场地利用率高、作业范围大、适应面广、通过性强等特点,主要用于库场等室外场所,担负单件和成组的长大笨重货物的吊运、装卸、安装等作业过程中的货物装卸搬运任务,是企业生产经营活动中实现机械化和自动化的重要生产力。

龙门起重机由于跨度大,起重机运行机构大多采用分别驱动方式,以防止起重机产生歪斜运行而增加阻力,甚至发生事故。龙门起重机的起重小车在桥架上运行,桥架两侧的支腿一般都是刚性支腿;跨度超过30m时,常采用一侧为刚性支腿,而另一侧为通过球铰和桥架连接的柔性支腿,使门架成为静定系统,这样可以避免在外载荷作用下由于侧向推力而引起附加应力,也可补偿桥架纵向的温度变形。

龙门起重机的受风面积大,为防止其在强风作用下滑行或翻倒,装有测风仪和与运行机构连锁的起重机夹轨器。桥架可以是两端无悬臂的;也可以是一端有悬臂或两端都有悬臂的,以扩大作业范围。

3. 岸边集装箱起重机

岸边集装箱起重机是在码头前沿进行集装箱装卸作业的装卸设备,如图6-10所示。岸边集装箱起重机有各种不同的结构形式:常规型岸边集装箱起重机、双小车岸边集装箱起重机、双40ft岸边集装箱起重机和双40ft双小车岸边集装箱起重机几种类型。

(三)臂架类起重机

臂架类起重机又称为旋转起重机,由行走、起升、变幅、旋转机构组成,通常可以旋转半个圆周,最大可以转动一个圆周,其工作面是一个扇形空间和一个圆柱形空间。这种起重机种类繁多、机动灵活,应用比较广泛。

1. 门座式起重机

门座式起重机又称门机,如图6-11所示,是有轨运行的臂架类移动式起重机。门座式起重机的额定起重能力范围很宽,一般在5~100t。门座式起重机的工作机械具有较高的运动速度,使用效率高。同时,它的结构是立体的,所占面积很小,具有高大的门架和较长距离的伸臂,因而具有较大的起升高度和工作幅度,能满足港口码头船舶和车辆的机械化装卸、转载以及充分利用场地的要求。

图6-10 岸边集装箱装卸桥样例

图6-11 门座式起重机样例

门座式起重机的回转机构能使臂架作360°回转。其变幅机构能使臂架俯仰,改变起吊点至回转中心的距离,并且在变幅过程中保持货物的离地高度不变,由起升机构完成起吊作业。

门座式起重机的缺点是造价高,需用钢材多;需要较大的电力供给;一般轮压较大,需要固定的地基;附属设备多,如变电所、电缆等。

2. 塔式起重机

塔式起重机又称塔机、塔吊,如图6-12所示,是机身为塔架式结构的全回转动臂架式起重机。它作业空间大,主要用于房屋建筑施工中物料的垂直和水平输送及建筑构件的安装。

塔式起重机由金属结构、工作机构和电气系统三部分组成。金属结构包括塔身、动臂和底座等。工作机构包括起升机构、变幅机构、回转机构和行走机构四部分。电气系统包括电动机、控制器、配电柜、连接线路、信号及照明装置等。

3. 浮式起重机

浮式起重机是装在自航或非自航浮船上的一种臂架类起重机,用于港口货物装卸、船舶栖装、水工建设、海底开采及水上救险等场合。它由浮船和起重机两部分组成,如图6-13所示。

图6-12 塔式起重机样例

图6-13 浮式起重机样例

4. 轮式起重机

轮式起重机包括汽车起重机和轮胎起重机两种。

汽车起重机多为机械传动式,近年来普遍采用液压传动技术,使得起重机的起重能力、幅度和起升高度以及操作方面都得到了改进和提高。

汽车起重机(图6-14)和轮胎起重机(图6-15)都是用内燃机驱动橡胶轮胎车轮行走的运行式旋转起重机。两者之间的区别如下:

图 6-14　汽车起重机样例

图 6-15　轮胎起重机样例

汽车起重机转盘安装在汽车底盘上（小起重量的就是利用普通汽车底盘），行走部分和起重部分通常各有单独的发动机和驾驶室，其行驶速度较高（60km/h 以上），可以和汽车编队行驶。起重机的驾驶室安在转盘上面。

轮胎起重机采用专门设计的底盘，起重机部分和行驶部分共用一台发动机。发动机及驾驶室设在上部的转台上（也有的安在底盘上），其行驶速度较低（一般为 20～30km/h）。

5. 履带起重机

旋转起重机的转台安装在履带式运行车辆上，就成为履带起重机，如图 6-16 所示。

履带起重机是安装在履带式车辆上的臂架式旋转起重机。由于履带和地面接触面积大，所以其承载能力也大，可以不用支腿。能够在路面不好的情况下作业，稳定性好，但运行速度较低，并且在行驶时容易损坏路面。另外，维修较复杂，使用受到一定限制，一般只适合于建筑工地。

图 6-16　履带起重机样例

图 6-17　固定式定柱旋转起重机样例

6. 固定式定柱旋转起重机

固定式定柱旋转起重机如图 6-17 所示，其机架被支承在一个固定的立柱上，并且可以绕此立柱旋转，此立柱被安装在地基上，称为"定柱"。机架的支承装置均安置在定柱的上下端，省去了外部上方支承，所以可以旋转一周。所有的工作机构均装在机架上，随机架一起转动。

（四）堆垛类起重机

巷道式堆垛起重机简称巷道堆垛机，是自动化立体仓库中的主要存取作业机械,它是随着立体仓库的出现而发展起来的专用起重机械。其主要用途是在高层货架的巷道内来回穿梭运行,将放置在巷道口的货物存入指定的货格,或者从货格中取出需要出库的货物运送到巷道口。

1. 巷道堆垛机分类

自动化立体仓库内常用的巷道堆垛机有两大类:有轨巷道堆垛机和无轨巷道堆垛机。

(1) 有轨巷道堆垛机

有轨巷道堆垛机是在中高层货架的窄巷道内进行作业的起重机,是自动化仓库的主要设备,又称有轨堆垛机。它沿着仓库内设置好的轨道水平运行,高度视立体仓库的高度而定;起重量一般在 2t 以下,有的可达 4~5t,高度一般在 10~25m 之间,最高可达 40 多米。使用有轨堆垛机可大大提高仓库的面积和空间利用率。

它的结构特点如下:

① 整机结构高而窄。

② 堆垛机金属结构的设计除需满足强度要求外,还应具有足够的刚度和精度。

③ 堆垛机配备有特殊的取物装置。常用的有伸缩货叉或伸缩平板,能向两侧货格伸出存取货物。

④ 其运行应同时满足快速、平稳和准确三方面要求。

⑤ 必须配备齐全的安全装置,并在电气控制上采取一系列连锁和保护措施。

(2) 无轨巷道堆垛机

无轨巷道堆垛机又称三向堆垛叉车或高架叉车,高架叉车系列是为高货架而特别设计的叉车。它与有轨巷道堆垛机的主要区别是它可以自由地沿着不同的路径水平运行,不需要设置水平运行轨道。其作业特点是可以从三个方向进行货物的存取操作——向前、向左或向右。

2. 巷道堆垛机的构造和选用原则

目前,在自动化立体仓库中常用的堆垛机是有轨巷道堆垛机,按具体结构可分为单立柱型巷道堆垛机(图 6-18)和双立柱型巷道堆垛机(图 6-19)。以单立柱巷道堆垛机为例,它的基本结构由五部分组成:运行机构、起升机构、装有存取货机构的载货台、机架(车身)和电气设备。

存取货装置是堆垛机的特殊工作机构。取货的那部分结构必须根据货物外形特点设计。最常见的是一副伸缩货叉,也可以是一块可伸缩的取货板,或其他形式的结构。伸缩货叉机构装在载货台上,载货台在辊轮的支撑下沿立柱上的导轨作垂直方向的运动,实现货物的升降。

图 6-18　单立柱型巷道堆垛机样例　　　图 6-19　双立柱型巷道堆垛机样例

堆垛机的电气设备主要包括电力驱动、控制、检测和安全保护装置。在电力驱动方面，多用交流电动机驱动。如果调速要求较高，则采用直流电动机进行驱动。对堆垛机的控制一般采用可编程控制器、单片机、单板机和计算机等，控制装置的控制方式有手动、半自动和自动三种，其中自动控制方式包括机电控制和远距离控制两种方法。堆垛机必须具有自动认址、货位虚实检测以及其他检测功能。电力拖动系统要同时满足快速、平稳和准确三个方面的要求。

堆垛机的结构设计除需满足强度要求外，还要具有足够的刚性，并且满足精度要求。为了保证人身及设备的安全，堆垛机除必须配备有完善的硬件及软件的安全保护措施外，还应根据实际需要，增设各种保护装置。

合理选择堆垛起重机的类型和主要使用性能参数，是正确使用堆垛起重机的重要前提条件，对提高装卸搬运的作业效率，充分发挥堆垛起重机的有效功能，降低使用成本，提高经济效益，确保运行安全都有现实的重要意义。

第三节　叉　　车

叉车，又称铲车或叉式取货机，是以货叉作为主要取货装置，依靠液压起升机构升降货物，由轮胎式行驶系统实现货物水平搬运，具有装卸、搬运双重功能的机械设备。

叉车在装卸搬运机械中应用最为广泛，常常在车站、码头、仓库和货场用来承担装卸、搬运、堆码作业。它具有适用性强、机动灵活、效率高等优点。不仅可以将货物叉起进行水平运输，还可以叉取货物进行垂直堆码。

叉车最早出现于 20 世纪初，"二战"后发展迅速，并已实现系列化、标准化生产。目前世界上已有起重量为 0.25～60t 的叉车共 500 多种规格。我国叉车已形成系列化、标准化批量生产的规模,年产量逾万台。

一、叉车的特点与作用

叉车除了和港口的其他起重运输机械一样,能够减轻装卸工人繁重的体力劳动,提高装卸效率,缩短船舶与车辆在港停留时间,降低装卸成本以外,还具有它本身的一些特点与作用:

(1) 机械化程度高。在使用各种自动取物装置或在货叉与货板配合使用的情况下实现装卸工作的完全机械化,不需要工人的辅助体力劳动。

(2) 机动灵活性好。叉车外形尺寸小,重量轻,能在作业区域内任意调动,适应货物数量及货流方向的改变,可机动地与其他起重运输机械配合工作,提高机械的使用率。

(3) 可以"一机多用"。在配备与使用各种取货装置如货叉、铲斗、臂架、串杆、货夹、抓取器等的条件下,可以适应各种品种、形状和大小货物的装卸作业。

(4) 能提高仓库容积的利用率。叉车堆码的高度一般可达 3~5m,极大地提高了仓库的利用空间。

(5) 有利于开展托盘、成组运输和集装箱运输。

(6) 与大型起重机械比较,它的成本低、投资少,能获得较好的经济效果。

(7) 可以减少货物破损,提高作业的安全程度。

二、叉车的主要组成部分

叉车主要由动力装置、工作装置和轮胎底盘三个主要部分组成。

(一) 叉车的动力装置及其选择

叉车动力装置的作用是供给叉车工作装置装卸货物和轮胎底盘运行所需的动力。动力形式分内燃机和蓄电池电动机两大类。根据燃料的不同,内燃机又分柴油机、汽油机和液化石油气机三种。这四种动力形式都具有独立的能源,符合叉车对动力装置的要求,其他方面则各有优缺点。

蓄电池电动机的驱动特性最接近恒功率特性的要求,其牵引性能优于内燃机。此外,蓄电池电动机运转平稳无噪声,不排废气,检修容易,操纵简单,营运费用较低,整车的使用年限较长;缺点是需要充电设备,基本投资高,充电时间较长,一次充电后的连续工作时间短,车速和爬坡能力较低。因此,蓄电池电动机驱动的电瓶叉车主要用于通道较窄、搬运距离不长、路面好、起重量较小、车速不要求太快的仓库和车间中。在易燃品仓库或要求空气洁净的地方,只能使用电瓶叉车。冷冻仓库中内燃机起动困难,也应采用电瓶叉车。

内燃机的机械特性不符合对叉车原动机恒功率特性的要求,它的输出功率随着转速的增加而增大。因此,内燃机必须配装变速器、液力变矩器或液压传动装置等以后才能使用。它的主要优点是不需要充电设备,作业持续时间长、功率大、爬坡能力强,对路面要求低,基本投资少,如果采用合适的传动方式,能获得理想的牵引性能;缺点是运转时有噪声和振动,排废气,检修次数多,营运费用较高,整车的使用年限较短。因此,内燃叉车适于室外作业,在路面不平或爬坡度较大以及作业繁忙、搬运距离较长的场合作业,内燃叉车比较优越。一般起重量在中等吨位以上时,宜优先采用内燃叉车。

在内燃叉车中,采用柴油机最普遍,起重量3t以上的叉车基本上全都采用柴油机。起重量较小的叉车可选用汽油机,它体积小、重量较轻,但耗油多,汽油价格高,废气中有害成分较多,易着火。国外还有采用液化石油气发动机的叉车,其燃料价格低,排出的废气也较少。

选择叉车的动力形式,主要从性能、使用维护、公害和经济性四方面权衡比较,但首先必须满足叉车工作的要求。

(二) 叉车的起重部分

叉车的起重部分由直接进行装卸作业的工作装置及操纵工作装置动作的液压传动系统组成。

1. 工作装置

叉车的工作装置用来叉取、卸放、升降、堆码货物,通常采用货叉取货。为了实现"一机多用",除货叉外,还可配备多种取物工具,如图6-20所示。

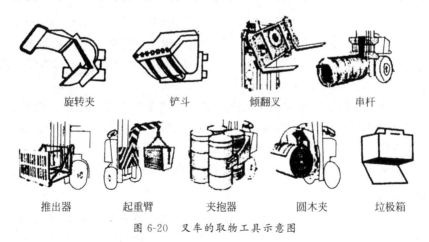

图 6-20 叉车的取物工具示意图

2. 起重部分液压传动系统

它的作用是把原动机的能量传递给叉车的工作装置,以便实现货物的起升和门架的前后倾。

(三) 叉车的运行部分

叉车是无轨运行机械,运行部分装在轮式底盘上。运行部分的任务是将发动机发出的动力转变成叉车的可以控制的运动,它由牵引传动系统、转向系统和制动系统组成。

1. 传动系统

叉车传动系统的作用是将原动机发出的动力传给驱动车轮,并使叉车能以不同的行驶速度前进或后退。在原动机和驱动轮之间,有起减速增矩作用的传动装置。当叉车在不同负荷和不同作业条件下工作时,传动装置必须保证叉车具有良好的牵引性能。

对于内燃叉车,由于内燃机不能反转,传动系统中还必须有换向装置以便叉车能够倒退行驶。因此,传动方式首先决定于动力形式。以蓄电池为动力源的电瓶叉车采用电动机械传动方式;内燃叉车可采用机械式、液力式或静压式传动方式。

2. 转向系统

叉车多在仓库、货场等场地狭窄、货物堆放很多的地方进行作业。叉车在行驶中,需要频繁地进行左、右转向,要求转向系统动作灵活,操作省力。叉车的转向系统的作用是改变叉车的行驶方向或保持叉车直线行驶。

叉车是依靠转向轮在路面上偏转一定角度而实现转向的,叉车转向的形式有机械式转向、液压助力转向和全液压转向三种。转向方式的选择取决于转向桥负荷的大小,而转向桥负荷与叉车的起重量和自重有关,一般起重量在1t以下的都采用构造简单的机械式转向;起重量大于2t的叉车,为操纵轻便,多数采用液压助力转向或全液压转向。

机械式转向机构一般由转向器和转向传动机构组成。转向器的作用是增大方向盘传递到转向臂的力,并改变力的传递方向。转向传动机构的作用是把转向器传出的力传递给转向车轮,使它偏转而保证叉车转向。

液压助力转向机构与机械式转向机构的主要区别是增加了一个液压转向助力器,因而,司机只需很小的力就可进行操纵,实现转向。全液压转向机构不同于机械式转向、液压助力转向机构之处,在于从转向器开始到梯形机构之间完全用液压元件代替了机械连接,因而,其操纵轻便,安装容易,重量轻,体积小,便于总体布局。

3. 制动系统

叉车的制动系统不仅使叉车在作业行驶中能按照工作需要减速或停车,而且当下坡时,利用制动器能保持适当的稳定速度,当叉车停放坡道时,还可以防止叉车自行滑动。叉车制动系统由制动器和制动操纵装置组成,一般包括两套独立的制动装置,即行车制动和停(驻)车制动。

行车制动装置用于使叉车在行驶过程中适当减速或停车。行车制动系统采用车轮制动器,每个驱动车轮都装有车轮制动器,其操纵装置可分为机械式、液压式和气压式三种。停车制动装置保证叉车原地停驻,并有助于在坡道上起步。

停车制动系统的制动器称为中央制动器,采用手柄和杠杆组成的机械式操纵装置,且在手柄上装有锁住装置,使得司机的手离开手柄后,制动器仍处于制动状态,直到需要行驶时,才用手将锁住装置打开。停车制动系统还可在紧急制动时与行车制动系统同时使用,或当行车制动失灵时紧急使用。

三、叉车的主要技术参数和性能

（一）叉车的主要技术参数

叉车的技术参数用于说明叉车的结构特征和工作性能,主要有额定起重量 Q、载荷中心距 C、最大起升高度 H、自由起升高度、门架倾角、最大起升速度、满载最高行驶速度、满载最大爬坡度、最小转弯半径 R、直角堆垛的最小通道宽度、直角交叉的最小通道宽度、最小离地间隙 X 等。

（1）额定起重量：是指门架处于垂直位置,货物重心位于载荷中心距范围以内时,允许叉车举起的最大货物质量。

（2）载荷中心距：是指设计规定的额定起重量的标准货物重心到货叉垂直段前臂的水平距离。

（3）最大起升高度：是指当门架处于垂直位置,货叉满载起升到最高位置时,货叉水平段的上表面距地面的垂直距离。

（4）自由起升高度：是指不改变叉车的总高时,货叉可能起升的最大高度。

（5）门架倾角：是指叉车在平坦、坚实的路面上,门架相对于垂直位置向前或向后的最大倾角。门架前倾是为了便于叉取和卸放货物；后倾的作用是当叉车带货行驶时,防止货物从货叉上滑落,增加叉车行驶时的纵向稳定性。一般前倾角取 $3°\sim5°$,后倾角取 $10°\sim12°$。

（6）最大起升速度：是指门架处于垂直位置,货叉满载上升的最大速度。

（7）满载最高行驶速度：是指叉车在平直、干硬的路面上满载行驶时所能达到的最高车速。

（8）满载最大爬坡度：是指叉车在正常路面情况下,以低速挡满载匀速行驶时所能爬越的最大坡度,以度（°）表示。

（9）最小转弯半径：是指在平坦的硬路面上,叉车空载低速前进并以最大转向角旋转时车体最外侧所划出轨迹的半径。

（10）直角堆垛的最小通道宽度：是指叉车在路边垂直道路方向堆垛时,所需的最小通道宽度。

(11) 直角交叉的最小通道宽度：是指叉车能在直角交叉处顺利转弯所需的最小通道宽度。

(12) 最小离地间隙：是指除车轮以外，车体上固定的最低点至车轮接地表面的距离。它表示叉车无碰撞地越过地面凸起障碍物的能力。增大车轮直径可以使最小离地间隙增加，但这会使叉车的重心提高，转弯半径增大。

（二）叉车的主要性能

叉车的各种技术参数反映了叉车的性能，主要性能有以下几个方面：

(1) 装卸性：指叉车起重能力和装卸快慢的性能。装卸性能的好坏对叉车的生产率有直接的影响。叉车的起重量大、载荷中心距大、工作速度高则装卸性能好。

(2) 牵引性：表示叉车行驶和加速快慢、牵引力和爬坡能力大小等性能。行驶和加速快、牵引力和爬坡能力大则牵引性好。

(3) 制动性：表示叉车在行驶中根据要求降低车速及停车的性能，通常以在一定行驶速度下制动时的制动距离大小衡量，制动距离小则制动性能好。

(4) 机动性：表示叉车机动灵活的性能，数值越小机动性越好。

(5) 通过性：表示叉车克服道路障碍而通过各种不良路面的能力。叉车的外形尺寸小、轮压小、离地间隙大、驱动轮牵引力大，则叉车的通过性好。

(6) 操纵性：是指叉车操作的轻便性和舒适性。各操作件之间的位置布置得当则操纵性好。

(7) 稳定性：是指叉车抵抗倾覆的能力。稳定性是保证叉车安全作业的必要条件。对于正叉平衡重式叉车，由于货叉上的货物重心位于叉车纵向的车轮支承底面之外，当叉车满载货物举高全速运行途中紧急制动时，受制动惯性力作用，叉车有可能在纵向丧失稳定向前倾翻。当叉车高速转弯时受到离心力、侧向风力、坡道分力等的作用，叉车有可能丧失横向稳定，向一侧翻倒。因此，为了保证叉车的安全作业，必须使叉车具有必要的纵向稳定性和横向稳定性。

(8) 经济性：主要指叉车的造价和营运费用，包括动力消耗、生产率、使用方便和耐用的程度等。

四、叉车的分类

（一）按叉车的动力装置划分

叉车按其动力装置不同，可分为电瓶叉车和内燃叉车。

1. 电瓶叉车

电瓶叉车是以蓄电池和直流电动机作为动力装置的叉车。承载能力为 $1 \sim 4.8t$，作业通道宽度一般为 3.5~5m。其优点是噪声小，不污染环境，直流电动机可带载启动，传动系统简单，操作简便，运营费用低。电瓶叉车广泛应用于环境要求较高的工况，如医药、食品等行业。其不足之处是一般只用于室内，搬运距离短。

2. 内燃叉车

内燃叉车是以内燃机作为动力装置的叉车。其载荷能力为 1.2~8t，作业通道宽度一般为 3.5~5m。根据内燃机的不同，可分为汽油式、柴油式和液化式叉车。

内燃叉车的优点是燃料供应方便，能连续长时间作业，输出功率大，行走速度、货叉提升速度和爬坡能力都比电瓶叉车大，对路面质量要求低。缺点是噪声大，排放的废气污染环境，传动系统复杂，零部件容易磨损，机械故障多，操作比电瓶叉车复杂。

（二）按叉车的结构用途划分

叉车可按其结构和用途不同分为平衡重式叉车、插腿式叉车、前移式叉车、侧面式叉车、高货位拣选式叉车、伸缩臂式叉车、三节门架叉车、自由起升叉车等。

1. 平衡重式叉车

平衡重式叉车如图 6-21 所示，它是叉车中应用最广泛的构造形式，约占叉车总数的 80% 以上。它的特点是货叉伸出在车身的正前方，货物重心落在车轮轮廓之外。为了平衡货物重量产生的倾覆力矩，保持叉车的纵向稳定性，在车体尾部配有平衡量。

图 6-21　平衡重式叉车样例

其前轮为驱动轮，后轮为转向轮。它可以由司机单独操作完成货物的装卸、搬运和堆垛作业，并且通过变换属具扩大叉车的使用范围和作业效率。平衡重式叉车需依靠叉车前后移动才能叉卸货物。

2. 插腿式叉车

插腿式叉车如图 6-22 所示，其特点是叉车前方带有小轮子的支腿能与货叉一起伸入货板叉货，然后由货叉提升货物。由于货物重心位于前后车轮所包围的底面积之内，叉

图 6-22　插腿式叉车样例

车的稳定性好。一般采用蓄电池作能源,起重量在 2t 以下。

插腿式叉车比平衡重式叉车结构简单,自重和外形尺寸小,适合在狭窄的通道和室内堆垛、搬运;但速度低,行走轮直径小,对地面要求较高。

3. 前移式叉车

前移式叉车的货叉可沿叉车纵向前后移动,如图 6-23 所示。取货卸货时,货叉伸出,叉卸货物以后或带货移动时,货叉退回到接近车体的位置,因此叉车行驶时的稳定性好。

前移式叉车分门架前移式和货叉前移式两种。前者的货叉和门架一起移动,叉车驶近货垛时,门架可能前伸的距离受外界空间对门架高度的限制,因此只能对货垛的前排货物进行作业。货叉前移式叉车的门架则不动,货叉借助于伸缩机构单独前伸。如果地面上具有一定的空间允许插腿插入,则叉车能够超越前排货架,对后一排货物进行作业。

前移式叉车一般由蓄电池作动力,起重量在 3t 以下。它的优点是车身小,重量轻,转弯半径小,机动性好,不需在货堆间留出空处,前轮可做得较大。但其行驶速度低,主要用于室内搬运作业,但也能在室外工作。

4. 侧面式叉车

侧面式叉车的门架、起升机构和货叉位于叉车的中部,如图 6-24 所示,可以沿着横向导轨移动。货叉位于叉车的侧面,不仅可以上下运动,还可前后伸缩,侧面还有一货物平台。

图 6-23 前移式叉车样例

图 6-24 侧面式叉车样例

叉货时,先将千斤顶顶住地面,门架向外推出,叉取货物后,货叉起升,门架退后,然后下降货叉,货物即自动放置在叉车一侧的前后车台上。将千斤顶收起后,叉车即可行驶。由于货物沿叉车的纵向放置,因此可减少长大货物对道路宽度的要求,同时,货物重心位于车轮支承底面之内,叉车行驶时稳定性好,速度高,司机视野比正面式叉车好。

由于门架和货叉只能向一侧伸出,当需要在对侧卸货时,必须将叉车驶出通道,掉头以后才能进行卸货。侧面式叉车多以柴油机驱动,起重量为 2.5~54.5t。因此这种叉车适合于窄通道作业,且利于条形长尺寸物品的装卸和搬运。

5. 高货位拣选式叉车

高货位拣选式叉车的主要作用是高位拣货,它适用于多品种、数量小的货物的入库、出库的拣选式高层货架仓库。设备外形如图 6-25 所示。

6. 伸缩臂式叉车

伸缩臂式叉车的货叉安装在一个可以伸缩的长臂的前端,设备外形如图 6-26 所示。它可以跨越障碍进行货物的堆垛作业。这种叉车还具有稳定性较强,作业人员可以有较好视野的优点。

图 6-25　高货位拣选式叉车样例

图 6-26　伸缩臂式叉车样例

7. 三节门架叉车

普通叉车的门架是由内外两节门架组成的。当要求叉车的起升高度很大(4～5m 以上)时,可采用三节门架叉车。它的特点是门架全伸时,起升高度比两节门架的大;门架全缩时,叉车的全高比两节门架的小。它适于高层货物的装卸堆垛作业,起升高度可达 7～8m。

8. 自由起升叉车

自由起升叉车适于在低矮的场所,如船舱、车厢内进行装卸或堆垛作业。能够全自由起升的叉车,当叉架起升到内门架的顶端时,内门架仍不上升,因此它可以在叉车总高不变的情况下将货物堆码到与叉车总高大致相等的高度。部分自由起升能提高叉车的通过性,只要门道的净空高度不低于门架全缩时的叉车总高就可以做到提高叉车的通过性。

五、叉车的管理

（一）叉车的选用原则

叉车的种类很多，形式规格各异。在流通管理中首先应了解叉车的选用原则，才能充分发挥叉车的使用价值。选用原则有以下两条：

1. 应首先满足使用性能要求

选用叉车时应合理地确定叉车的技术参数，如起重量、工作速度、起升高度、门架倾斜角度等，还要考虑叉车的通过性能是否满足作业场地及道路要求，如转弯半径、最小离地间隙以及门架最高位置时的全高、最低位置时的全高等。除此之外，选用叉车要求工作安全可靠，无论在什么作业条件下都要具有良好的稳定性。

2. 选择使用费用低、经济效益高的叉车

选择叉车除考虑叉车应具有良好的技术性能外，还应有较好的经济性，使用费用低、燃料消耗少、维护保养费用低等。可用重量利用系数和比功率大小定量比较叉车的经济性。重量利用系数＝叉车载重量/叉车自重，可表示叉车制造、设计的综合水平。减轻叉车自重不但可以节省原材料，降低生产成本，而且可以减少燃料的消耗和轮胎的磨损。

（二）叉车在仓库中的维护保养

通常叉车的技术维护保养措施分为以下三级：

1. 日常维护

检查库房内的温度、湿度，清洗叉车上的污垢、泥土等，进行外表保养。

2. 一级技术保养

叉车在库房存放一个时期（3～6个月）后，要进行一级技术保养，检查气缸压力或真空度，调整气门间隙，检查节温器、液压系统各元件以及变速器的换挡工作是否正常；检查制动系统，调整制动片与制动鼓间隙；检查发电机及起动机安装是否牢固、灰刷和整流子有无磨损，风扇皮带的松紧程度；检查曲轴和通风接管是否完好，清洗滤油器；同时还要检查车轮安装是否牢固，轮胎的气压是否符合要求等。对于那些因进行保养而拆卸的零部件，重新装配后要进行路试，使之达到技术要求。

3. 二级技术保养

叉车存放半年以上时，要进行二级技术保养，除了按以上日常保养和一级技术保养项目进行外，还要增加拆卸工作，更换生锈不能用的零部件，如拆卸水箱、柴油箱盖、水泵及气缸盖，清除锈蚀，检查性能是否可靠等。如果叉车长期存放，要用木材顶住平衡块，避免两个后轮长期受载。

第四节 其他装卸搬运设备

一、托盘搬运车

托盘搬运车又称托盘式叉车,是以搬运托盘为主的搬运车辆。托盘搬运车包括手动托盘搬运车和电动托盘搬运车,如图 6-27 所示。托盘搬运车体形小、重量轻,主要用于区域内装卸作业,多用于仓库收发站台的装卸或车间内各工序间不需堆垛的场合。

托盘搬运车有两个货叉似的插腿,可插入托盘底部。插腿的前端有两个小直径的行走轮,用来支承托盘货的重量。工作时,货叉插入托盘,上下摇动手柄,使液压千斤顶提升货叉,托盘或容器随之离地,然后用手动或电力驱动使之行走,待货物运到目的地后提动手柄,货叉落下,放下托盘。

图 6-27 托盘搬运车样例

手动搬运车的转弯半径较小,载重量一般为 1 500～3 000kg。当使用双面托盘时,货叉长度应大于托盘长度。其运行道路要求平整度较好,否则会影响安全提升高度、搬运效率和操作性。

二、手推车

手推车属于人力作业车辆,搬运作业距离一般不大于 25m,承载能力一般在 500kg 以下,其特点是轻巧灵活、易操作、转弯半径小。它是短距离输送较小、较轻物品的一种方便而经济的运输工具。

按照车轮数量多少,可分为两轮车和四轮车。手推两轮车(图 6-28)的前部带有叉撬装置,在搬运货物时,无须将货物举起装卸。手推车将装卸搬运活动连在一起,在仓库、车站和物流中心的装车、倒垛和配送作业中也常用到这种工具。手推四轮车(图 6-29)装有手推扶手,供人力推扶,这种车可以为单层或多层。

由于输送货物的种类、性质、重量、形状以及所行驶的道路条件等不同,手推车的构造形式是多种多样的。手推车的选择首先应考虑货物的形状及性质。当搬运多品种的货物时,应考虑采用具有通用性的手推车;搬运单一品种的货物时,则应选用专用性的手推车,以提高搬运效率。

图 6-28 手推两轮车样例

图 6-29 手推四轮车样例

三、平台搬运车

平台搬运车如图 6-30 所示,是室内经常使用的短距离的搬运车辆。一般情况下,采用蓄电池或电动机为动力进行驱动。其载货平台或属具不能起升,一般不设有装卸工作装置,主要用于件货的短距离搬运作业。

四、牵引车和挂车

牵引车和挂车是配合使用的两种车辆。

图 6-30 平台搬运车样例

牵引车没有取物装置和装载平台,不能装货和取货,也不能单独搬运货物,但它具有牵引装置,是专门用于牵引载货挂车进行水平搬运的车辆,如图 6-31 所示。为适应顶推和牵引挂车的需要,普通牵引车头部装有坚固的护板,尾部装有挂钩装置。

牵引车按动力不同,可以分为内燃牵引车和电动牵引车;按动力大小,可以分为普通牵引车和集装箱牵引车;按结构不同,可以分为全挂牵引车和半挂牵引车。

挂车又称平板车,是无动力车辆,有载货平台,由牵引车拖着行走,如图 6-32 所示。牵引车常拖带数辆挂车,对成批货物进行较远距离的水平转运。当挂车被拖到指定地点装卸货物时,牵引车脱开这列挂车,再去和别的挂车结合。

图 6-31　牵引车样例

图 6-32　挂车样例

大型牵引车一般都是内燃机动力牵引,适合于长距离转运货物。小型牵引车则一般都是电动牵引车,适用于机场、车站、仓库等短距离转运货物。

五、手动液压升降平台

手动液压升降平台可使操作者轻松、快捷地装载或卸载搬运箱内的物品,无须操作者起升、弯腰或伸手去够,其外观如图 6-33 所示。平台控制为旋钮或扳手控制,踏动踏脚杆操纵油泵,使工作台面平稳上升。操纵控制旋钮或向上提升扳手,使工作台面平稳下降,车架底部配有万向轮,可向任意方向旋转,操作灵活简便,方便轻巧地取拿货物。

图 6-33　手动液压升降平台样例

六、自动导引搬运车

(一)自动导引搬运车的概念

自动导引搬运车(automated guided vehicle,AGV),是指具有电磁或光学导引装置,能够按照预定的导引路线行走,具有小车运行和停车装置、安全保护装置以及具有各种移载功能的运输小车,其外观如图 6-34 所示。

图 6-34 自动导引搬运车样例

自动导引搬运车是物流系统的重要搬运设备,也是一种先进的物料搬运技术装备。随着工厂自动化、计算机集成系统技术的发展、柔性制造系统以及物流业的发展,自动导引搬运车得到了广泛的应用。

（二）自动导引搬运车的主要技术参数

自动导引搬运车的技术参数是指反映其技术性能的基本参数,是选择自动导引搬运车的主要依据。自动导引搬运车的主要技术参数有：

(1) 额定载重量：是指自动导引搬运车所能承载的最大重量。

(2) 自重：是指自动导引搬运车与电池加起来的总重量。

(3) 车体尺寸：即车体的外形尺寸,这一尺寸应该与所承载货物的尺寸和作业场地相适应。

(4) 停位精度：是指自动导引搬运车作业结束时所处的位置与程序设定的位置之间的偏差(单位为 mm)。

(5) 最小转弯半径：是指自动导引搬运车在空载低速行驶、偏转程度最大时,瞬时转向中心距自动导引搬运车纵向中心线的距离。

(6) 运行速度：是指自动导引搬运车在额定载重量下行驶的最大速度。

(7) 电池电压：有两种规格,分别为 24V 和 48V。

(8) 工作周期：是指自动导引搬运车完成一次工作循环所需的时间。

（三）自动导引搬运车的分类

(1) 按照导引方式不同,可分为固定路径导引和自由路径导引。

固定路径导引是指在固定的路线上设置导引用的信息媒介物,自动导引搬运车通过检测出它的信息而得到导引的方式,如电磁导引、光学导引、磁带导引。

自由路径导引是指自动导引搬运车根据要求随意改变行驶路线,这种导引方式的原理是在自动导引搬运车上储存好作业环境的信息,通过识别车体当前的方位,与环境信息相对照,自主地决定路径的导引方式,如推算导引、惯性导引、环境映射法导引、激光导引等。

(2) 按照运行的方向不同,可分为向前运行、前后运行和万向运行导引。

(3) 按照移载方式不同,可分为侧叉式移载、叉车式移载、推挽式移载、辊道输送机式移载、链式输送机移载、升降台移载和机械手移载导引等。

(4) 按照充电方式不同,可分为交换电池式和自动充电式导引。

(5) 按照转向方式不同,可分为前轮转向、差速转向和独立多轮转向导引。

（四）自动导引搬运车的应用

AGV 的出现是对传统物料搬运技术的一次革命，它以机动灵活、可靠性程度高、投资少、操作费用低、安全性好、无地面障碍等优点把物料搬运的高效率带到了整个世界。特别是近年来，随着科学技术的迅速发展和生产现场的综合自动化，AGV 的应用范围和领域不断扩大，从超级市场、车间，扩大到办公室、宾馆、图书馆、自动化仓库和配送中心，AGV 已成为一种高效、灵活、先进的搬运系统。

在制造业中，AGV 应用最广泛的领域是装配作业，特别是汽车的装配作业。在西欧各国，用于汽车装配的 AGV 占整个 AGV 数量的 57%，德国用于汽车装配的 AGV 占整个 AGV 数量的 64%。近年来，电子工业是 AGV 的新兴用户，由于生产的多品种、小批量的要求，AGV 比传统的带式输送机具有更大的柔性。

在图书馆，AGV 用于图书的入库和出库，可以自动地将图书送到指定的地点。

在自动化仓库和配送中心，AGV 广泛地用于库存货物的搬运。AGV 已成为提高仓库作业自动化的主要标志之一。我国海尔公司于 2001 年 3 月建造的国际自动化物流中心，其原料、成品两个自动化系统就应用了 AGV。该中心采用的 AGV 是世界上最先进的 AGV，它采用了激光导引技术。AGV 在计算机的调度下，自动完成装货、卸货、充电、行走功能，自动完成货物的出、入库作业。

七、搬运车辆的配置管理

在货物的搬运活动中，涉及各种各样的搬运车辆，而搬运车辆的使用环境和作业要求各异。如何在正确评价的基础上合理地配置、选择车型，是企业经营决策中的一项重要工作，也是企业物流技术和管理人员所关注的主要问题。

在选择和配置过程中，都希望选择技术可靠、经济合理、操作方便的搬运车辆，然而，在实际当中常存在着一些矛盾，例如技术上先进的机械价格却很高。因此在实际选用和配置过程中，必须根据企业的实际情况和侧重点进行合理的选择和配置。

（一）根据指标体系进行配置、选择

搬运车辆配置、选择的指标体系主要由 5 个部分组成，即技术指标、经济指标、组织性指标、适用性指标和人机关系指标。可根据使用中对各性能的要求不同进行科学合理的选择。

1. 技术指标

技术指标是反映搬运车辆的主要性能的指标，也是反映搬运车辆在技术性能、自动化程度、结构优化、环境保护、操作条件、现代新技术的应用等方面是否具有先进性的指标。每一种搬运车辆都有自己的技术指标，为此，在选择搬运车辆时应以搬运作业适用为前

提,根据不同要求和具体情况选择不同的技术指标。例如,在堆垛巷道较窄的仓库中选择叉车时,主要考虑的技术指标是叉车的宽度,这样叉车的宽度指标在选择中就占有较大的权重。

2. 经济指标

经济指标是指搬运车辆在购置和使用过程中所涉及的成本效益问题。任何搬运车辆的使用都受经济条件的制约,低成本是衡量搬运车辆的技术可行性的重要标志和依据之一。在多数情况下,搬运车辆的技术先进性与低成本可能会发生矛盾。但在满足使用的前提下应对技术先进与经济上的耗费进行全面考虑和权衡,做出合理的判断,这就需要进一步做好成本分析。

搬运车辆的成本费用主要包括原始费用和运行费用两大部分。原始费用是购置设备发生的一切费用,包括设备购置价格、运输费、调试费、备品备件购置费、人员培训费等;运行费用是维持设备正常运转所发生的费用,包括间接或直接劳动费用、服务与保养费用、能源消耗费用、维修费用等。在配置和选择设备时,需要同时考虑这两部分费用支出。然而,在实际中,许多时候往往只注意了搬运车辆的原始费用,而忽略了其运行费用。结果,造成搬运车辆整个寿命周期费用高,投资增大。

有些搬运车辆原始费用比较低,但其能源消耗量大、故障率高、维修费用高而导致运行成本很高;相反,有些搬运车辆的原始费用高,但其性能好、能耗小、维修费用低,因而运行成本较低。因此,全面考查搬运车辆的价格和运行费用,选择整个寿命周期费用低的搬运车辆,才能取得良好的经济效益。从搬运车辆的经济性考虑,一般情况下,电动叉车的购置费用较高,但其流动费用较低,经济寿命较长,总的经济性能良好。

3. 组织性指标

组织性指标是指搬运车辆作业和供货的及时性和可靠性。为了保证搬运车辆正常工作,在配置、选择搬运车辆时,必须考虑搬运车辆以及配件、备件的供应及时性和可靠性,维修网点、供应商服务内容等情况,以便最大限度地发挥搬运车辆的效能。

4. 适用性指标

适用性指标是搬运车辆满足使用要求的能力,它基本包括适应性和实用性。在配置与选择搬运车辆时,应充分注意到与搬运作业的实际需要,应符合货物的特性,适应货运量的需要,适应不同的工作条件和多种作业性能要求,操作使用灵活方便。因此,首先应明确搬运车辆的必要功能是什么,根据具体的作业任务来确定需要什么样的搬运车辆,做到搬运车辆作业配套,发挥各搬运车辆的效能。

所以,在配置与选择搬运车辆时应根据物流作业特点,找到必要功能,选择相应的搬运车辆。这样的搬运车辆才有针对性,才能充分发挥其功能。只有充分考虑使用要求,去选择搬运车辆的功能,才能充分体现搬运车辆的适用性,获得较大的投资效益。

5. 人机关系指标

人机关系指标也越来越受到人们的重视,对于人机关系问题的研究目前已经发展成为一个重要的科学分支——人机工程学,人机关系指标主要反映搬运车辆操作的舒适性。为此,在配置和选择搬运车辆时,要看搬运车辆外观是否符合现代美学观念,是否视野宽阔,是否给人以美的感受,是否容易操作,是否无噪声或具有较小的噪声等因素,从而选择具有较好舒适性的搬运车辆。

(二) 根据使用条件进行配置、选择

明确使用条件,可选择更合适的搬运车辆。一般考虑以下使用条件:

1. 作业场合

要明确所配置的搬运车辆是在室内、室外,还是在室内外作业;作业环境的温度、湿度、大气压力如何,是否易燃易爆;地面状况,有无坡道,地面、楼层或货梯的承载能力;通过空间情况,如门的最小尺寸(高×宽)、最低楼层的净空高度等。一般情况下,以室内作业为主且对路面要求较高的搬运作业常选择电动车辆,以室外作业为主的搬运作业常选择内燃机车辆。

2. 作业性质

要明确是搬运作业,还是码垛作业,或者两者都有;是货架存放还是堆叠码垛;最低层和最高层的堆放支撑高度;通道的最大和最小宽度等。

一般来说,高层货架可选择高架叉车或起升高度较高的叉车。

3. 作业的配套性

在搬运过程中,为了保证搬运高效、经济,要特别注意搬运车辆与整个搬运装卸系统的配套性,尽量做到在作业能力、作业时间等方面的配套。

4. 搬运距离

每一种搬运车辆都有经济搬运距离,因此,要明确搬运距离的大小。一般情况下,当搬运距离小于50m时,应该选择堆垛用起升车辆,如巷道堆垛机和叉车;当搬运距离在50~300m之间时,应选择堆垛用起升车辆和非堆垛用搬运车辆相搭配,如叉车和平台搬运车的搭配使用;当搬运距离超过300m时,应选用牵引车或平台搬运车进行搬运作业。

5. 搬运作业量

搬运作业量大小关系到搬运车辆应具有的作业能力,从而影响到所需配备的机械设备的类型和数量。作业量大时,应配备作业能力较强的大型搬运车辆;作业量小时,最好采用构造简单、造价低廉而又能保持相当生产能力的中小型通用搬运车辆;对于作业量很小的货物的搬运,可选用人力搬运车辆。

在考虑上述搬运车辆的配置、选择方法的同时,要根据企业实际情况和财力,综合各方面因素,进行经济、技术可行性评估,最终选定所需要的搬运车辆。

基础知识训练

1. 简述装卸搬运的特点。
2. 常用的起重设备有哪些?它们各自适用哪些工作场合?
3. 简述叉车的特点和作用。
4. 怎样合理配置各种搬运设备?

拓展阅读 6.1　汽车起重机是否属于特种设备

第七章

流通加工设施与设备

> **学习目标与要求**
>
> 1. 了解流通加工设备的功能与分类;
> 2. 掌握流通加工机械设备的种类和功能。

教学引导案例

"果蔬深加工"发展情况

果蔬烘干加工业是我国农产品加工业中具有明显比较优势和国际竞争力的行业,也是我国食品工业重点发展的行业。果蔬烘干加工业的发展不仅是保证果蔬产业迅速发展的重要环节,也是实现采后减损增值,建立现代果蔬产业化经营体系,保证农民增产增收的基础。

一、我国发展果蔬烘干加工业的重要意义

我国水果、蔬菜资源丰富,其中水果年产量近 7 000 万 t,蔬菜年产量约 5 亿 t,均居世界第一位。我国果蔬产业已成为仅次于粮食作物的第二大农业产业。

因此,果蔬加工业作为一种新兴产业,在我国农业和农村经济发展中的地位日趋明显,已成为我国广大农村和农民最主要的经济来源和新的经济增长点,成为极具外向型发展潜力的区域性特色、高效农业产业和我国农业的支柱性产业。

以目前我国果蔬产量和采后损失率为基准,若水果产后减损 15% 就等于增产约 1 000 万 t,扩大果园面积 66.7 万 hm^2;蔬菜采后减损 10% 就等于增产约 4 500 万 t,扩大菜园面积约 133.4 万 hm^2 则若使果蔬采后损耗降低 10%,就可获得约 550 亿元的直接经济效益;而果蔬烘干加工转化能力提高

10%,则可增加直接经济效益约 300 亿元。

由此可知,及时针对目前我国的优势和特色农业产业,积极发展果蔬烘干加工业,不仅能够大幅度地提高产后附加值,增强出口创汇能力,还能够带动相关产业快速发展,大量吸纳农村剩余劳动力,增加就业机会,促进地方经济和区域性高效农业产业健康发展。实现农民增收、农业增效,促进农村经济与社会的可持续发展,从根本上缓解农业、农民、农村"三农"问题,均具有十分重要的战略意义。

另外,我国果蔬生产已开始形成较合理的区域化分布,经过进一步的产业结构战略性调整,特别是通过加速西部大开发的步伐,我国果蔬产业"西移"已现端倪。要切实抓住"果蔬产业转移"的机遇,积极推进西部地区果蔬加工业的发展,为西部大开发作出贡献。

二、国外果蔬加工业发展趋势

发达国家越来越重视果蔬加工业,其发展趋势主要有以下几点。

1. 产业化经营水平越来越高

发达国家已实现了果蔬产、加、销一体化经营,具有加工品种专用化、原料基地化、质量体系标准化、生产管理科学化、加工技术先进化及大公司规模化、网络化、信息化经营等特点。同时,发展中国家果蔬加工业近年来也得到长足发展。

2. 热泵烘干加工技术与设备越来越高新化

近年来,生物技术、膜分离技术、高温瞬时杀菌技术、真空浓缩技术、微胶囊技术、热泵烘干技术、微波技术、真空冷冻干燥技术、无菌储存与包装技术、超高压技术、超微粉碎技术、超临界流体萃取技术、膨化与挤压技术、基因工程技术及相关设备等已在果蔬烘干加工领域得到普遍应用。先进的无菌冷罐装技术与设备、冷打浆技术与设备等在美国、法国、德国、瑞典、英国等发达国家果蔬深加工领域被迅速应用,并得到不断提升。这些技术与设备的合理采用,使发达国家加工增值能力明显地得到提高。

3. 深加工产品越来越多样化

发达国家各种果蔬深加工产品日益繁荣,产品质量稳定,产量不断增加,产品市场覆盖面不断地扩大,在质量、档次、品种、功能以及包装等各方面已能满足各种消费群体和不同消费层次的需求。多样化的果蔬深加工产品不但丰富了人们的日常生活,也拓展了果蔬深加工空间。

4. 资源利用越来越合理

在果蔬加工过程中,往往产生大量废弃物,如风落果、不合格果以及大量的果皮、果核、种子、叶、茎、花、根等下脚料。无废弃开发已成为国际果蔬加工业新热点。发达国家农产品加工企业都是从环保和经济效益两个角度对加工原料进行综合利用,将农产品转化成高附加值的产品。

如日本、美国、欧洲等发达国家和地区利用米糠生产米糠营养素、米糠蛋白等高附加值产品,增值 60 倍以上。利用麦麸开发戊聚糖、谷胱甘肽等高附加值产品,增值程度达

3～5倍,美国利用废弃的柑橘果籽榨取32%的食用油和44%的蛋白质,从橘子皮中提取和生产柠檬酸已形成规模化生产。美国ADM公司在农产品加工利用方面具有较强的综合利用能力,已实现完全清洁生产(无废生产),使上述原料得到综合有效的利用。

5. 产品标准体系和质量控制体系越来越完善

发达国家果蔬加工企业均有科学的产品标准体系和全程质量控制体系,极其重视生产过程中食品安全体系的建立,普遍通过了ISO 9000质量管理体系认证,实施科学的质量管理,采用GMP(良好生产操作规程)进行厂房、车间设计,同时在加工过程中实施了HACCP(危害分析和关键控制点)规范,使产品的安全、卫生与质量得到了严格的控制与保证。

三、我国果蔬加工业发展目标

我国果蔬生产仍将继续保持高速发展的势头,未来5～10年,我国果蔬加工业要在保证水果、蔬菜供应量的基础上,努力提高水果、蔬菜的品质并调整品种结构,加大果蔬采后储运加工力度,使我国果蔬业由数量效益型向质量效益型转变,既要重视鲜食品种的改良与发展,又要重视加工专用品种的引进与推广,保证鲜食和加工品种合理布局的形成;培育果蔬加工骨干企业,加速果蔬产、加、销一体化进程,形成果蔬生产专业化、加工规模化、服务社会化和科工贸一体化;按照国际质量标准和要求规范果蔬加工产业,在原料—加工—流通各个环节中建立全程质量控制体系,用信息、生物等高新技术改造提升果蔬加工业的工艺水平。

同时,要加快我国果蔬精深加工和综合利用的步伐,重点发展果蔬储运保鲜,以及果蔬汁、果酒、果蔬粉、切割蔬菜、脱水蔬菜、速冻蔬菜、果蔬脆片等产品及其果蔬皮渣的综合利用,加大提高果蔬资源利用率的力度。

资料来源:https://www.sohu.com/a/211766241_100012795

第一节 流通加工概述

流通加工是现代物流的主要环节和重要功能之一。一般认为,流通加工是在物品进入流通领域后,到达最终消费者或使用者之前,对物品所进行的物理性或化学性的加工。流通加工可以保证物品的质量,促进市场销售,提高物流速度和物品的利用率。

一、流通加工的定义、性质及其与生产加工的区别

1. 流通加工的定义

国家标准《物流术语》关于流通加工的定义为:物品在从生产地到使用地的过程中,根据需要施加包装、分割、计量、分拣、组装、价格贴付、标签贴付、商品检验等简单作业的总称。

2. 流通加工的性质

流通加工在现代物流系统中主要担负的任务是提高物流系统对于用户的服务水平，有提高物流效率和使物流活动增值的作用。

(1) 流通加工的出现与现代生产方式有关

生产的集中化进一步引起产需之间的分离，生产与消费之间存在着一定的空间差、时间差。少品种、大批量、专业化产品往往不能与消费者需要密切衔接，弥补这一分离的方法就是流通加工。

(2) 流通加工的出现与现代社会消费的个性化有关

随着经济增长、国民收入增加，消费者的需求出现多样化和个性化，生产过程的加工制造常常不能满足消费的需求，于是加工活动开始向流通领域转移，在发达国家的物流中心里存在大量的流通加工业务。

3. 流通加工与生产加工的区别

流通加工是在流通领域进行的简单生产活动，具有生产制造活动的一般性质。但是，从根本上说二者之间有着明显的区别。生产加工改变的是加工对象的基本形态和功能，是一种创造新的使用价值的活动。流通加工并不改变商品的基本形态和功能，是一种完善商品使用功能、提高商品附加价值的活动。二者之间的区别如表 7-1 所示。

表 7-1 流通加工与生产加工的区别

项　目	流 通 加 工	生 产 加 工
加工对象	进入流通过程的商品	原材料、半成品、零配件
所处环节	流通过程	生产过程
加工难度	简单	复杂
价值	完善或提高价值	创造价值及使用价值
加工单位	流通企业	生产企业
目的	促进销售、维护产品质量、实现物流高效率	消费

二、流通加工产生的原因

流通加工之所以产生，并且成为物流领域的一个主要环节和重要的功能活动的根本原因，就在于它可以促进物流效率化的提高和满足消费者多样化的需求，同时也可以给流通企业带来效益。具体而言，流通加工产生的原因有以下几个方面。

1. 弥补生产加工的不足

生产环节的加工往往不能完全满足消费者的需求。原因如下：

第一，生产资料的品种众多、规格多样、型号复杂，但仍然不可能满足生产需求的多样性；

第二，商品生产企业数量众多、分布面广，技术水平不一，产生供给与消费之间的差距；

第三，社会需求日趋复杂多样，生产企业不可能完全满足消费者对品种、花色、单位包装量和规格型号等的需要。

合理有效的流通加工可以有效地弥补上述不足，满足消费者的多样化需求。

2. 方便客户的使用

在流通加工未产生之前，满足客户生产或消费需求的活动，如混凝土加工、钢板预处理等，一般由使用者或销售者承担。这不仅会增加下一生产环节的用时，还会因为设备投资大、利用率低和加工质量低而影响企业的经济效益，造成资源的浪费。这样的加工环节由流通环节来完成，可以根据使用部门的具体要求，将物品加工成可以直接供消费者使用的形式。

3. 增加流通企业的效益

通常情况下，物流环节不能直接创造价值。物流企业的利润一般只能通过向货主企业提供物流服务的途径而从生产企业的利润中转移过来。对于物流企业来说，发展流通加工就成为创造价值、增加收益的一种理想的选择。

物流企业不仅可以通过运输、保管、配送等物流功能获得一部分从生产企业转移过来的价值，还能通过流通加工创造新的价值，从而获得更大的利润，这正是流通加工产生和发展的根本动力。

4. 创造更加方便的配送条件

配送是指流通加工、整理、拣选、分类、配货、末端运输等一系列活动的总和。配送中心的服务能力在很大程度上受流通加工设备的种类、数量、技术先进程度等形成的加工能力的制约。

因此，流通加工就成为配送中心发展的前提，对配送中心业务的开展具有重要的影响。设备完善、技术先进的流通加工，可以为配送创造更加方便的条件，提升配送的效率，增加配送企业的经济效益。

三、流通加工的目的

流通加工可以提高物流活动的效率，满足消费者的多样化需求，同时还可以增加物流企业的经济效益。其目的具体表现在以下几个方面。

1. 强化流通阶段的保管功能

食品类商品的保鲜包装、罐装食品的加工等，可以延长食品的保鲜期。

2. 回避流通阶段的商业风险

钢板、玻璃等产品的剪裁一般都是在接到客户的订单后才进行，这样就可以有效地避免商业上的风险。

3. 提高商品附加价值

蔬菜等原材料经过深度加工,加工成半成品,稻米经过精加工,加工成免淘米等流通加工活动,可以明显提高产品的附加价值。

4. 满足消费者多样化的需求

例如,不同顾客对于商品的包装量有不同的要求,通过改变商品的包装量,就可以满足不同的消费者的需求。

5. 提高运输保管效率

组装型商品,如组合家具等商品的运输和保管都采用散件形态,待出库配送前或者到达客户后再进行组装,这样可以大大提高运输工具的装载率和仓库的保管率。

随着科学技术的发展和技术革新的开展,流通加工的形式也在不断地增加,并且对流通领域产生了重大的影响。一种全新的生产流通模式已经出现,并且以较快的速度发展,这就是在生产制造工厂并不完成加工对象的完全商品化,而是在最靠近消费者的地方才完成随后阶段的制品化工作。

总而言之,流通加工在提高物流效率、满足消费者多样化需求,以及降低物流成本、增加物流企业效益方面的作用会不断加大。

四、流通加工的类型

采用不同的标准,可以将流通加工划分为不同的类型。

(一)按照流通加工的目的划分

随着流通加工对物流服务功能的增强,流通加工的种类已经越来越多,服务范围也更加广泛。按照流通加工目的的不同,可以将流通加工划分为以下几种类型。

1. 为弥补生产领域加工不足的深加工

在生产领域只能加工到圆木、板、方材这个程度,进一步的下料、切裁、处理等加工则由流通加工完成。

2. 为满足需求多样化而进行的服务性加工

例如,对钢材卷板的舒展、剪切加工;平板玻璃按需要规格的开片加工。

3. 为保护产品所进行的加工

例如,水产品、肉类、蛋类的保鲜、保质的冷冻加工、防腐加工等;丝、麻、棉织品的防虫、防霉加工等。还有,如为防止金属材料的锈蚀而进行的喷漆、涂防锈油等措施,运用手工、机械或化学方法除锈,木材的防腐朽、防干裂加工等。

4. 为提高物流效率,方便物流进行的加工

有些商品本身的形态使之难以进行物流操作,而且商品在运输、装卸搬运过程中极易受损,因此需要进行适当的流通加工加以弥补,从而使物流各环节易于操作,提高物流效率,降低物流损失,如造纸用的木材磨成木屑的流通加工。

5. 为促进销售的流通加工

如对贝类挑选、除杂,使用粮食加工除杂机去除杂质;将过大包装或散装物分装成适合依次销售的小包装的分装加工。

6. 为提高加工效率的流通加工

许多生产企业的初级加工由于数量有限加工效率不高,也难以投入先进科学技术。流通加工以集中加工的形式,解决了单个企业加工效率不高的弊病。

7. 为提高原材料利用率所进行的流通加工

一些生产企业的初级加工由于数量有限,原材料加工利用率不高。而流通加工以集中加工的形式,解决了单个企业利用率不高的弊病。如将鱼类的内脏加工成某些药物或饲料、将鱼鳞加工成高级黏合剂等。

8. 衔接不同的运输方式,使物流合理化的流通加工

如散装水泥中转仓库把散装水泥装袋、将大规模散装水泥转化为小规模散装水泥的流通加工,就衔接了水泥厂大批量运输和工地小批量装运的需要。

9. 以提高经济效益,追求企业利润为目的的流通加工

流通加工的一系列优点,使其可以形成一种"利润中心"的经营形态,这种类型的流通加工是经营的一环,在满足生产和消费要求基础上取得利润,同时在市场和利润引导下使流通加工在各个领域中能有效地发展。

10. 生产与流通一体化的流通加工形式

如混凝土搅拌车可以根据客户的要求,把沙子、水泥、石子、水等各种不同材料按比例要求装入可旋转的罐中。在配送路途中,汽车边行驶边搅拌,到达施工现场后,混凝土已经均匀搅拌好。

(二)按照流通加工的对象划分

按照流通加工对象的不同,可以将流通加工划分为以下几种类型。

1. 生产资料的流通加工

(1)钢材的流通加工

钢材流通加工主要是指为了方便客户使用,对板材、线材所进行的集中下料加工,以及线材的冷拉加工等。

（2）水泥的流通加工

水泥的流通加工是指利用水泥加工机械和水泥搅拌运输车加工、运输混凝土。这种方式既可以节省现场作业空间，又可以降低成本。

（3）木材的流通加工

木材的流通加工包括磨制木屑压缩运输和集中开木下料两种主要的方式。前者主要适用于造纸木浆的原料——木屑的运输，后者则是将原木开裁成各种规格的锯材，以方便运输和适应客户的不同需要，还可以充分利用碎木屑加工成合成板。

另外，平板玻璃、铝材等也可进行类似的流通加工。

2. 消费资料的流通加工

消费资料的流通加工包括纤维制品的缝制、熨烫和加贴标签，以及家具的组装等。这种流通加工可以提高服务水平，同时也可以提高物流效率。

3. 食品的流通加工

食品的流通加工的类型多样。既有为了保鲜而进行的流通加工，也有为了提高物流效率的流通加工，还有半成品、快餐食品的流通加工。

（1）冷冻加工

冷冻加工是指利用低温冷冻的方式，解决鲜肉、鲜鱼在流通中的保鲜和搬运装卸问题所进行的加工。

（2）分选加工

分选加工是指对农副产品等利用人工或机械的方式所进行的分选，以获得一定规格的产品的流通加工。

（3）精致加工

精致加工是指在产地或销售地设置加工点，对农副产品进行的择选、切分、洗净、分装等提高产品附加值的流通加工。

（4）分装加工

分装加工是指为了满足消费者对不同包装量的需求，将大包装量的货物改为小包装量的流通加工。

第二节　常用的流通加工设备

一、流通加工设备概述

流通加工是为了提高物流速度和物品的利用率，在物品进入流通领域以后，按照客户要求进行的加工活动。为了促进销售、维护商品质量和提高物流效率，对物品进行一定程度的加工。流通加工的内容一般包括袋装、定量化小包装、贴标签、配货、拣选、分类、混装、刷标记等。生产的外延流通加工包括剪断、打孔、折弯、拉拔、组装、改装、配套以及混凝土搅拌等。

流通加工设备是指完成流通加工任务的专门机械设备。在流通加工过程中,尽管由于流通加工设备的使用而发生商品实体损耗和价值转移,但通过对流通中的商品进行加工,可以改变或完善商品的原有形态来实现生产与消费的桥梁和纽带作用,并使商品在流通过程中的价值增值,利用流通加工设备实现流通加工的特殊作用。

二、流通加工设备的分类

按照不同的标准,流通加工设备可以分成不同的种类。

(一)按流通加工形式分类

1. 冷链设备

冷链设备是采用低温冷冻方法对生鲜产品进行保护性加工的设备,比如组合式保鲜冷库提供最适合蔬菜、水果等新鲜农产品呼吸的温湿度,始终保持蔬菜、水果等农产品或其他类需要保鲜的物品的新鲜度。

2. 分选加工设备

分选加工设备是根据农副产品的规格、质量离散较大的情况,为了获得一定规格的产品而采取的分选加工的设备。

3. 精制加工设备

精制加工设备是主要用于农、牧、副、渔等产品的切分、洗净、分装等简单加工的设备。比如将洗净的海鲜切成片,然后进行晒干分装的过程中所用到的一部分设备。

4. 剪切加工设备

剪切加工设备是进行下料加工或将大块的钢板裁小或裁成毛坯的设备,如剪板机。

5. 分装加工设备

分装加工设备是为了方便销售,在销售地按照销售要求而进行大包装改成小包装、运输包装改成销售包装等加工的设备。

6. 集中下料设备

以对木材的集中下料为例,集中下料设备是在流通加工中将原木材锯成各种型材,同时将碎木碎屑集中起来加工成各种规格的板材,还可以进行打眼、凿孔等初级加工的设备。

7. 配煤加工设备

配煤加工设备是将各种煤及一些其他发热物质按不同的配方进行掺配加工,生产出各种不同发热量燃料的设备。目前很多火力发电厂都在进行配煤加工研究和实践。

(二) 按流通加工对象分类

按照加工对象的不同,流通加工设备可分为以下几种类型:

1. 生鲜食品流通加工设备

生鲜食品流通加工设备可分为冷冻加工设备、分选加工设备、精制加工设备和分装加工设备。

2. 木材加工设备

针对木材自重轻、运输体积大、车船满载困难、装车捆扎不易的特点,木材加工设备主要用来对其进行磨制、压缩、锯裁等加工。

3. 玻璃加工设备

在流通中,玻璃的加工设备主要是指对玻璃进行加工,包括各种各样的切割机在内的专用机械。进行精加工还需清洗机、磨边机、雕刻机、烤花机、拉管机、分选机、堆垛机、瓶罐检验包装设备、玻璃技工工具、金刚石砂轮等。

4. 水泥加工设备

通过输入熟料并在流通加工点使用粉磨加工设备进行磨细,按照实际情况进行配料加工,以满足客户要求,这是水泥流通加工的重要形式。集中搅拌供应商品混凝土是水泥加工的另一种重要形式,主要设备包括混凝土搅拌机械、混凝土搅拌站、混凝土输送车、混凝土输送泵、车泵等。

5. 金属加工设备

某些金属材料的长度、规格不完全适合用户,若采用单独剪板下料方式,设备闲置时间长、人力消耗大,而采用集中剪板、集中下料方式,可以避免单独剪板的一些弱点,提高材料利用率。流通中进行加工的金属材料主要有钢铁、铜材、铝材、合金等。金属加工设备是对上述金属进行剪切、折弯、下料、切削加工的机械,它主要分为成型设备和切割加工设备等。

6. 煤炭加工设备

这类设备主要包括除矸加工设备、管道输送煤浆加工设备、配煤加工设备等。

7. 机械产品及零配件流通加工设备

这类设备主要有组装加工设备、石棉橡胶板的开张成型加工设备等。

8. 其他通用流通加工设备

这类设备主要有裹包集包设备,如裹包机、装盒机;外包装配盒设备,如钉箱机、打带机；印贴条形码标签设备，如网印设备、喷印设备、条形码打印机；拆箱设备，如拆箱机、拆柜工具；称重设备，如称重机、地磅等。

三、常见的几种流通加工设备

（一）冷链设备

冷链设备是将生鲜、易腐品在低温冷藏条件下由产地、捕捞地送至零售卖场、家庭而采用的运输、储存设备的总称。运用冷链设备进行生鲜等物品的运输、储存，可以有效控制物品在物流过程中的温度，在保持物品鲜度的同时，还可以减少因物品鲜度下降、变色、变质、腐烂等带来的损耗，降低运营成本。冷链设备主要用于食品工业、医学界及免疫系统，常用的冷链设施设备有冷库、冷藏车及冷藏箱等。

1. 冷库

冷库是用于制冷并能人为控制和保持稳定低温的设施，是储藏保鲜物品的场所。库房良好的隔热保温结构，可以最大限度地减少制冷设备制造的冷量向库外泄漏，反过来，也可以尽量减少库外热量向库内泄漏。

我国冷库种类繁多，可以按照以下方式进行分类：

（1）按库房容积大小可分为大型、中型和小型冷库。

（2）按制冷机使用的制冷剂不同可分为使用氨制冷剂的氨机库和使用氟制冷剂的氟机库。

（3）按冷库的温度高低可分为低温库和高温库。

（4）按冷库内分配器的形式可分为排管冷库和冷风机冷库。

（5）按库房的建筑方式可分为土建冷库、装配冷库和土建装配复合式冷库。

2. 冷藏车

冷藏车是在有保温层的封闭式车厢上装有强制冷却装置（制冷机）的汽车，如图 7-1 所示。冷藏车能在长时间运输中使车厢内货物保持一定温度，适用于要求可控低温条件货物的长途运输。它的特点是：车体隔热，密封性好，车内有冷却装置，在温热季节能在车内保持比外界气温低的温度。冷藏车在寒季还可以用于不加冷保温的运送或加温运送，使车内保持比外界气温高的温度。

目前我国的冷藏车有加冰冷藏车、机械冷藏车和冷冻板冷藏车。

从冷藏车的发展趋势来看，节能和注重环保将是冷藏车技术发展的主要方向。冷藏汽车厢体的总传热系数必须达到 A 级，并且要接近和达到国际水平，从环保和节能的角度考虑，所有聚氨酯材料的发泡剂都必须由无氟材料来取代，新能源冷藏车的比例会有所增加。

3. 冷藏箱

冷藏箱广泛应用于医院、宾馆、汽车、家庭等场所。

根据制冷机制的不同，冷藏箱可以分为压缩式、半导体式和吸收式三种类型，如图 7-2 所示为吸收式冷藏箱。

按照应用类型还可以分为保鲜冷藏箱、防疫冷藏箱、疫苗冷藏箱、采样冷藏箱、血液冷藏箱、药品冷藏箱（如图 7-3 所示）、车载冷藏箱、家用冷藏箱、化妆品冷藏箱（如图 7-4 所示）和（超）低温冷藏箱等。

图 7-1　冷藏车样例

图 7-2　吸收式冷藏箱样例

图 7-3　药品冷藏箱样例

图 7-4　化妆品冷藏箱样例

（二）混凝土搅拌设备

一座现代化的商品混凝土工厂由大型机械化的砂石骨料堆放场、水泥筒仓，以及高度机械化、自动化的搅拌楼（站）组成。

通常混凝土工厂的成套设备主要有"一站三车"。"一站"即混凝土搅拌楼（站），由其完成对原材料的预处理、供给、计量及对混合料的搅拌等，一般由计算机控制与管理。"三车"是指：混凝土搅拌输送车，由其完成混凝土自搅拌楼（站）至施工区的水平输送；混凝土输送泵车，由其完成混凝土自施工区至浇筑地点的水平和垂直输送；散装水泥输送车，由其将散装水泥自水泥厂送至搅拌楼（站）的水泥筒仓。

1. 混凝土搅拌楼（站）

混凝土搅拌楼（站）是用来集中搅拌混凝土的联合装置，如图 7-5 所示。由于其机械化、自动化程度很高，所以生产率也很高，并能保证混凝土的质量和节省水泥，故常用于混凝土工程量大、施工周期长、施工地点集中的大中型水利电力工程、桥梁工程、建筑施工等。

2. 混凝土搅拌机

混凝土搅拌机如图 7-6 所示，它适用于各类中、小型预制构件厂及公路、桥梁、水利、码头等工业及民用建筑工程，除作为单机使用外，还可与配料机组合成简易搅拌站。

图 7-5　混凝土搅拌楼样例

图 7-6　混凝土搅拌机样例

3. 混凝土搅拌输送车

混凝土搅拌楼（站）生产的混凝土需要输送到施工现场，并且在输送过程中混凝土拌合物不得发生分层离析与初凝。混凝土搅拌输送车就是适应这一要求的专用机械，如图 7-7 所示。

4. 混凝土输送泵车

混凝土输送泵车是在拖式混凝土输送泵基础上发展起来的一种专用机械设备，如图 7-8 所示。它的应用将混凝土的输送和浇筑工序合二为一，节约了劳动和时间，可同时完成水平和垂直运输，省去了起重设备。

图 7-7　混凝土搅拌输送车样例　　　　　图 7-8　混凝土输送泵车样例

（三）金属加工设备

流通领域的金属加工设备主要是指对金属进行剪切、弯曲、下料、切削加工的机械,应用较多的是剪板机、折弯机和冲剪机。由于钢铁厂生产的钢材都是按照统一规格生产的,规格和卷重较大。利用剪板机可以将大规格的钢材裁小或剪切成毛坯,降低了销售门槛,便于用户采购使用。

1. 剪板机

剪板机是在各种板材的流通加工中应用比较广泛的一种剪切设备,如图 7-9 所示。它能剪切各种厚度的板材,其工作过程主要是板料在剪板机的上、下刀刃作用下受剪,产生分离变形。一般剪切时下剪刀固定不动,上剪刀向下运动。钢板剪切机的类型,按照工艺用途,可分为多用途剪板机和专用剪板机;按照传动方式不同,可以分为机械传动式和液压传动式剪板机;按上下刀片的相对位置,可以分为平刃和斜刃剪板机;按刀架运动方式,可以分为直线式和摆动式剪板机。

2. 折弯机

折弯机如图 7-10 所示,主要用于板料、带料的折弯成形加工。

3. 冲剪机

冲剪机如图 7-11 所示,它采用机械传动,机架为钢板焊接结构,有足够的强度和刚度,能对方钢、圆钢、槽钢、工字钢、角钢等进行剪切、冲孔、模剪。

（四）玻璃加工设备

流通领域的玻璃加工设备主要是指对玻璃进行切割的各种专用机械。平板玻璃的"集中套裁、开片供应"是重要的流通加工方式,这种加工方式可以大大提高平板玻璃的利用率。

图 7-9　液压传动式剪板机样例　　图 7-10　数控折弯机样例　　图 7-11　冲剪机样例

玻璃切割机的种类很多,大多数玻璃套裁中心都装备有全自动数控玻璃切割机,如图 7-12 所示。全自动数控玻璃切割机从取玻璃、切割玻璃,到分离玻璃都由计算机自动控制,操作简单方便,生产效率高。

此外,还有一种万能水切割机,如图 7-13 所示,适用于玻璃、石材等的切割加工。它采用超高压水枪进行切割加工,能够用于切割任意平面图形和文字,切割的物体表面平整、光洁,设备操作方便,无粉尘污染。

图 7-12　全自动数控玻璃切割机样例　　图 7-13　万能水切割机样例

(五) 木材加工设备

对木材进行加工的设备主要有以下两种。

1. 磨制、压缩木屑设备

木材是容重轻的物资,在运输时占用相当大的容积,往往使车船满装而不能满载,同时,装车、捆扎也比较困难。从林区外送的原木中有相当一部分是造纸树,美国采取在林木生产地就地将原木磨成木屑,然后采取压缩方法使之成为容重较大、容易装运的形状,然后运至靠近消费地的造纸厂,取得了良好的效果。根据美国的经验,采取这种方法比直接运送原木节约一半的运费。

2. 锯木设备

在流通加工点利用木锯机等设备将原木锯裁成各种规格锯材,将碎木、碎屑集中加工成各种规格板,还可以根据需要进行打眼、凿孔等初级加工,有相当大的经济效果。

木工锯机是用有齿锯片、锯条或带齿链条切割木材的机床,如图 7-14 所示。锯机按刀具的运动方式可分为刀具作往复运动的锯机,包括线锯机和框锯机;刀具作连续直线运动的锯机,包括带锯和链锯;刀具做旋转运动的锯机,即各种圆锯。

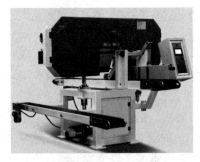

图 7-14 木锯机样例

基础知识训练

1. 简述流通加工与生产加工的区别与联系。
2. 举例说明流通加工设备的种类和用途。

拓展阅读 7.1 嘉诚国际拟投资 16 亿元在海南洋浦投建数智加工流通中心项目

第八章

物流信息技术设备

学习目标与要求

1. 了解物流信息的特点和作用,掌握物流信息标准化的含义和体系内容;
2. 了解条形码技术的概念和功能,掌握条形码设备的类别和在物流中的应用;
3. 熟悉射频识别系统的组成,掌握射频识别技术在物流中的应用;
4. 了解EDI技术、POS系统、自动跟踪技术等的原理和系统构成。

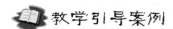

智能化改革是物流行业的必经之路

近年来,以冷链物流、医药物流、汽车物流和服装物流为代表的精细物流智能化诉求强烈。国家标准化管理委员会发布的"2010年国家标准制修订计划"中涵盖冷链物流、钢铁物流、汽车及零部件物流、应急物流、货架、仓储技术等领域。

一、我国冷链运输损耗高,智能化能够实现监督和预警

相比于国际水平我国冷链物流处于发展初期,生鲜运输损耗严重。我国综合冷链应用率仅为19%,果蔬、肉类、水产品冷链流通率分别为5%、15%和23%。美、日等发达国家蔬菜、水果冷链流通率超过95%,肉禽冷链流通率接近100%。落后的冷链物流造成严重浪费,据统计,我国果蔬、肉类、水产品腐损率分别为20%~30%、12%、15%,发达国家为5%左右水平。若通过冷链物流使腐损率达到发达国家水准,果蔬、肉类和水产品供给将分别增长19%~36%、8%、12%。

智能化是我国冷链物流的一大短板。冷链物流处于领先地位的加拿大成功的关键因素之一是建有农产品信息系统，包括仓库管理系统、电子数据交换系统、运输管理系统、全球定位和质量安全可追溯系统等，实现信息化、自动化和智能化，物流、商流和信息流三流合一，从而提高物流效率，降低损耗。最新的智能化冷链物流成果是GPRS+GPS双模块智能一体化冷链监控系统，它能够对离散分布的冷链系统进行集群化管理，实现提前预警。

二、智能化是提高医药物流效率的必备要素

我国医药出厂价格占零售价格的比例不高，中成药出厂价格一般为零售价格的20%～25%，化学药品一般为10%～20%。零售价格高企的重要原因之一是物流成本较高，2012年我国医药制造业物流费用率为11.6%，高于同期日本1.7%的水平。医药是特殊商品，品种复杂、形态各异，同时运输也有差异化要求，比如稳定性要求、时间性要求和冷藏要求等。传统医药物流主要由医药厂商自营，规模小，重复建设严重，组织低效高耗，难以形成整体效应。引入智能化对原有物流进行改造，提高效率、降低成本是药企未来发展的必经之路。

三、集约化和智能化改革打开汽车零部件供应物流发展空间

国内较常见的汽车零部件供应物流模式是供应商自营物流，整车厂商根据生产计划将需求传送至零部件供应商，由供应商进行物流组织。整车厂零部件供应商众多，单个供应商运输量较小，无法合并集货，物流浪费严重。引入智能化第三方物流后，物流企业在整车厂附近建立物流中心，同时在原材料供应商、零部件供应商和整车厂商之间搭建包含各种零部件品类、数量信息的平台。根据整车厂生产计划适时将各供应商零部件运送至中间仓库储存，集中调配提供给整车厂。

四、服装短周期、强周转特性催生智能物流诉求

服装销售具有周期性和季节性，周转速度快，容易产生大量库存积压，因此采取有效的物流管理能降低库存成本。我国服装库存成本较高，部分服装厂商库存额几乎与销售额持平，浪费严重。西班牙Inditex旗下品牌Zara对服装进行供应链管理，两周内完成从设计到进店全流程，借此实现弯道超车，使Inditex成为全球排名第一的服装零售集团。

资料来源：http://www.i56r.com/new/40112

第一节　物流信息概述

一、物流信息的内涵

（一）物流信息的概念

信息，从广义上讲，是事物存在方式和运动状态的反映，即信息是对世界一切事物及

其运动变化状态的客观描述,是对客观事物之间相互作用、相互联系的反映,是客观事物的表征。从狭义上讲,信息是指反映事物存在和运动差异的对解决问题有用的,可以被理解的、被接收的新的情报与消息的总称,即信息是信息资源客观性与信息接收源主观认识的统一,是人类对事物认识过程中不确定性的消除和减少,同时又是具有较强时效性和有用性的消息内容。

中华人民共和国国家标准《物流术语》中对物流信息的定义为,"物流信息是反映物流各种活动内容的知识、资料、图像、数据、文件的总称。"物流信息是伴随物流活动产生的,在运输、仓储、配送、流通加工、包装、搬运等环节都会产生大量的信息,而这些信息又对物流活动的正常运作提供了支撑。

(二)物流信息的功能

1. 交易功能

交易活动包括记录订货内容、安排存货任务、作业程序选择、装船、报价、收费以及客户查询等。物流信息的交易功能就是记录物流活动的基本内容,其主要特征是程序化、规范化、交互性,强调整个信息系统的效率和集成性。

2. 管理功能

物流服务水平的高低和质量,在很大程度上依靠信息进行控制。建立完善的考核指标体系对作业计划和绩效进行评价和鉴别,是物流信息的一项重要功能。

3. 分析功能

物流信息可以用来协助管理人员鉴别、评估和比较物流作业的水平,是管理人员事后对物流作业进行分析的重要依据,是对物流计划进行不断修正和改进的根据之一。

4. 战略功能

物流信息的重要性还体现在对高层管理人员在战略决策的帮助上。物流信息来自物流活动,经过提炼和挖掘所反映出的信息对物流管理决策往往具有重大的意义,是高层管理者进行战略方案选择时的重要参考。

(三)物流信息的分类

1. 根据物流的功能划分

物流活动的基本要素包括运输、仓储与保管、装卸搬运、包装、配送、流通加工等,其中每个环节都产生大量的信息,同时也需要大量的信息支持,如运输中的里程、运价等,仓储中的库存信息等。

2. 根据物流信息的来源划分

(1)物流系统内部信息

物流内部活动信息主要是指伴随着物流活动而产生的信息,如采购的数量、供应商的资料等采购信息，下游经销商的订货量、订货时间等销售信息。这些信息量非常大，并以网络式传递，如图 8-1 所示。

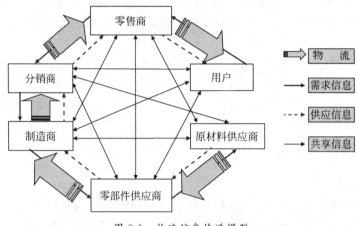

图 8-1　物流信息传递模型

(2) 物流系统外部信息

物流系统外部信息是指在物流活动之外，对物流活动能够产生影响的信息，如国家产业发展政策、物流人才的培养等宏观信息，甚至包括天气和道路交通情况等具体的微观信息等。

3. 根据物流信息的层次划分

(1) 操作管理信息

操作管理信息主要是指由具体作业层面产生和运用的信息，如运输中车辆的调度管理、仓库的出入库信息等。

(2) 一般行业信息

一般行业信息是指行业规定、技术以及行业内的信息，如竞争对手的信息、国家的规定和政策的变化等。

(3) 决策管理信息

决策管理信息是指通过信息技术整理得出的具有决策参考价值的重大信息，如公司的经营数据、包括财务信息在内的机密数据，它们是高层进行战略决策的依据之一，只有高层的管理人员才可以看到。

二、物流信息的特点

物流活动离不开物流信息的支持，特别是现代物流中，物流信息更加丰富，其主要特点有以下几个方面：

1. 信息量大

物流信息随着物流活动以及商品交易活动展开而大量产生。多品种、少批量生产和多频度、小数量配送,使库存、运输等物流活动的信息大量增加。零售商广泛应用 POS 系统读取销售时的商品品种、价格、数量等即时销售信息,并对这些销售信息进行加工整理,通过 EDI 向相关企业传送。同时,为了使库存补充作业合理化,许多企业采用 EOS 系统。随着企业间合作倾向的加强和信息技术的发展,物流信息的信息量在今后将会越来越大。

2. 信息分布广

物流信息存在于物流的各个环节,由于运输的空间效应,物流信息有时可能跨越的空间巨大,在地理上分布遥远。由于物流各环节构成一个系统,系统内部信息丰富,而系统外的信息也可能影响到物流活动,因此物流所及之处皆存在物流信息,甚至超出物流本身活动的范围。

3. 信息种类多

物流活动的多样化决定了物流信息的种类繁多。从采购到生产直至成品的销售,其中既有运输信息,又有仓储信息,还有销售信息。不仅组织内部的信息,甚至相关机构和组织的物流信息也非常重要。而且这些信息有的是原始信息,有的是加工后产生的信息。

4. 信息动态性强

物流的动态性决定了物流信息的动态性非常强,更新速度很快。特别是在现代物流中,运输速度加快,即时销售使得各种作业活动频繁发生,仓储由"静态"变为"动态",所有信息变化快,物流信息不断更新,而且客户的要求也非常高。

三、物流信息的地位和作用

物流信息是物流系统的功能要素之一,其地位与作用表现在以下两方面:

(一)物流信息是物流系统整体的中枢神经

物流系统是一个有着自身运动规律的有机整体。物流信息经收集、加工、处理,成为系统决策的依据,对整个物流活动起着运筹、指挥和协调的作用。如果信息失误,则运筹、指挥活动便会失误。

(二)物流信息是物流系统变革的决定性因素

物流是国民经济的服务性系统,社会经济秩序的变革必将要求现有的物流系统结构、秩序随之变革。物流信息化既是这种变革的动力,也是这种变革的实质内容。物流信息系统是把各种物流活动与某个一体化过程连接在一起的通道。

四、物流信息标准化

（一）物流信息标准化的含义

物流信息标准化是指以物流为一个大系统，制定系统内部设施、机械装备，包括专用工具等的技术标准，包装、仓储、装卸、运输等各类作业标准，以及作为现代物流突出特征的物流信息标准，并形成全国以及和国际接轨的标准化体系。

物流信息标准化包括以下三个方面的含义：

(1) 从物流系统的整体出发，制定其各子系统的设施、设备、专用工具等的技术标准，以及业务工作标准。

(2) 研究各子系统技术标准和业务工作标准的配合性，按配合性要求，统一整个物流系统的标准。

(3) 研究物流系统与相关其他系统的配合性，谋求物流大系统的标准统一。

（二）物流信息标准化的意义

通过物流信息标准化，制定出不同物流系统之间信息交流与处理的标准协议或规则，作为跨系统、跨行业和跨地区的物流运作桥梁，以顺利实现企业间的物流信息数据的交流、不同地区间物流信息的交流、供应链系统间信息的交流、不同物流软件系统的信息交流等，最终达到物流系统集成和资源整合的目的。

（三）物流信息标准化的形式

1. 简化

简化是指在一定范围内缩减物流信息标准化对象的类型数目，使之在一定时间内满足一般需要。

2. 统一化

统一化是指把同类事物的若干表现形式归并为一种或限定在一个范围内。统一化的目的是消除混乱。

3. 系列化

系列化是指按照用途和结构把同类型产品归并在一起，使产品品种典型化；把同类型的产品的主要参数、尺寸，按优先数理论合理分级，以协调同类产品和配套产品及包装之间的关系。系列化是使某一类产品的系统结构、功能标准化形成最佳形式。系列化是改善物流、促进物流技术发展最为明智而有效的方法。

4. 通用化

通用化是指在互相独立的系统中，选择与确定具有功能互换性或尺寸互换性的子系统或功能单元的标准化形式,互换性是通用化的前提。通用程度越高,对市场的适应性越强。

5. 组合化

组合化是按照标准化原则,设计制造若干组通用性较强的单元,再根据需要进行合并的标准化形式。对于物品编码系统和相应的计算机程序同样可通过组合化使之更加合理。

（四）物流信息标准化体系

物流信息标准化体系主要由基础标准、工作标准、管理标准和技术标准以及单项标准构成。下面介绍几个关键的物流信息标准。

1. 物流术语标准

物流用语常常因国家、地区、行业、人员的不同而具有不同含义,在传递物流信息时可能引起误解和发生差错,因此,必须统一物流专业术语,为物流信息交流提供标准化的语言,这是物流信息标准化的基础工作。2001年8月中国物流与采购联合会和中国物流学会颁布施行的《物流术语》国家标准,收入并确定了当前物流领域已基本成熟的145条术语及其定义,为我国物流信息标准化创造了一个良好的开端。

2. 物流信息分类编码标准

物流信息分类编码标准是物流信息标准化工作的一个专业领域和分支,核心就是将大量物流信息进行合理化的统一分类,并用代码加以表示,构成标准信息分类代码,便于人们借助代码进行手工方式或计算机方式的信息检索和查询,这是物流信息系统正常运转的前提。

3. 物流信息采集标准

对物流信息的采集方法、手段、格式等进行统一规定,如在条形码标准中,对使用条形码的种类、使用范围以及每种条码的排列规则、起始符、终止符、数据符、校验符和空白区等参数进行规定,并统一条码的阅读和处理程序标准等。

4. 物流信息传输与交换标准

对物流信息的通信协议、传输方式、传送速度、数据格式、安全保密、交换程序等进行统一规定。

5. 物流信息记录与存储标准

对物流信息的记录、存储和检索模式等进行规定。如对存储介质、存储形式、存储过程、数据库类型、数据库结构、索引方法、压缩方式、查询处理、数据定义语言、数据查询语言、数据操纵语言、完整性约束等制定统一标准。

6. 物流信息系统开发标准

对物流信息系统的需求分析、设计、实现、测试、制造、安装检验、运行和维护等建立标准或规范。

7. 物流信息安全标准

为防止或杜绝对物流信息系统(包括设备、软件、信息和数据等)的非法访问(包括非法用户的访问和合法用户的非法访问)而制定一系列技术标准。

8. 物流信息设备标准

对交换机、集线器、路由器、服务器、计算机、不间断电源、条码打印机、条码扫描器、存储器、数据终端等一系列物流信息设备所制定的通用标准和技术规范。

9. 物流信息系统评价标准

对物流信息系统产品进行测试、评价进行统一规定和要求,现有的标准如《信息技术 软件包 质量要求和测试》(GB/T 17544—1998)、《商场管理信息系统基本功能要求》(GB/T 17917—1999)等。

10. 物流信息系统开发管理标准

对物流信息系统开发的质量控制、过程管理、文档管理、软件维护等一系列管理工作所制定的统一标准。

第二节 物流信息技术

现代信息技术的快速发展在物流的各个环节都有所体现,这也是现代物流发展的重要标志之一,从信息的采集、处理到传输都离不开计算机的参与。特别是互联网的迅猛发展,使物流中分散的技术得到了快速集中和传输,物流信息技术的应用也达到了一个前所未有的水平。

一、条形码技术

(一) 条形码的概念

条形码自动识别技术最早出现在 20 世纪 40 年代,是以计算机技术、光电技术和通信技术的发展为基础的一种综合性科学技术,是信息数据自动识别、输入的重要方法和手段,广泛应用于商业、邮政、图书管理、仓储、工业生产过程控制、交通运输、包装、配送等领域。

条形码是利用光电扫描阅读设备来将数据输入计算机的一种代码。条码是由一组规则排列的条、空以及对应的字符组成的标记。"条"指对光线反射率较低的部分,"空"指对光线反射率较高的部分,这些条和空组成的数据表达一定的信息,并能够用特定的设备识读,转换成计算机兼容的二进制和十进制。条码技术就是利用光电扫描阅读设备对ID代码进行自动识别并且将数据自动输入计算机的方法和手段。

条形码技术主要有以下优势:

(1) 简单。条码符号容易制作,扫描操作简单易行。

(2) 信息采集速度快。利用条码扫描录入信息的速度是键盘录入的20倍。

(3) 采集信息量大。利用条码扫描,一次可以采集十几位字符的信息。

(4) 可靠性高。键盘输入数据出错率为三百分之一,利用光学字符识别技术出错率为万分之一,而采用条码技术误码率低于百万分之一。

(5) 灵活实用。条码标识既可以作为一种识别手段单独使用,也可以和有关识别设备组成一个系统实现自动化识别,还可以和其他控制设备连接起来实现自动化管理。

(6) 设备结构简单,成本低。

条码的缺点主要表现为有时不能被读取,特别是在条码不平整或污损的情况下,此缺点更加突出。

(二) 条形码的功能

1. 条形码是物流信息系统的基础

条形码所包含的是信息数据,是系统中物流对象的一部简要说明书,通过条码单元将大量信息集中起来,就能使信息的采集和录入工作电子化。

2. 条形码沟通国际物流

条码系统的条形码实际上是一种国际通用语言,通过对条形码的识别,可以进行国际沟通。现代物流系统已形成国际化趋势,通过条形码系统进行这种国际间的沟通,就省却了在不同国家语言文字的转换问题,有力地支持了物流的国际化,可以更好地实现国际物流。

3. 条码已成为产品流通、销售的通行证

若将条码定位、印刷(标贴)在不同的商品或者包装上,通过光电扫描输入电脑,我们就能在数秒内得知不同商品的产地、制造商家、产品属性、生产日期、价格等一系列的信息。这对提高商品的档次、打开销路促进销售、加强商品包装及各行业现代化管理起着重要作用。

4. 条码为大市场、大流通服务

实现条码化能够在速度、准确率和工作效率等方面给使用者带来许多便利和优越性。因此,条码技术含量的增加不能仅仅停留在系统成员的发展、条码注册的增加上,还应认识到,商品条码是建立大市场、大流通必不可少的信息产业。

（三）条码的构成

一个完整的条码由两侧的静区、起始字符、数据字符、校验字符和终止字符组成，如图 8-2 所示。

| 静区 | 起始字符 | 数据字符 | 校验字符 | 终止字符 | 静区 |

图 8-2　条码的结构示意图

静区：通常为白色，位于条码的两侧，其作用是提示阅读器准备扫描条码符号。

起始字符：条码符号的第一位字符是起始字符，它的特殊条、空结构用于识别一个条码符号的开始。阅读器首先确认此字符的存在，然后处理由扫描器获得的一系列脉冲。

数据字符：由条码字符组成，用于代表一定的原始数据信息。

终止字符：条码符号的最后一位字符是终止字符，它的特殊条、空结构用于识别一个条码符号的结束。阅读器识别终止字符，便可知道条码符号已经扫描完毕。

起始字符、终止字符的条、空结构通常是不对称的二进制序列，这一非对称结构允许扫描器进行双向扫描。当条码符号被反向扫描时，阅读器会在进行校验计算和传送信息前把条码各字符重新排列为正确的顺序。

校验字符：在条码制中定义了校验字符。有些码制的校验字符是必需的，有些码制的校验字符则是可选的。校验字符是通过对数据字符进行一种算术运算而确定的，当符号中的各字符被解码时，译码器将对其进行同一种算术运算，并将结果与校验字符比较。若两者一致，则说明读入的信息有效。

（四）条码的类别

1. 按照条码的维数分类

（1）一维条码

一维条形码由一组黑白相间、粗细不同的条状符号组成，条码隐含着数字信息、字母信息、标志信息、符号信息，通过和信息系统的联系用以表示商品的名称、产地、价格、种类等，是全世界通用的商品代码的表示方法。一维的条码目前最为常用，主要有 EAN 码、39 码、交叉 25 码、UPC 码、128 码、93 码等，其中 EAN 码主要用于商品识别，是国际通用的符号体系。

我国通用商品条码标准也采用 EAN 条码结构，我们经常购买的商品包装上所印的条码一般就是 EAN 码（如图 8-3 所示）。其构成一般如下：

① 前缀码。由二位数字组成，是国家的代码，我国为 690，是国际物品编码会统一决定的。

② 制造厂商代码。由四位数字组成，我国物品编码中心统一分配并统一注册，一厂

一码。

③ 商品代码。由五位数字组成,表示每个制造厂商的商品,由厂商确定,可标识10万种商品。

④ 校验码。由一位数字组成,用以校验前面各码的正误。

(2) 二维条码

用某种特定的几何图形按一定规律在水平和垂直方向的二维空间存储信息的条码称为二维条码,如图8-4所示。可通过图像输入设备或光电扫描设备自动识读以实现信息自动处理,它具有条码技术的一些共性;每种码制有其特定的字符集;每个字符占有一定的宽度;具有一定的校验功能等。同时它还具有对不同行的信息自动识别及处理图形旋转变化的特点。

图 8-3　EAN 代码结构

图 8-4　二维码图例

二维条码具有储存量大、保密性高、追踪性高、抗损性强、备援性大、成本便宜等特性,这些特性特别适合以下应用:

① 表单应用:公文表单、商业表单、进出口报单、舱单等资料的传送交换,可以减少人工重复输入表单资料,避免人为错误,降低人力成本。

② 保密应用:商业情报、经济情报、政治情报、军事情报、私人情报等机密资料的加密及传递。

③ 追踪应用:公文自动追踪、生产线零件自动追踪、客户服务自动追踪、邮购运送自动追踪、维修记录自动追踪、危险物品自动追踪、后勤补给自动追踪、医疗体检自动追踪、生态研究(如动物、鸟类等)自动追踪等。

④ 证照应用:可以把照片或指纹编在二维条码中,有效地解决了证件的可机读性及防伪要求高等问题,因此可广泛地应用在护照、身份证、驾驶证、暂住证、行车证、军人证、健康证、保险卡等任何需要唯一识别个人身份证的证件上。

⑤ 盘点应用:例如物流中心、仓储中心的货品及固定资产的自动盘点。

⑥ 备援应用:若不想或不能将文件表单的资料以磁碟、光碟等电子媒体储存备援,可利用二维条码来储存备援,其携带方便,不怕折叠,保存时间长,又可影印传真,做更多备份。

(3) 复合码

复合码是由一维条码和二维条码叠加在一起构成的一种新的码制,能够在读取商品的单品识别信息时,获取更多商品物流特征的信息。

2. 按使用条形码的目的分类

(1) 通用商品条形码

商品条形码是以直接向消费者销售的商品为对象、以单个商品为单位使用的条形码,又称商品标识代码,是由国际物品编码协会(EAN)和统一代码委员会(UCC)规定的、用于标识商品的一组数字,包括 EAN/UCC-13、EAN/UCC-8 和 UCC-12 代码。商品条形码直接和消费者见面,单个商品就是一个消费单元,适用于零售业现代化管理。

(2) 物流条形码

物流条码是货运单元的唯一标识,是以商品为对象、以集合包装商品为单位使用的条形码。货运单元是由若干消费单元集合包装组成的稳定的和标准的产品集合,是收发货、运输、装卸、仓储等物资业务所必需的一种物流包装单元,是多个或多种商品的集合,应用于现代化的物流管理中。

商品条形码与物流条形码的比较如表 8-1 所示。

表 8-1 商品条形码与物流条形码的比较

条形码类别	应用对象	数字构成	包装形状	应用领域
商品条形码	向消费者销售商品	13 位数字	单个商品包装	POS 系统、补充订货管理
物流条形码	物流过程中的商品	14 位数字	集合包装	出入库管理、运输管理

(五) 条码技术在物流中的应用

条码在物流中有较为广泛的应用,主要有以下几方面:

1. 销售时点信息系统(POS 系统)

在商品上贴上条码就能快速、准确地利用计算机进行销售和配送管理。其过程为:对销售商品进行结算时,通过光电扫描器读取并将信息输入计算机,然后输进收款机,收款后开出收据,同时通过计算机处理,掌握进、销、存的数据。

2. 库存系统

在库存物资上应用条码技术,尤其是规格包装、集装、托盘货物上。入库时自动扫描并输入计算机,由计算机处理后形成库存的信息,并输出入库区位、货架、货位的指令;出库程序则和 POS 系统条码应用一样。

3. 分货拣选系统

在配送和仓库出货时,采用分货、拣选方式,需要快速处理大量的货物,利用条码技术可自动进行分货拣选,并实现有关的管理。其过程如下:一个配送中心接到若干个配送订货要求,将若干订货汇总,每一品种汇总成批后,按批发出所有条码的拣货标签,拣货人员到库中将标签贴于每件商品上并取出由自动分货机分货,分货机始端的扫描器对处于运动状态的分货机上的货物进行扫描,一方面确认所拣出货物是否正确,另一方面识读条码上用户标记,指令商品在确定的分支进行分流、到达各用户的配送货位,完成分货拣选作业。

4. 条码技术在国际物流的诸多环节中有效应用

由于条码技术的优势,其在国际贸易、国际物流中的应用范围将更加广阔,也更复杂。包括:

(1) 进出口货物的订货业务。出口商品进入仓库的检查验收处理,商品检查验收及外发商品在库中的保管等,均采用条码技术进行识别、贴签、定位入格。

(2) 大型国际配送加工中心的货物分拣。采用条码技术进行识别分拣、贴签、存放、再出库。

(3) 外贸商品检验。采用条码技术对货单进行扫描,再检验。

(4) 国际出口单证业务处理采用条码和 EDI 处理,可以更加高速化、准确化。

二、射频识别技术

(一) 射频识别技术概述

射频识别(radio frequency identification,RFID)技术是通过射频信号识别目标对象并获取相关数据信息的一种非接触式的自动识别技术,是 20 世纪 90 年代开始兴起的一种自动识别技术。与其他自动识别系统一样,射频识别系统也是由信息载体和信息获取装置组成的。

射频技术(radio frequency,RF)的基本原理是电磁理论,利用无线电波对记录媒体进行读写。射频系统的优点是不局限于视线,识别距离比光学系统远。射频识别卡(射频标签)具有以下特点:具有读写能力、可携带大量数据、难以伪造。获取信息的装置称为射频读写器(在部分系统中也称为问询器、收发器等)。射频标签与射频读写器之间利用感应、无线电波或微波能量进行非接触双向通信,实现数据交换,从而达到识别的目的。

射频识别系统的工作过程为:读写器在一个区域发射能量形成电磁场,射频标签经过这个区域时检测到读写器的信号后发送储存的数据,读写器接收射频标签发送的信号,解码并校验数据的准确性以达到识别的目的。

射频识别系统的传送距离由许多因素决定,如传送频率、天线设计等,射频识别的距离可达几十厘米至几米,且根据读写的方式可以输入数千字节的信息,同时它还具有极高的保密性。

射频识别技术是以无线通信技术和存储器技术为核心,伴随着半导体、大规模集成电路技术的发展而逐步形成的,其应用过程涉及无线通信协议、发射功率、占用频率等多方面因素。目前尚未形成在开放系统中应用的统一标准,因此射频识别技术主要应用在一些闭环应用系统中。

(二)射频识别技术的应用

根据射频技术完成的功能不同,可以粗略地把射频系统分成4种类型:EAS系统、便携式数据采集系统、物流控制系统和定位系统。

1. EAS系统

电子商品防盗系统(electronic article surveillance,EAS)是一种设置在需要控制物品出入门口的RFID技术。这种技术的典型应用场合是商店、图书馆、数据中心等,当未被授权的人从这些地方非法取走物品时,EAS系统会发出警告。

应用EAS系统时,首先在物品上粘贴EAS标签,当物品被正常购买或者合法移出时,在结算处通过一定的装置使EAS标签失活,就可以取走物品。物品经过装有EAS系统的门口时,EAS装置能自动检测标签的活动性,发现活动性标签就会发出警告。EAS技术的应用可以有效防止物品被盗,不管是大件的商品,还是很小的物品。

应用EAS技术,物品不用再锁在玻璃橱柜里,可以让顾客自由地观看、检查商品,这在自选日益流行的今天有着非常重要的现实意义。典型的EAS系统一般由3部分组成:

(1)附着在商品上的电子标签,电子传感器;

(2)电子标签灭活装置,以便授权商品能正常出入;

(3)监视器,在出口形成一定区域的监视空间。

EAS系统的工作原理是:在监视区,发射器以一定的频率向接收器发射信号。发射器与接收器一般安装在零售店、图书馆的出入口,形成一定的监视空间。当具有特殊特征的标签进入该区域时,会对发射器发出的信号产生干扰,这种干扰信号也会被接收器接收,再经过微处理器分析判断,就会控制警报器的鸣响。

根据发射器所发出的信号不同及标签对信号的干扰原理不同,EAS可以分成许多种类型。关于EAS技术最新的研究方向是标签的制作,人们正在研究EAS标签能不能像条码一样,在产品的制作或包装过程中加进产品,使其成为产品的一部分。

2. 便携式数据采集系统

便携式数据采集系统使用带有RFID阅读器的手持式数据采集器采集RFID标签上的数据。这种系统具有比较大的灵活性,适用于不宜安装固定式RFID系统的应用环境。

手持式阅读器(数据输入终端)可以在读取数据的同时,通过无线电波数据传输方式(RFDC)实时地向主计算机系统传输数据,也可以暂时将数据存储在阅读器中,成批地向主计算机系统传输数据。

3. 物流控制系统

在物流控制系统中,RFID阅读器分散布置在给定的区域,并且直接与数据管理信息系统相连,信号发射机是移动的,一般安装在移动的物体上或人身体上。当物体、人经过阅读器时,阅读器会自动扫描标签上的信息并把数据信息输入数据管理信息系统存储、分析、处理,达到控制物流的目的。

4. 定位系统

定位系统用于自动化加工系统中的定位,以及对车辆、轮船等进行运行定位支持。阅读器放置在移动的车辆、轮船上或者自动化流水线中移动的物料、半成品、成品上,信号发射机嵌入到操作环境的地表下面。信号发射机上存储有位置识别信息,阅读器一般通过无线的方式(有的采用有线的方式)连接到主信息管理系统。

我国射频技术的应用已经开始,一些高速公路的收费站口,使用射频技术可以做到不停车收费;铁路系统使用射频技术记录货车车厢编号的试点已运行了一段时间;一些物流企业也正准备将射频技术用于物流管理中。

(三)射频识别系统

在具体的应用过程中,根据不同的应用目的和应用环境,射频识别系统的组成会有所不同。但从射频识别系统的工作原理来看,系统一般都由信号发射机、信号接收机、发射接收天线几部分组成。

1. 信号发射机(射频标签)

在射频识别系统中,为达到不同的应用目的,信号发射机会以不同的形式存在,典型的形式是标签(TAG)。标签相当于条码技术中的条码符号,用来存储需要识别传输的信息,另外,与条码不同的是,标签必须能够自动或在外力的作用下把存储的信息主动发射出去。标签一般是带有线圈、天线、存储器与控制系统的低电集成电路。

按照不同的分类标准,标签有许多不同的分类。

(1)有源射频标签与无源射频标签

在实际应用中,必须给标签供电它才能工作,虽然它的电能消耗是非常低的(一般为百万分之一毫瓦级别)。按照标签获取电能的方式不同,可以把标签分成有源射频标签(主动式标签)与无源射频标签(被动式标签)。

有源射频标签内部自带电池进行供电,它的电能充足,工作可靠性高,信号传送的距离远。另外,有源射频标签可以通过设计电池的不同寿命对标签的使用时间或使用次数进行限制,它可以用在需要限制数据传输量或者使用数据有限制的地方,比如,一年内标签只允许读写有限次。有源射频标签的缺点主要是标签的使用寿命受到限制,而且随着标签内电池电力的消耗,数据传输的距离会越来越近,影响系统的正常工作。

无源射频标签内部不带电池,要靠外界提供能量才能正常工作。无源射频标签产生电能的典型装置是天线与线圈,当标签进入系统的工作区域,天线接收到特定的电磁波,线圈就会产生感应电流,再经过整流电路给标签供电。

无源射频标签具有永久的使用期,常常用在标签信息需要每天读写或频繁读写多次的地方,而且无源射频标签支持长时间的数据传输和永久性的数据存储。无源射频标签的缺点主要是数据传输的距离比主动式标签短。因为无源射频标签依靠外部的电磁感应供电,它的电能比较弱,数据传输的距离和信号强度就受到限制,需要敏感性比较高的信号接收器(阅读器)才能可靠识读。

(2) 只读标签与可读可写标签

根据内部使用存储器类型的不同,标签可以分为只读标签与可读可写标签。

只读标签内部只有只读存储器(read only memory,ROM)和随机存储器(random access memory,RAM)。ROM 用于存储发射器操作系统说明和安全性要求较高的数据,它与内部的处理器或逻辑处理单元完成内部的操作控制功能,如响应延迟时间控制、数据流控制、电源开关控制等。另外,只读标签的 ROM 中还存储有标签的标识信息,这些信息可以在标签制造过程中由制造商写入 ROM 中,也可以在标签开始使用时由使用者根据特定的应用目的写入特殊的编码信息。这种信息可以只简单地代表二进制中的"0"或者"1",也可以像二维条码那样,包含复杂的相当丰富的信息。但这种信息只能一次写入,多次读出。

只读标签中的 RAM 用于存储标签反应和数据传输过程中临时产生的数据。另外,只读标签中除了 ROM 和 RAM 外,一般还有缓冲存储器,用于暂时存储调制后等待天线发送的信息。

可读可写标签内部的存储器除了 ROM、RAM 和缓冲存储器之外,还有非活动可编程记忆存储器。这种存储器除了具有存储数据功能外,还具有在适当的条件下允许多次写入数据的功能。非活动可编程记忆存储器有许多种,EEPROM(电可擦除可编程只读存储器)是比较常见的一种,这种存储器在加电的情况下,可以实现对原有数据的擦除或数据的重新写入。

(3) 标识标签与便携式数据文件

根据标签中存储器数据存储能力的不同,可以把标签分为仅用于标识目的的标识标签与便携式数据文件两种。

条码技术中标准码制的号码,如 EAN、UPC 码或者混合编码,或者标签使用者按照特别的方法编的号码,都可以存储在标识标签中。标识标签中存储的只是标识号码,用于对特定的标识项目,如人、物、地点进行标识,关于被标识项目的详细的特定的信息,只能在与系统相连接的数据库中进行查找。

顾名思义,便携式数据文件就是指标签中存储的数据量非常大,足可以看作一个数据文件。这种标签一般都是用户可编程的,标签中除了存储标识码外,还存储有大量的被标识项目的其他相关信息,如包装说明、工艺过程说明等。在实际应用中,关于被标识项目的所有的信息都是存储在标签中的,对标签进行读取就可以得到关于被标识项目的所有信息,而不用再连接到数据库进行信息读取。另外,随着标签存储能力的提高,它还可以提供组织数据的能力,在读标签的过程中,可以根据特定的应用目的控制数据的读出,实现在不同的情况下读出的数据部分不同。

2. 信号接收机(RFID 阅读器)

在射频识别系统中,信号接收机一般叫作阅读器。根据支持的标签类型不同与完成的功能不同,阅读器的复杂程度是显著不同的。阅读器基本的功能就是提供与标签进行数据传输的途径。另外,阅读器还提供相当复杂的信号状态控制、奇偶错误校验与更正功能等。标签中除了存储需要传输的信息外,还必须含有一定的附加信息,如错误校验信息等。识别数据信息和附加信息按照一定的结构编制在一起,并按照特定的顺序向外发送。阅读器通过接收到的附加信息来控制数据流的发送。一旦到达阅读器的信息被正确接收和译解,阅读器通过特定的算法决定是否需要发射机对发送的信号重发一次,或者指导发射器停止发信号,这就是"命令响应协议"。使用这种协议,即便在很短的时间、很小的空间阅读多个标签,也可以有效地防止"欺骗问题"的产生。

3. 天线

天线是标签与阅读器之间传输数据的发射、接收装置。在实际应用中,除了系统功率,天线的形状和相对位置也会影响数据的发射和接收,需要专业人员对系统的天线进行设计、安装。

(四)射频识别技术在物流中的应用

1. RFID 技术在交通行业中的应用

RFID 技术在交通行业中的应用主要是在高速公路自动收费及智能交通方面,高速公路自动收费系统是射频技术最成功的应用之一。目前我国的高速公路发展非常快,地区经济发展的先决条件就是有便利的交通条件,而高速公路收费却存在一些问题:一是交通堵塞,在收费站口许多车辆要停车排队,成为交通瓶颈问题;二是少数不法的收费员贪污路费,使国家损失了相当多的财政收入。

RFID 技术应用在高速公路自动收费上能够充分体现它非接触识别的优势,在车辆高速通过收费站的同时自动完成收费,同时可以解决收费员贪污路费及交通拥堵的问题。

一般对公路收费系统来说,由于车辆的大小和形状不同,需要大约 4m 的读写距离和很快的读写速度,也就要求系统的频率应该在 900~2 500MHz。射频卡一般安装在车的挡风玻璃后面。现在最现实的方案是将多车道的收费口分为两个部分:自动收费口、人工收费口。在距收费口约 50~100m 远的道路上方架设天线,当车辆经过天线时,车上的射频卡被上方的天线接收到,完成自动收费。

读写器指示灯指示车辆进入不同车道,人工收费口仍维持现有的操作方式。进入自动收费口的车辆,养路费款被自动从用户账户上扣除,且用指示灯及蜂鸣器告诉驾驶员收费是否完成,驾驶员不用停车就可通过。挡车器将拦下恶意闯入的车辆。

在城市交通方面,交通的状况日趋拥挤,解决交通问题不能只依赖于修路,加强交通的指挥、控制、疏导,从而提高道路的利用率,深挖现有交通潜能也是非常重要的。而基于 RFID 技术的实时交通督导和最佳路线电子地图很快将成为现实。用 RFID 技术实时跟踪车辆,通过交通控制中心的网络在各个路段向驾驶员报告交通状况,指挥车辆绕开堵塞路段,并用电子地图实时显示交通状况,能够使交通流向均匀,大大提高道路利用率;还可用于车辆特权控制,在信号灯处给警车、应急车辆、公共汽车等行驶特权,自动查处违章车辆,记录违章情况。

另外,公共汽车站可以实时跟踪显示公共汽车到站时间,给乘客很大的方便。RFID 技术能使交通的指挥自动化、法制化,有助于改善交通状况。

2. RFID 卡收费

国外的各种交易大多利用各种卡来完成,而我国普遍采用现金交易,现金交易不方便也不安全,还容易出现税收的漏洞。目前的收费卡多用磁卡、IC 卡,射频卡也开始抢占市场,原因是在一些恶劣的环境中,磁卡及 IC 卡容易损坏,而射频卡既不易磨损,也不怕静电。同时射频卡用起来很方便、快捷,不仅不用打开包,在读写器前摇晃一下就可完成收费,还可以同时识别几张卡,并行收费。

比如公共汽车上的电子月票。我国大城市的公共汽车异常拥挤、环境条件差,射频卡的使用有助于改善这个情况。

又如会员制收费卡、职工就餐卡、商店收费卡、电话卡、储蓄卡等均可使用射频卡,射频卡上有内存分区,不同区域有不同的安全级别,可以在各种场合中使用,互不干扰。而未来的发展必将使各种卡的应用统一到一张卡上,每个人手持一张卡就可以在各处使用。

3. 生产线自动化

用 RFID 技术在生产流水线上实现自动控制、监视,可提高生产率,改进生产方式,节约成本。德国宝马汽车公司在装配流水线上应用射频卡以尽可能大量地生产用户定制的汽车。宝马汽车的生产是基于用户提出的要求式样进行的;用户可以从上万种内部和外部选项中选定自己所需车的颜色、引擎型号以及轮胎式样等。这样一来,汽车装配流水线上就得装配上百种式样的宝马汽车,如果没有一个有高度组织的、复杂的控制系统,是很难完成这样复杂的任务的。宝马公司在其装配流水线上配备 RFID 系统,他们使用可重复使用的射频卡,该射频卡上带有详细的汽车装配所需的所有要求,在每个工作点处都有读写器,这样可以保证汽车在各个流水线位置能毫不出错地完成装配任务。

4. 仓储管理

可以说 RFID 完全有效地解决了仓库中与货物流动有关的信息的管理。射频卡贴在货物所通过的仓库大门边上,读写器和天线都放在叉车上,每个货物上都贴有条码,所有条码信息都被存储在仓库的中心计算机中,该货物的有关信息都能在计算机中查到。

当货物被装走运往别处时,由另一读写器识别并告知计算中心它被放在哪个拖车上。这样管理中心可以实时地了解到已经生产和发送了多少产品,并可自动识别货物,确定货物的位置。

三、EDI 技术

(一) 电子数据交换技术概述

1. EDI

电子数据交换(electronic data interchange,EDI)的概念是一种在公司之间传输订单、发票等作业文件的电子化手段,是采用标准化的格式,利用计算机网络进行业务数据的传输和处理,并完成以贸易为中心的全部业务的过程。

EDI 是计算机与计算机之间结构化的事务数据交换,它是通信技术、网络技术与计算机技术的结晶,先将数据和信息规范化、标准化,然后在计算机应用系统间直接以电子方式进行数据交换。EDI 是目前较为流行的商务、管理业务信息交换方式,它使业务数据自动传输、自动处理,从而大大提高了工作效率和效益。通俗地讲,EDI 就是一类电子邮包,按一定规划进行加密和解密,并以特殊标准和形式进行传输。

EDI 是一种以结构化的信息形式在贸易伙伴间自动传递信息的通信方式,它为改善信息通信的效率提供了技术解决方案。最初的电子连接是建立在消费者和供应者之间的,随着即时系统和快速响应系统的增加,引发了 EDI 网络中其他代理者的需要,以保证整个贸易链的有效性。

例如在运输业中,EDI 能够帮助提供装货电子单据、转运跟踪信息、货运单据、电子资金转账等业务,因此大大减少了纸张处理,使信息能够及时存取。EDI 按照统一规定的一套通用标准格式,将标准的经济信息通过通信网络传输,在贸易伙伴的电子计算机系统之间进行数据交换自动处理,俗称"无纸贸易",被视为一场"结构性的商业革命"。

2. EDI 系统的特点

（1）EDI 的使用对象是具有固定格式的业务信息和具有经常性业务联系的单位。

（2）EDI 所传送的资料是一般业务资料，如发票、订单等，而不是一般性的通知。

（3）采用共同标准化的格式，这也是它与一般 E-mail 的区别，例如联合国 EDIFACT 标准。

（4）尽量避免人工的介入操作，由收送双方的计算机系统直接传送、交换资料。

3. EDI 系统的主要功能

（1）电子数据交换。

（2）传输数据的存证。

（3）报文标准格式转换。

（4）安全保密。

（5）提供信息查询。

（6）提供技术咨询服务。

（7）提供昼夜 24 小时不间断服务。

（8）提供信息增值服务等。

4. EDI 技术的优势

EDI 之所以在世界范围内得到如此迅速的发展，是因为它具有现行的纸面单证处理系统所无法比拟的优势。这些优势主要体现在以下几个方面：

（1）避免数据的重复录入。根据国外调查分析，一台计算机输入的数据，70%来自其他计算机的输出。EDI 不需人工重复输入资料，可以提高信息处理的准确性，降低差错率。

（2）改善企业的信息管理及数据交换的水平，有助于企业实施诸如"实时管理"或"零库存管理"等全新的经营战略。

（3）确保有关票据、单证的处理安全、迅速，从而加速资金周转。

（4）提高海关、商检、卫检、动植物检验等口岸部门的工作效率，加快货物验放速度。

（二）EDI 的分类及组成

1. EDI 的分类

电子数据交换系统有三个主要类别：

（1）国家专设的 EDI 系统。这是全国电子协会同 8 个部委确立的、作为我国电子数据交换平台的系统，英文名称为 CHINA-EDI，主要通过专用的广域网进行数据的交换。这种网络由电子数据交换中心和广域网的所有节点构成，所有的数据通过交换中心实现交换并进行结算。

(2) 基于 Internet 的 EDI 系统,即在互联网上运行电子数据交换。由于互联网的开放性,可以使很多用户方便地介入到电子数据交换系统中。也是由于互联网的开放性,基于 Internet 的 EDI 系统应当面向对数据安全性、保密性没有特殊要求的用户。这种方式可以实现协议用户直接传递 EDI 信息,所以,可以进行点对点(PTP)的数据传递。

(3) 通过专线的点对点电子数据交换系统。这种电子数据交换系统可以通过租用信息基础平台的数据传输专线、电话专线或用户自己铺设的专线进行电子数据交换,封闭性较强,因为是专线系统,所以成本很高。

2. EDI 系统的组成

EDI 系统一般由以下几个部分组成:

(1) 硬件设备。例如贸易伙伴的计算机和调制解调器以及通信设施等。

(2) 增值通信网络及网络软件。增值网(VAN)是利用现有的通信网,增加 EDI 服务功能而实现的计算机网络,即网络增值。通信网目前有以下几种:分组交换数据网(PSDV)、电话交换网(PSTN)、数字数据网(DDN)、综合业务数据网(ISDN)、卫星数据网(VSAT)、数字数据移动通信网。

(3) 报文格式标准。EDI 是以非人工干预方式将数据及时、准确地录入应用系统数据库中,并把应用数据库中的数据自动地传送到贸易伙伴的电脑系统,因此必须有统一的报文格式和代码标准。

(4) 应用系统界面与标准报文格式之间相互转换的软件。该软件的主要功能包括代码和格式的转换等。

(5) 用户的应用系统。EDI 是电子数据处理(electronic data process,EDP)的延伸,要求各通信伙伴事先做好本单位的计算机开发工作,建立共享数据库。

(三) 实现 EDI 的三项核心技术

EDI 涉及的技术十分广泛。概括地讲,实现 EDI 的技术主要有三种,即数据通信技术、数据标准化和计算机应用技术。

1. 数据通信网络

一个计算机数据通信系统可由计算机终端、主计算机、数据传输和数据交换装置四部分组成,它们通过通信线路连接成一个广域网络。计算机及其各类终端作为用户端点出现在网络中,它可以访问网上的任意其他节点,以达到共享网上硬件和软件资源的目的。

许多应用 EDI 的公司逐渐采用第三方网络与贸易伙伴进行通信,即增值网络(VAN)方式。它类似于邮局,为发送者与接收者维护邮箱,并提供存储转送、记忆保管、通信协议转换、格式转换、安全管制等功能。因此通过增值网络传送 EDI 文件,可以大幅度降低相互传送资料的复杂度和困难度,大大提高 EDI 的效率。

2. 数据标准化

技术的标准化,是现代工业高度发达的一个重要保证,是衡量一个国家工业化水平的重要标志,其意义有时甚至超过技术本身。

标准化是实现 EDI 互通互联的前提和基础。要使信息在不同的 EDP(electronic date process 电子数据处理)系统、不同计算机平台上进行交换,必须制定统一仓储 EDI 标准,主要有以下几类标准:

(1) 通信标准:即 EDI 通信网络建立在何种通信协议上,以保证网络互联。

(2) EDI 报文标准:又称文电标准,即各种报文类型格式、数据元编码、字段的语法规则及报表生成用的程序设计语言等。

(3) EDI 处理标准:即 EDI 报文同其他管理信息系统、数据库的接口标准。

(4) 各行业的数据交换标准。

3. 计算机综合运用

有了通信网络和标准,就可以开展 EDI 工作,但 EDI 应用成功与否还取决于单位、行业乃至整个社会的计算机综合应用水平。必须把 EDI 和办公自动化、管理自动化、各种 MIS 和 EDP 系统、数据库系统以及 CAD、CIMS 等结合起来,才能更好地应用 EDI。

(四) EDI 在供应链管理过程中的应用

EDI 是一种信息管理或处理的有效手段,它是对供应链上的信息流进行运作的有效方法。EDI 主要应用于以下行业:

(1) 制造业。JIT 及时响应以减少库存量及生产线待料时间,降低生产成本。

(2) 贸易运输业。快速通关报检、合理利用运输资源,降低贸易运输空间、成本与时间的浪费。

(3) 流通业。QR 快速响应,减少商场库存量与空架率,以加速商品资金流转,降低成本。建立物资配送体系,以完成产、存、运、销一体化的供应链管理。

(4) 金融业。EFT 电子转账支付,减少金融单位与其客户交通往返的时间与现金流动风险,并缩短资金流动所需的时间,提高客户资金调度的弹性;在跨行业服务方面,更可以使客户享受到不同金融单位所提供的服务,以提高金融业的服务品质。

四、EOS 技术

(一) 电子订货系统概述

1. EOS 的概念

电子订货系统(electronic ordering system,EOS)是指不同组织间利用通信网络和终端设备进行订货作业与订货信息交换的体系。

电子订货系统是将批发、零售商场所发生的订货数据输入计算机,即刻通过计算机通信网络连接的方式将资料传送至总公司、批发商、商品供货商或制造商处。因此,EOS 能处理从新商品资料的说明直到会计结算等所有商品交易过程中的作业,可以说 EOS 涵盖了整个商流。

2. EOS 的作用

EOS 能够及时、准确地交换订货信息,它在企业物流管理中的作用如下:

(1) 相对于传统的订货方式,如上门订货、邮寄订货、电话、传真订货等,EOS 可以缩短从接收到订货单发出订货的时间,缩短订货商品的交货期,减少商品订单的出错率,节省人工费。

(2) 有利于减少企业的库存水平,提高企业的库存管理效率,同时也能防止商品特别是畅销品缺货现象的出现。

(3) 对于生产厂家和批发商来说,通过分析零售商的商品订货信息,能准确判断畅销品和滞销品,有利于企业调整商品生产计划。

(4) 有利于提高企业物流信息系统的效率,使各个业务信息子系统之间数据交换更加便利和迅速。

(二) EOS 的操作流程

1. 采购订货业务流程

(1) 采购管理部门根据仓储中心的商品库存情况,向指定的供货商发出商品采购订单。

(2) 商业增值网络中心将总公司业务管理部发出的采购单发送至指定的供货商处。

(3) 指定的供货商在收到采购订单后,根据订单的要求通过商业增值网络对采购订单加以确认。

(4) 商业增值网络中心将供货商发来的采购订单确认发送至业务部门。

(5) 业务管理部门根据供货商发来的采购订单确认,向仓储中心发送订货信息,以便仓储中心安排检验和仓储空间。

(6) 供货商根据采购单的要求安排发运货物,并在向总公司交运货物之前,通过商业增值网络中心向仓储中心发送交货通知。

(7) 仓储中心根据供货商发来的交货通知安排商品检验并安排仓库、库位,或根据配送要求进行备货。

上述七个步骤组成了一个基本的采购订货流程,通过这个流程,将连锁店(超市等)与供货商之间的商流、信息流结合在一起。

2. 销售订货业务流程

(1) 各批发商、零售商或社会网点根据自己的销售情况,确定所需货物的品种、数量,或通过增值网络中心,或通过实时网络系统发送给总公司业务部门;不同体系的商场或社会网点通过商业增值网络中心发出 EOS 订货需求。

(2) 商业增值网络中心将收到的补货、订货需求发送至总公司业务管理部门。

(3) 业务管理部门对收到的数据进行汇总处理后,通过商业增值网络中心向不同体系的商场或社会网点发送批发订单确认。

(4) 不同体系的商场或社会网点从商业增值网络中心接受批发订单确认信息。

(5) 业务管理部门根据库存情况通过商业增值网络或实时监控网络系统,向仓储中心发出配送通知。

(6) 仓储中心根据收到的配送通知安排商品配送,并将配送通知通过商业增值网络传送给客户。

(7) 不同体系的商场或社会网点从商业增值网络中心接收到仓储中心对批发订单的配送通知。

(8) 各批发、零售商场及仓储中心根据实际网络情况将每天进出货物的情况通过增值网络中心或通过实时监控网络系统报送公司业务管理部门,让业务部门及时掌握商品库存数量,并根据商品流转情况,合理规划商品结构等。

上述八个步骤组成了一个基本的电子批发、订货流程,通过这个流程,将连锁店与同体系商场、不同体系商场和社会网点之间的商流、信息流结合在一起。

(三) EOS 系统与物流管理

1. 物流作业流程

(1) 供货商根据采购合同,要求将发货单通过商业增值网络中心发给仓储中心。

(2) 仓储中心对商业增值网络中心传送来的发货单进行综合管理,或要求供货商送货至仓储中心或发送至各批发、零售商场。

(3) 仓储中心将送货要求发送给供货商。

(4) 供货商根据接收到的送货要求进行综合处理,然后根据送货要求将货物送至指定地点。

2. 仓储作业流程

公司(采购部)向供应商发出订购单,供应商接单后按定购单上的商品和数量组织货品,并按订单指定地点送货,可以向多个仓库送货,也可以直接送到指定的商店。下面对供应商把商品送到某一仓库后发生的商品流动全部流程进行分析。

(1) 商品送到某仓库后,一般卸在指定的进货区,在进货区对新进入的商品进行商品验收后,包括验收合格的商品办理入库手续,填写收、验、入库单(包括商品名、数量、存放位置等信息),然后送入指定的正品存放区的库位中。正品存放区的商品是可供配送的,这时总库存量增加。对验收不合格的产品,填写退货单,并登录在册,另行暂时存放,适时退供货商以调换合格的商品。调换回的商品同样进行收、验、入库的过程。

（2）仓库收到配送中心配货清单后，按清单要求（商品名、数量、货位等）备货，验证正确后，出库待送。若是本地批发，按销货单配货发送，配送信息要及时反馈至配送中心，这时配送中心的总库存量减少，商品送交客户后，客户也进行对商品验收过程。

当客户发现商品包装破损、商品保质期已到、送交的商品与要求的商品不符等情况时，会要求退货。客户退货后配送中心要补货给客户，对退回的商品暂存待处理区，经检验后进行处理：完好的商品送回正品存放区，质量和包装有问题的商品退回给供应商，过期和损坏的商品作报废处理等。

（3）在库存管理中，可能会出现某些商品因为储运、移位而发生损伤，某些商品因周转慢而即将到期等情况。应及时对这些商品作转移处理，将其移至待处理区，然后作相应的退货、报废、降价等处理。

（4）配送中心掌握了逻辑上的商品总库存量和物理上的分库商品库存量，在配货过程中如果发现因配货的不平衡引起某仓库商品库存告急，而另一仓库仍有大量此商品时，配送中心可用库存商品调拨的方式（调拨单）来调节各分库配送能力，但并不增加总库存量，从而提高仓库空间和资金的利用率。

配送中心通过增值网还可以掌握本系统中各主体商场、连锁超市的进销调存的商业动态信息。由于商场架构不同，所处区域不同，面对的消费对象也不同，因此各商场的商品结构不同。配送中心的计算机系统会对各商场的商品结构作动态的调整（内部调拨），从而达到降低销售库存、加速商品流通、加快资金流转的目的，以较低的投入获得最高的收益。

五、自动跟踪技术

全球卫星定位系统（GPS）是 20 世纪 70 年代由美国陆、海、空三军联合研制的新一代空间卫星导航定位系统。其主要目的是为陆、海、空三大领域提供实时、全天候和全球性的导航服务，并用于情报搜集、核爆监测和应急通信等一些军事目的，该系统是美国独霸全球战略的重要组成。经过 20 余年的研究实验，耗资 300 亿美元，到 1994 年 3 月，全球覆盖率高达 98% 的 24 颗 GPS 卫星已布设完成。

全球卫星定位系统由三部分组成：空间部分——GPS 星座；地面控制部分——地面监控系统；用户设备部分——GPS 信号接收机。

GPS 定位技术具有高精度、高效率和低成本的优点，使其在各类大地测量控制网的加强改造和建立以及在公路工程测量和大型构造物的变形测量中得到了较为广泛的应用。

地理信息系统（GIS）技术把地图这种独特的视觉化效果和地理分析功能与一般的数据库操作（例如查询和统计分析等）集成在一起，这种能力使 GIS 与其他信息系统相区别，从而使其在解释事件、预测结果、规划战略等工作中具有实用价值。

物流企业或部门开发使用 GIS 线路优化系统后，将实现以下五大应用功能：

1. 优化配送线路

选择订单日期和配送区域后自动完成订单数据的抽取,根据送货车辆的装载量、客户分布、配送订单、送货线路交通状况、司机对送货区域的熟悉程度等因素设定计算条件,系统进行送货线路的自动优化处理,形成最佳送货路线,保证送货成本及送货效率最佳。线路优化后,允许业务人员根据业务具体情况进行临时线路的合并和调整,以适应送货管理的实际需要。

2. 综合地图查询

可以基于电子地图实现客户分布的模糊查询、行政区域查询和任意区域查询,查询结果实时在电子地图上标注出来。通过使用图形操作工具如放大、缩小、漫游、测距等,来具体查看每一客户的详细情况。

3. 业务地图数据远程维护

提供基于地图方式的业务地图数据维护功能,还可以根据采集的新变化的道路等地理数据及时更新地图。

4. 物流 GPS 车辆监控管理

通过对送货车辆的导航跟踪,提高车辆运作效率,降低车辆管理费用,抵御风险。

其中车辆跟踪功能是对任一车辆进行实时的动态跟踪,提供准确的车辆位置和运行状态、车组编号及当天的行车线路查询。

报警功能是当司机在送货途中遇到被抢被盗或其他危险情况时,按下车上的 GPS 报警装置向公司的信息中心报警。

轨迹回放功能是根据所保存的数据,将车辆在某一历史时期的实际行车过程重现于电子地图上,随时查看行车速度、行驶时间、位置信息等。

5. 配送车辆信息维护

根据车组和配送人员的变动及时在这一模块中进行车辆、司机、送货员信息的维护操作,包括添加车辆和对现有车辆信息的编辑。

经过 GIS 计算自动生成的优化配送线路图,可帮助送货员大大提高送货效率,节约配送成本。我国正在运用地理信息系统技术建设"江苏省公众出行交通信息服务系统"等多个重大信息化项目,迅速发展的地理信息系统技术正得到广泛运用。

第三节 常用的物流技术设备

一、条形码设备

条码由专门的条码打印机打印制作,由条码扫描仪来识读条码信息。条码的识读过程为：由从识读器光源发出的光线照射到条码符号上面，反射回来的光经过光学系统成像在光电转换器上，产生电信号，信号经过电路放大以后产生模拟电压，该电压与反射回来的光的强度成正比，经过滤波整形，产生与模拟信号对应的方波信号，经过译码器解释为计算机可以直接接受的数字信号。

（一）条形码识读设备

常见的条码识读和数据的采集主要是由条形码扫描器来完成的。扫描器作为阅读器的输入装置发展很快，大体上分为接触式、非接触式、手持式和固定式扫描器，目前常用的有笔式、CCD式和激光式等。下面具体介绍几种条形码识读设备。

1. 笔式扫描器

顾名思义，笔式扫描器是笔形的扫描器，如图8-5所示。笔头装有发光元件，这种方式的扫描，光笔必须与被扫描阅读的条形码接触，才能达到读取数据的目的。笔式扫描器的优点是成本低、耗电省、耐用，适合数据采集，可读较长的条形码符号；缺点是光笔对条形码有一定的破坏性。随着条形码应用的推广，该形式目前已逐渐被CCD式取代。

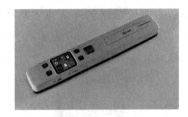

图 8-5　笔式扫描器样例

2. 手持式扫描器

手持式扫描器具有小巧、方便使用的特点，如图8-6所示。阅读时只需将取头（光源）接近或轻触条形码即可进行自动读取。手持式扫描器具有以下优点：

（1）无须移动即可进行自动读取条形码信息。

图 8-6　手持式扫描器样例

(2) 条形码符号缺损对扫描器识读影响很小。
(3) 弯曲面(30°以内)商品的条形码也能读取。
(4) 扫描速度 30~100 次/s,读取速度快。

手持式扫描器所使用的光源有激光和可见光 LED。LED 类扫描器又称 CCD 扫描器,它操作方便,易于使用,对于表面不平的物品、软质的物品也能方便地进行识读。

3. 激光自动扫描器

激光自动扫描器(如图 8-7 所示)的最大优点是扫描光照强,可以远距离扫描且扫描景深长。激光扫描器的扫描速度高,有的产品扫描速度可以达到 1 200 次/s,这种扫描器可以在 0.01s 内对某一条形码标签扫描阅读多次,而且可以做到每一次扫描不重复上一次扫描的轨迹。

4. 台式扫描器

台式扫描器适用于不便使用手持式扫描方式阅读条形码信息的场合,如图 8-8 所示。它的用途很广,大多固定安装在某一位置上,用来识读在某一范围内出现或通过的条形码符号。这种扫描器也可以安装在生产流水线传送带旁的某一固定位置,等待标有条形码标签的待测物体以平稳缓慢的速度进入扫描范围,对自动化生产流水线进行控制。

图 8-7 激光自动扫描器样例

图 8-8 台式扫描器样例

5. 卡槽式扫描器

卡槽式扫描器可以用于医院病案管理、身份验证、考勤和生产管理等领域,如图 8-9 所示,将带有条形码符号的卡片在槽中通过时即可实现读取。这种扫描器目前在厂矿、宾馆、会议考勤等方面得到了广泛的应用。

6. 便携式条形码阅读器

便携式条形码阅读器适合于脱机使用的场合,如扫描笨重物体的条形码符号等。它是将扫描器带到物体的条形码符号前扫描,因此又称为手持终端机(如图 8-10 所示)、盘点机。

图 8-9　卡槽式扫描器样例　　　　图 8-10　手持终端机样例

便携式条形码阅读器本身就是一台专用计算机，具有对条形码信号的译解能力。通常具有条形码识别结果声响指示及用户编程功能。目前，其广泛应用于仓库管理、商品盘存等作业中。

（二）条形码打印装备

条形码打印机是一种专用装备，如图 8-11 所示，一般有热敏型和热转印型两种形式，使用专用的标签纸盒碳带。条形码打印机打印速度快，可打印特殊材料（如 PVC 等），可外接切刀进行功能扩展；但其价格昂贵，使用及维修较复杂，适合于需大量制作标签的专业用户使用。

图 8-11　条形码打印机样例

（三）数据采集器

数据采集器按处理方式分为两类：在线式数据采集器和批处理式数据采集器。数据采集器按产品性能分为手持终端、无线型手持终端、无限掌上电脑、无线网络装备。条形码数据采集器是手持式扫描器与掌上电脑的功能组合为一体的装备单元，比条形码扫描器多了自动处理、自动传输的功能。它具备实时采集、自动储存、即时显示、即时反馈、自动处理、自动传输功能，为现场数据的真实性、有效性、实时性、可用性提供了保证。

1. 便携式数据采集器

便携式数据采集终端又称手持终端。便携式数据采集器是集激光扫描、汉字显示、数据采集、数据处理、数据通信等功能于一体的高科技产品。

2. 无线式数据采集器

无线式数据采集器被称为无线,是因为它不需要像普通便携式数据采集器那样依靠通信座和 PC 数据交换,而可以直接通过无线网络和 PC、服务器进行实时数据通信。

（四）条形码装备的选择及使用

条形码装备的选择应遵循以下原则:
(1) 与所要识别的条形码符号相匹配。
(2) 首读率符合要求。
(3) 满足工作空间的要求。
(4) 符合与装备及系统的接口要求。
(5) 具有良好的性价比。

条形码扫描装备的选择不能只考虑单一指标,而应根据实际情况全面考虑。

选择数据采集器时,液晶屏幕、RAM 芯片等是关键部件,其低温、高温特性受到限制,用户要根据自身的使用环境选择手持终端产品。此外,抗震、抗摔性能也是手持终端产品的另一项操作性能指标。

采用条形码识读器时常会遇到不能读取条形码的情形,其常见的原因有以下几种:没有打开识读功能;条形码符号不符合规范;工作环境光线太强,感光器件进入饱和区;条形码表面覆盖有透明材料,反光度太高;硬件故障等。

二、POS 系统

（一）POS 系统的定义

POS 系统即销售时点信息系统,是指通过自动读取设备(如收银机)在销售商品时直接读取商品销售信息(如商品名、单价、销售数量、销售时间、销售店铺、购买顾客等),并通过通信网络和计算机系统传送至有关部门进行分析加工以提高经营效率的系统,如图 8-12 所示。

POS 系统是物流管理信息系统的基础,是以商品条码为基础的销售点自动化管理系统。它可以实时采集各种商品的销售信息,对经营商品实施单品管理。采用该系统以后,可以根据终端所提供的信息来控制存货和决定采购,使每一种商品能以最低的库存量确保销售的需要,使采购决策更符合客户的实

图 8-12 POS 终端设备样例

际需要。

POS 系统最早应用于零售业,以后逐渐扩展至其他服务行业(如银行、宾馆等),利用 POS 系统的范围也从企业内部扩展到整个供应链。

(二) POS 系统的基本构成及工作原理

1. POS 系统基本构成

POS 系统包含前台 POS 系统和后台 MIS 系统两大基本部分。

前台 POS 系统是指通过自动读取设备(如收银机)在销售商品时直接读取商品销售信息(如商品名、单价、销售数量、销售时间、销售店铺、购买顾客等),实现前台销售业务的自动化,对商品交易进行实时服务管理,并通过通信网络和计算机系统传送至后台,通过后台计算机系统(MIS)的计算、分析与汇总等掌握商品销售的各项信息,为企业管理者分析经营成果、制定经营方针提供依据,以提高经营效率的系统。前台 POS 系统具有日常销售、交班结算、退货和支持各种付款方式等功能。

后台管理信息系统(management information system,MIS)负责整个商场进、销、调、存系统的管理以及财务管理、库存管理、考勤管理等。后台 MIS 系统具有商品入库管理、销售管理、单据票证管理、报表打印管理、完善的分析、数据维护管理和销售预测等功能。它根据前台 POS 系统提供的销售数据控制进货数量,优化库存。通过后台计算机系统计算、分析和汇总商品销售的相关信息,为企业管理部门和管理人员的决策提供依据。

2. POS 系统的工作原理

POS 系统的工作原理如图 8-13 所示,包含了六项主要工作:

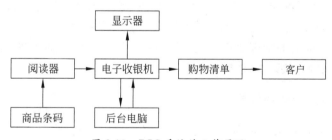

图 8-13 POS 系统的工作原理

(1) 收银机在进行商品交易时,自动记录原始数据及其他相关的信息,并有一段保护记录期。其工作原理是阅读器通过对商品码的扫描及解码,经由电子收银机向后台电脑查价,价格信息由后台电脑输入电子收银机,并在显示屏幕显示出来,收银后打出购物清单。

(2) POS 终端机自动储存、整理全日营业信息,可以用即时或成批的方式向后台提供商品信息。

(3) 由 POS 终端机上的小型印表机打印各种收银报表,并具有读账、清账功能。

(4) 中央电脑利用通信线路,取得每一个零售点的商品信息以及新品变价、配送货等信息。

(5) 统计、分析各个零售点的营业资料,以供决策参考。

(6) 迅速而准确地完成前台工作,同时保存完整的记录。

(三) POS系统的特征

POS系统具有以下基本特征:

1. 分门别类管理

POS系统的分门别类管理不仅针对商品,而且还可针对员工及顾客,包括单品管理、员工管理和顾客管理。

2. 自动读取销售时点信息

在顾客购买商品结账时,POS系统通过扫描读数仪,自动读取商品条形码标签或OCR标签上的信息。在销售商品的同时,获得实时的销售信息是POS系统的最大特征。

3. 集中管理信息

在各个POS终端获得的销售时点信息以在线联结方式汇总到企业总部,与其他部门发送的有关信息一起由总部的信息系统加以集中并进行分析加工,对商品上架陈列方式、促销方法、促销期间、竞争商品的影响等进行相关分析,集中管理。

4. 连接供应链的有力工具

POS系统可以认为是供应链信息管理的起点。供应链上的参与各方要做到信息共享,销售时点信息必不可少。在具有POS系统、EOS系统并能使用VAN网络的现代化企业中,通过供应商的管理信息系统,将商品销售信息转化为订货信息并通过VAN网络自动传递至上游供应商的管理信息系统。供应商可以利用该信息并结合其他的信息来制订企业的经营计划和市场营销计划。

(四) POS系统的应用效果

POS系统的应用效果表现在:收银台业务效率大大提高,使商品检验时间缩短,输入商品数据的出错率大大减少,收银作业变得容易,收集信息的能力大大提高。POS系统做到了数据收集的省力化和实时化,销售额和现金额能随时把握,检查输入数据简便化,可以随时发现不良库存,及时把握库存水平。

基础知识训练

1. 简述物流信息的功能和作用。

2. 简述物流信息标准化的重要性。
3. 简述射频识别技术在物流中的应用。
4. EDI 系统的特点和功能是什么？

拓展阅读 8.1　信息匹配再升级：从"物流滴滴"到"物流支付宝"的进化之路

第九章

连续输送设备

> **学习目标与要求**
> 1. 掌握连续输送设备的特点及其在现代物流系统中的作用;
> 2. 熟悉各种类型连续输送机械的结构和应用范围;
> 3. 掌握连续输送设备的主要技术性能指标及选择原则。

教学引导案例

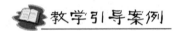

智能分拣输送行业发展方兴未艾

物流活动涵盖领域广泛,伴随商品转移的全过程,涉及从基础设施到零售端的业务链。随着土地和人力资源成本的上升,以及企业对信息化需求的不断增加,高效快捷的物流系统越来越多地成为企业提高竞争力的必需。智能物流系统通常由自动化生产线、自动化仓库系统、自动化搬运与输送系统、自动化分拣与拣选系统及其电气控制和信息管理系统等部分组成,能够有效降低人工成本,提升制造、流通效率。

近年来,我国物流业在货物运输自动化、运作和管理高效化等方面取得明显成效。以物联网、大数据、云计算、人工智能等新一代信息技术为支撑的智慧物流蓬勃发展,显著提高了我国物流行业的服务水平,降低了服务成本,减少了资源消耗。智能物流产业上游包括物流地产、基础设施、设备软件等,中游聚焦商品流通环节,包括运输、仓储和配送,下游是应用端,包括电商、快递和新零售等。

根据中国机械工程学会组织编写的《中国物流仓储装备产业发展研究报告(2016—2017)》,2016—2017 年,我国物流装备行业各类型装备的销售总额分别为 229.10 亿元、306.06 亿元,2017 年同比 2016 年增长 33.59%,

物流装备市场处于加速发展时期。在物流输送分拣装备方面，2016—2017年，我国输送及分拣装备销售额分别为60.35亿元、81.13亿元，2017年较2016年同比增长34.43%，保持快速增长态势。

目前，全世界最先进的物流输送分拣技术和企业主要集中在欧洲、美国、日本等发达国家和地区。国内少数领先企业经过多年的发展已经积累了较多经验，装备制造水平不断提高。

与国外先进装备技术相比，国内物流输送分拣装备技术水平随着近年来行业的快速发展有了较大提高，但是在技术集成能力、装备稳定性、处理效率、处理能力、差错率等方面仍然存在差距。近年来，国内企业通过引进国外先进技术、OEM制造、提供本地化服务及与国外知名企业进行品牌合作等方式，不断成长，一批领先的国内物流装备企业在产品技术水平、品牌质量、产品性能方面快速提高，越来越受到国内外客户的青睐。

资料来源：https://www.sohu.com/a/420902978_747469

第一节 连续输送设备概述

一、连续输送设备的概念和特点

（一）连续输送设备的概念

连续输送设备是以连续、均匀、稳定的输送方式，沿着一定的线路从装货点到卸货点输送散料和成件包装货物的机械装置，简称为连续输送机。

由于连续输送机能在一个区间内连续搬运大量货物，搬运成本较低，搬运时间容易控制，因此，被广泛应用于现代物流系统中。特别在自动化立体仓库系统中，其搬运系统一般都是由连续输送机组成的，如进出库输送系统、自动分拣系统等，整个搬运系统由中央计算机统一控制，形成了一个完整的货物输送与搬运系统，大量货物或物料的进出库、装卸、分类、分拣、识别、计量等工作均由输送机系统来完成。

此外，在生产物流过程中，车间的流水作业线上也常常使用连续输送机械完成半成品或成品的搬运作业，以保证生产工艺过程的正常进行。

在仓储系统中，其搬运作业以集装单元化搬运最为普遍。因此，所用的连续输送机也以单元负载式输送机为主。单元负载式输送机主要用于输送托盘、箱包件或其他有固定尺寸的集装单元货物。

（二）连续输送设备的特点

与起重机械相比，输送机械能沿固定线路不停地输送货物，其工作机构的装载卸载都是在运行过程中进行的,因而输送机的起动、制动次数少;另外,被输送的散料均匀地分布于承载构件上,被输送的成件货物也同样按一定的次序以连续的方式移动。因此,输送机具有以下特点:

1. 优点

(1) 输送能力大

连续输送机械的输送路线固定,加上散料具有连续性,所以装货、输送、卸货可以连续进行;输送过程中极少紧急制动和启动,因此可以采用较高的工作速度,效率很高,而且不受距离远近的影响。

(2) 结构比较简单

连续输送机械沿一定线路全长范围内设置并输送货物,动作单一,结构紧凑,自身质量较轻,造价较低。因受载均匀、速度稳定,工作过程中所消耗的功率变化不大,在相同输送能力的条件下,连续输送机械所需功率一般较小。

(3) 输送距离较长

不仅单机长度日益增加,且可由多台单机组成长距离的输送线路。

(4) 自动控制性好

由于输送路线固定、动作单一,而且载荷均匀、速度稳定,所以比较容易实现自动控制。

2. 缺点

(1) 通用性差

只能按照固定的线路输送货物,每种机型只适合于一定类型的货物,且一般只能用于输送重量不大的货物。

(2) 必须沿整条输送线路布置

输送线路一般固定不变,在输送线路变化时,往往要按新的线路重新布置。在需要经常改变装载点及卸载点的场合,须将输送机安装在专门机架或臂架上,借助它们的移动来适应作业要求。

(3) 大多不能自动取料

除少数连续输送机能自行从料堆中取料外,大多要靠辅助设备供料。

(4) 不能输送笨重的大件物品

不宜输送质量大的单件物品或集装箱类容器。

二、连续输送设备的类型

(一) 按安装方式划分

按安装方式的不同,输送机有固定式和移动式两类。

1. 固定式输送机

固定式输送机是指整个设备固定安装在一个地方，不能再移动，它主要用于固定输送的场合，如专用码头、仓库中货物的移动，以及工厂工序之间的原材料、半成品和成品的输送。固定式输送机具有输送量大、单位能耗低、效率高等特点。固定式输送机如图 9-1 所示。

2. 移动式输送机

移动式输送机是指整个设备安装在可以移动的车轮上，它具有机动性强、利用率高，能及时布置输送作业线路等特点，但其输送量不太高，输送距离不长，适用于中小型仓库。移动式输送机如图 9-2 所示。

图 9-1　固定式输送机样例

图 9-2　移动式输送机样例

（二）按结构特点划分

按照结构特点的不同，输送装备可分为具有挠性牵引构件的输送机和无挠性牵引构件的输送机。

1. 具有挠性牵引构件的输送机

其工作特点是物料在牵引构件的作用下，利用牵引构件的连续运动使货物向一个方向输送。牵引构件是往复循环的一个封闭系统，通常是一部分牵引构件输送物料，另一部分牵引构件返回。这类输送机种类很多，主要有带式输送机、板式输送机、小车式输送机、自动扶梯（如图 9-3 所示）、自动人行道等。

2. 无挠性牵引构件的输送机

其结构组成各不相同，用于输送物料的工作构件也不相同。它们的工作特点是利用工作构件的旋转运动或振动，或者利用介质在管道中的流动，使物料沿一定方向输送，它的输送构件不具有往复循环形式。常见的无挠性牵引构件的输送机有螺旋式输送机（如图 9-4 所示）、气力输送机、振动式输送机等。

图 9-3 自动扶梯样例　　　　图 9-4 螺旋式输送机样例

三、连续输送设备的一般构成与作用

(一) 连续输送设备的一般构成

连续输送机械系统通常由远距离运输、转载、取料、堆积等设备构成。

(1) 运输机械：包括带式运输机(皮带机)、气垫带式运输机、螺旋运输机、气力运输机、刮板运输机等。

(2) 转载设备：一般由转载漏斗和其他转载设备及转载房等构成。

(3) 取堆设备：包括斗轮取料机、真空泵取料机、卸船机、卸车机等。

(二) 连续输送设备在现代物流系统中的作用

连续输送设备在现代物流系统中，特别是在港口、车站、库场、货栈内，承担大量的货物运输任务，同时它也是现代化立体仓库中的辅助设备，它具有把各物流站点衔接起来的作用。物料输送是"装卸搬运"的主要组成部分，在物流各阶段、环节、功能之间，都必须进行输送作业。

连续输送设备是生产物流中的重要设备。在生产车间，输送设备起着人与工位、工位与工位、加工与储存、加工与装配之间的衔接作用，具有物料的暂存和缓冲功能。通过对输送设备的合理运用，使各工序之间的衔接更加紧密，可以提高生产效率，它是生产中必不可少的调节手段。

四、连续输送设备的应用范围

由于连续运输机械具有在一个区间内能连续输送大量货物，搬运成本低，搬运时间比较准确、货流稳定等优点,因而,被广泛用于现代物流系统中。从国内外大量自动化立体仓库、物流配送中心、大型货场来看,其设备除起重机外,大部分都是连续输送机组成的搬运系统,如进出库输送系统、自动分拣输送系统、自动装卸输送系统等。

到目前为止,输送机械不仅是生产加工过程中机械化、自动化、连续化的流水线作业运输线中不可缺少的组成部分,也是自动化仓库、配送中心、大型货场的生命线。在实际应用中,除了采用各种通用连续输送机械(如带式输送机)和特种输送机(如特种带式输送机)以外,往往还根据生产作业的需要,将各种输送机安装在不同结构形式并具有多种工作机构的机架或门架上构成某种专用机械。

以港口的散粒物料连续装卸船为例,我国的各个散粒物料出口专业化码头均装备了以带式输送机为主体的散粒物料装船系统,而在散粒物料进口专业化码头上则有以各种输送机为主体的散粒物料连续卸船系统,例如用于散粮码头的卸船作业的双带式卸船机、埋刮板卸船机、气力吸粮机等;用于化肥卸船作业的螺旋卸船机;用于煤炭卸船作业的链斗卸船机;用于卸驳船作业的悬链式链斗卸船机,等等。这些散粒物料连续装卸机械的迅速发展开拓了连续输送机械新的发展领域。

五、连续输送物料的种类和属性

连续输送设备输送的货物有成件货和散货两大类:

成件货物是指有固定外形的单件物品,如:机械零部件、袋装、箱装、桶装等货物。在选择连续输送机械对成件物品进行输送时须考虑的物品主要特征有:单件质量、外形尺寸(长、宽、高)和形状以及包装形式等。另外,对一些比较特殊的成件物品还应考虑其他特性,如物品的温度、物品摆放或悬吊的方便性、易燃性、爆炸危险性等。

散粒货物是指不进行包装而成批堆积在一起的由块状、颗粒状、粉末状组成的成堆物料,如矿石、煤炭、沙子和粮食等。其物理机械特性有:粒度和颗粒组成、堆积密度、湿度、堆积角、外摩擦系数等。

连续输送设备输送货物种类和物料的物理、机械性能对于输送设备的选型、设计有重要的影响,在进行输送设备的选型、设计时必须考虑货物的物理机械特性。

第二节 典型的连续输送设备

一、带式输送机

(一) 带式输送机的结构和特点

带式输送机是由电动机提供动力,胶带作为输送带,利用摩擦力连续传送货物的机械。

1. 一般结构

带式输送机可分为固定式和移动式两种。其中前者由输送带、支承托辊、驱动装置、制动装置、张紧装置、改向装置、装载装置、卸载装置、清扫装置等部件组成。

输送带环绕在前后滚筒之间,下面装有上、下支承装置,以承受物料重量。电动机经减速后驱动滚筒,并牵引输送带运动,物料由进料斗导入输送带,由输送带送到目的地后由卸料装置卸出,输送带由下托辊送回进料处。

2. 应用范围及特点

固定式胶带输送机应用较为广泛,主要用于散料的输送。它既可作水平方向运动,又可作小倾角的倾斜输送。在各种输送机械中,它的效率最高、输送距离最长。固定式胶带输送机适应性强,可在港口、车站、货栈、库场等场所使用,应用较广泛,尤其适用于煤炭、矿石等散货的输送。

移动式胶带输送机主要用于装卸输送,机动性强,使用效率高,输送方向和输送长度均可改变,能及时布置输送作业线使其达到作业要求。

(二)托辊带式输送机的主要部件

带式输送机的类型有多种,下面以托辊带式输送机为例介绍其主要部件。

1. 输送带

输送带用来传递牵引力和承载被运货物,因此要求它强度高、抗磨耐用、挠性好、伸长率小和便于安装修理。输送带按用途分为强力型、普通型、轻型、井巷型和耐热型5种。

2. 支承托辊

支承托辊的作用是支撑输送带及带上的物料,减少输送带的垂度,使其能够稳定运行。托辊的维修或更换费用是带式输送机营运费用的重要组成部分。为了减少托辊对输送带的运动阻力,必须注意托辊两端滚动轴承的密封和润滑,以保证托辊转动灵活并延长使用寿命。

3. 驱动装置

驱动装置的作用是驱动输送带运动,实现货物运送。

通用固定式和功率较小的带式输送机都采用单滚筒驱动,即电动机通过减速器和联轴器带动一个驱动滚筒运转,一般采用封闭式鼠笼电动机。当功率较大(例如大于1GW)时,可配以液力耦合器或粉末联轴器,使起动平稳。长距离、生产率高的带式输送机可采用多滚筒驱动,大功率电动机可采用绕线式电动机,它便于调控,可以使长距离带式输送机平稳起动。此外还可采用摆线针轮减速器传动或采用电动滚筒。

4. 制动装置

对倾斜布置的带式输送机,为了防止满载停机时输送带在货重的作用下发生反向运动引起物料逆流,应在驱动装置处设制动装置。制动装置有滚柱逆止器、带式逆止器、电磁瓦块式或液压电磁制动器。

5. 张紧装置

张紧装置的作用是使输送带保持必要的初张力,以免在驱动滚筒上打滑,并保证两托辊间输送带的垂度在规定的范围以内。张紧装置的主要结构形式有螺旋式、小车重锤式、垂直重锤式三种。

6. 改向装置

改向装置有改向滚筒和改向托辊组两种,用来改变输送带的运动方向。改向滚筒适用于带式输送机的平形托辊区段,如尾部或垂直重锤张紧装置处的改向滚筒等。改向托辊组由若干沿所需半径弧线布置的支承托辊组成,它用在输送带弯曲的曲率半径较大处,或用在槽形托辊区段,使输送带在改向处仍能保持槽形的横断面。

7. 装载装置

装载装置的作用是对输送带均匀装载,防止物料在装载时洒落在输送机外面,并尽量减少物料对输送带的冲击和磨损。物料在下滑到输送带上时,应保持尽可能小的法向分速度(相对于带面)和尽量接近于带速的切向分速度。

8. 卸载装置

带式输送机可在输送机端部卸料,也可在中间卸料,前者物料直接从滚筒处抛卸,后者可采用卸载挡板或卸载小车。

9. 清扫装置

为了提高输送带的使用寿命和保证输送机正常运行,必须进行清扫。常用的清扫装置是弹簧清扫器和犁形刮板。

(三)带式输送机的布置方式

带式输送机的基本布置方式有水平输送方式、倾斜输送方式以及水平倾斜混合输送方式。在自然条件允许的情况下,带式输送机最好采用水平输送方式或接近水平输送方式。当输送带的布置需要有一定的倾斜时,倾斜角不能太大,否则会引起物料沿输送带下滑,造成生产率降低甚至不能正常输送。

(四)带式输送机的主要类型

近年带式输送机的发展十分迅速。发展的趋势是大运量、长距离、大倾角、多品种。

此外，检测及监控等附属安全保护装置也日趋完备。

1. 气垫带式输送机

普通带式输送机以托辊为支承装置，对于长距离的带式输送机来说，所需支承托辊的数量是相当可观的，运转过程中往往容易发生故障。为解决这个问题，近年研制出一种气垫带式输送机，如图 9-5 所示。它用托槽支承输送带，在托槽与输送带之间形成一定厚度的空气层作为滑动摩擦的"润滑剂"，使运动阻力大为减小，而空气层是靠鼓风机将具有一定压力的气流送入气室形成气膜形成的。目前这种输送机已在大连、天津港散粮码头使用。

2. 磁垫带式输送机

利用磁铁的磁极同性相斥、异性相吸的原理，将胶带磁化成磁弹性体，则此磁性胶带与磁性支承之间产生斥力，使胶带悬浮。磁垫带式输送机的优点在于它在整条带上能产生稳定的悬浮力，工作阻力小且无噪声，设备运动部件少，安装维修简单。

3. 大倾角带式输送机

普通胶带输送机倾斜向上输送物料时，不同粉粒料所允许的最大倾角一般为 16°～20°。为了提高输送倾角，缩短在提升同样高度时所需的输送机长度，节省占地面积，近年来发展了多种形式的大倾角带式输送机，如花纹带式输送机、波形挡边带式输送机、双带式输送机等，使许用输送倾角大为增加，甚至能够实现垂直提升货物。如图 9-6 所示，这几种大倾角带式输送机均已应用于港口散货连续卸船机中。

图 9-5　气垫带式输送机样例

图 9-6　大倾角带式输送机样例

4. 封闭型带式输送机（管型带式输送机）

普通皮带机都是直线输送的，不能在水平面内弯转。吊挂管状带式输送机则可沿空间曲线，绕过沿途的各种障碍，完成输送任务。它有一条特殊的胶带，胶带在带式输送机的头部滚筒和尾部滚筒处展平，像普通带式输送机一样，由驱动滚筒依靠摩擦力来驱动。加料后，通过一系列导向辊子，胶带逐渐封闭成管状。胶带的侧边有特殊的凸缘，闭合后可以被吊具锁住。

吊具上有滚轮,在工字钢轨道上运行,相互之间用钢绳连接,保持一定的间距。在卸料时,吊具被导向轮强制打开,脱离胶带,胶带展平后在滚筒处卸料。这种带式输送机可以实现两个分支双向输送物料,实现大倾角输送,并且不会出现胶带跑偏等事故。由于是钢轮在钢轨上运动,所以运行阻力小,功率消耗少。

5. 钢绳芯胶带输送机

钢绳芯胶带输送机以强度极高的钢丝绳代替帆布层做带芯材料,从而使输送机所能承受的拉力可相当于100多层的普通帆布胶带,因而能实现单机长距离输送。这就使运输系统简化,减少了物料的破碎及对胶带的冲击、磨损,可延长输送带的使用寿命,提高经济效益。

6. 中间带驱动的带式输送机

中间带驱动的带式输送机是在一台长距离的带式输送机的中间再安装几台较短的胶带机,借两条紧贴在一起的胶带之间的摩擦力驱动长距离胶带输送机。

中间带驱动可以大幅度地降低长距离输送带的计算张力,因为这种驱动方式将动力源沿长距离输送机的整个长度进行多点布置,这就可以避免滚筒驱动的输送带在进入驱动滚筒的那一段张力特别大的现象,因而可以降低对胶带强度的要求。这就可使胶带厚度、自重、价格以及所用的滚筒直径和传动机构尺寸随之减小,有可能使一台长距离的带式输送机采用价廉的标准输送带实现无转载的物料输送。

二、链式输送机

链式输送机的输送原理为:用绕过若干链轮的链条作牵引构件,由驱动链轮通过轮齿与链节的啮合将圆周牵引力传递给链条,在链条上或与链条连接的工作构件上输送货物。此类输送机根据所用的链条又可分为滑动链条式、滚动链条式和板条式输送机。链式输送机的类型很多,用于港口、货场的主要有链板输送机、刮板输送机和埋刮板输送机。

(一)链板输送机

链板输送机的结构和工作原理与带式输送机相似,它们的区别在于带式输送机用输送带牵引和承载货物,而链板输送机则用链条牵引、用固定在链条上的板片承载货物,靠啮合驱动传递牵引力,如图9-7所示。链板输送机主要用于部分仓库或内河港口中输送货物。它与带式输送机相比,优点是板片上能承放较重的件货,链条挠性好、强度高,可采用较小直径的链轮和传递较大的牵引力;缺点是自重、磨损、消耗功率都比带式输送机大。

（二）刮板输送机

刮板输送机是利用相隔一定间距而固定在牵引链条上的刮板，沿敞开的导槽刮运散货的机械，如图9-8所示。工作分支可采用上分支或下分支。前者供料比较方便，可在任一点将物料供入敞开的导槽内；后者卸料比较方便，可打开槽底任一个洞孔的闸门而让物料在不同位置流出。当需要向两个方向输送物料时，则上下分支可同时作为工作分支。

图9-7 链板输送机样例　　　　图9-8 刮板输送机样例

刮板输送机适于在水平方向或小倾角方向上输送煤炭、沙子、谷物等粉粒状和块状物料。它的优点是结构简单、牢固，对被运物料的块度适应性强，改变输送机的输送长度较方便，可在任意点装载或卸载；缺点是由于物料与料槽和刮板与料槽的摩擦，使料槽和刮板的磨损较快，输送阻力和功率消耗较大，因此常用于生产率不大的短距离输送，在港口可用于散货堆场或装车作业。

港口的旅客自动扶梯也是一种链式输送机，其载人小车的工作面做成梳齿形，小车在下水平段与固定在地面的梳形板交叉，使旅客能安全地登上自动扶梯。小车工作面在整个输送过程中保持水平，使旅客在扶梯的爬坡段踏在其上感到安全舒适。在上水平段，运载小车的梳形表面又与固接在地面的梳形板交叉，便于旅客踏离扶梯。

（三）埋刮板输送机

埋刮板输送机是由刮板输送机发展而来的一种链式输送机，但其工作原理与刮板输送机不同。在埋刮板输送机的机槽中，物料不是一堆一堆地被各个刮板刮运向前输送的，而是以充满机槽整个断面或大部分断面的连续物料流形式进行输送。其结构如图9-9所示。

工作时，与链条固接的刮板全埋在物料之中，刮板链条可沿封闭的机槽运动，可在水平和垂直方向输送粉粒状物料。物料可由加料口或在机槽的开口处由运动着的刮板从料堆取得，因此，在港口不仅可用于散货输送，还常用作散货卸船机。

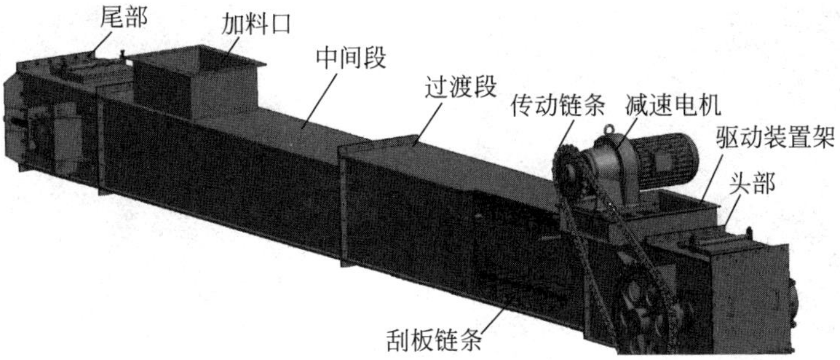

图 9-9 埋刮板输送机结构

埋刮板式输送机既适用于水平或小倾角方向输送物料,也适用于垂直方向输送。所运送的物料以粉状、粒状或小块状物料为佳,如煤、沙子、谷物等,物料的湿度以用手捏成团后仍能松散为度;不宜输送磨损性强、块度大、黏性大、腐蚀性强的物料,以避免对设备造成损伤。

(四)悬挂式输送机

悬挂于工作区上方的输送机具有很多优点,把物料挂在钩子上或其他装置上,可利用建筑结构搬运重物。例如喷漆作业,挂在钩子上的产品自动通过喷漆车间,接受喷漆或浸泡。悬挂输送主要用于在制品的暂存,物料可以在悬挂输送系统上暂时存放一段时间,直到生产或装运为止。这就避免了在车间和地面暂存所造成的劳动力和空间的浪费。安全性是在悬挂输送系统设计和实施中应考虑的重要因素。

1. 普通悬挂输送机

普通悬挂输送机是最简单的架空输送机械,如图 9-10 所示。它有一条由工字钢一类的型材组成的架空单轨线路;承载滑架上有一对滚轮,承受货物的重量并沿轨道滚动;吊具挂在滑架上。如果货物太重,可以用平衡梁把货物挂到两个或四个滑架上,滑架由链条牵引。

2. 推式悬挂输送机

推式悬挂输送机可以组成复杂的、自动化程度较高的架空搬运系统,如图 9-11 所示。它的特点在于载货小车不固定在牵引链条上,而是由链条上的推头推动载货小车上的推杆实现其运动。推杆伸出时与推头啮合,推杆缩下时与推头脱开,从而可以使载货小车的运动得到控制。推杆在前爪重力的作用下始终处于伸出的状态,只要把前爪抬起即可使推杆缩下。

如果有一辆载货小车已经停止,后面的小车在继续前进时,其前爪被前一辆小车的后爪抬起,即能自动停止运行。当前一辆小车被释放后,后一辆小车的前爪又使推杆自然伸出,于是后一辆小车跟随前进,因此这种悬挂输送机又称积放式悬挂输送机。

图 9-10　普通悬挂输送机样例

图 9-11　推式悬挂输送机样例

三、辊道式输送机

辊道式输送机由一系列以一定的间距排列的辊子组成,用于输送成件货物或托盘货物。采用这种输送机输送货物时,货物和托盘的底部必须有沿输送方向的连续支承面。为保证货物在辊子上移动时的稳定性,该支承面的长度至少应该与四个辊子相接触,即辊子的间距应小于货物支承面长度的 1/4。

辊道可以是无动力的,也可以是有动力的。当采用无动力的辊道时,如果辊道水平布置,则货物的移动由人力推动。辊道也可以布置成一定的坡度,使货物能靠自身的重力从高处自动移动到低处。这种重力式辊道的优点是结构简单,不消耗能源;缺点是输送机的起点和终点要有高度差。如果输送距离较长,必须分成几段,在每段的终点设一个升降台,把货物提升至一定的高度,使物料再次沿重力式辊道移动。

辊道输送机可以直线输送,也可以改变输送方向,图 9-12 所示为直线运行的辊道布置示意图,图 9-13 所示为转弯处辊道的布置示意图。这种输送机的直接驱动机构是安装在输送机一侧的锥齿轮副,所有的主动锥齿轮由电动机或其他动力装置通过主动锥齿轮轴带动旋转,在转弯处用万向接头连接主动锥齿轮轴。这种输送机的优点是承载能力大,可以输送较重的物品,但其缺点是输送机的侧面占据的空间较大。

图 9-12　直线辊道输送机样例

图 9-13　转弯辊道输送机样例

四、螺旋输送机

（一）螺旋输送机的特点及其分类

螺旋输送机是无挠性牵引构件的输送机械。它借助原地旋转的螺旋叶片将物料推移向前而进行输送，主要用来输送粉粒状散货，如水泥、谷物、面粉、煤、砂、化肥等。

螺旋输送机的主要优点是结构简单，没有空返分支，因而横断面尺寸小。它可在多点装货或卸货，工作可靠，易于维修，造价较低，输送散货时能在积槽内实现密闭输送，对输送粉尘大的物料更为优越。

它的缺点是，由于物料对螺旋、物料对料槽的摩擦和物料的搅拌，在运送过程所受的阻力大，使单位功率消耗较大；螺旋和料槽容易磨损，物料也可能破碎；螺旋输送机对超载较敏感，易产生堵塞现象。因此，螺旋输送机一般输送距离不长，生产率较低，适于输送磨砺性较小的物料，不宜输送黏度大、易结块及大块的物料。

螺旋输送机可沿水平、倾斜方向或在垂直方向输送物料，分为水平螺旋输送机、垂直螺旋输送机和弯曲螺旋输送机。

（二）水平螺旋输送机

水平螺旋输送机可在水平或倾斜方向上输送物料，被广泛应用于粮食、建材、化工、机械、交通运输等部门。输送长度一般为 30～40m，长的可达 60～70m，生产率一般不超过 100t/h。目前国内的定型产品是 GX 型螺旋输送机，如图 9-14 所示。

（三）垂直螺旋输送机

垂直螺旋输送机如图 9-15 所示，它可自动从料堆或船舱内取料，在港口作为连续式散货卸船机械，近年已获得较快的发展。

图 9-14　水平螺旋输送机样例

图 9-15　垂直螺旋输送机样例

垂直输送时，物料主要受离心力的作用而与槽壁贴紧，并由此产生对槽壁的摩擦力而实现物料输送。当螺旋的转速不高时，物料颗粒随同螺旋转动所产生的离心惯性力不足以克服物料与螺旋面之间的摩擦力，这时物料位于螺旋面上保持相对静止状态。当螺旋转速较高时，物料所产生的离心惯性力大于物料与螺旋面之间的摩擦力，物料就向螺旋叶片边缘移动，直至压向料槽内壁而产生槽壁对物料的摩擦力。但如果这个摩擦力较小，不足以克服物料与螺旋面之间的摩擦力和物料重力沿螺旋面的分力，则物料仍随叶片绕螺旋轴旋转，颗粒仍不能上升。

只有在螺旋转速足够高、物料的离心惯性力足够大，使挡壁对物料的摩擦力足以克服螺旋面与物料间的摩擦力和物料重力沿螺旋面的分力时，物料的转速将低于螺旋转速，才开始沿螺旋形轨迹上升。因此，垂直螺旋具有足够高的转速是物料能在垂直螺旋输送机内向上输送的必要条件。

（四）弯曲螺旋输送机

弯曲螺旋输送机与水平、垂直螺旋输送机的主要不同之处是螺旋与料槽。用合成橡胶制成螺旋叶片，然后粘在高强度的挠性心轴上，再配以不同形状的弹性料槽。螺旋与料槽接触，所以不设置中间轴承。一根螺旋就可以按不同要求弯成任意形状，从而达到空间多方位输送物料的目的。这种输送机通常用于对粉状、颗粒状的物料以及污泥等的输送。

与普通的螺旋输送机相比，弯曲螺旋输送机具有许多优点：
(1) 无中间支撑轴承，故而结构简单，安装维修方便。
(2) 由于螺旋和料槽都为非金属，所以工作时噪声较小，且耐腐蚀。
(3) 可以实现多向输送。

其主要缺点是输送距离不长，通常不超过 15m。

五、气力输送机

（一）气力输送机的工作原理

所谓气力输送机，是利用具有一定速度和压力的空气，带动粒状物料在密闭管路内进行输送，其方向可以是垂直或水平方向。物料的输送过程完全由空气的动力状态来控制，当空气速度处于临界范围时，物料呈悬浮状态，也就是说，物料的重力与空气的动力达到平衡；低于临界范围，物料下降；高于临界范围，物料被输送。

（二）气力输送机的分类

根据气力输送机管路内的空气压力大小，可以将输送机分为三种：吸送式、压送式和混合式。

1. 吸送式气力输送机

吸送式气力输送机(如图 9-16 所示)的主要特点是管路内的空气压力低于大气压,形成一定的真空度。物料在吸嘴处与空气混合,由于管路内的真空度而被吸入输送管路并沿管路输送,到达卸料点后,经分离器将空气与物料分离,空气经除尘、消声处理后排入大气。

吸送式气力输送机的最大优点是进料方便,可以由一根或几根吸料管从一个或几个供料点进料,而且粉尘较少。其缺点是输送距离受限制,因为距离一长,阻力上升,对真空度的要求就高。但真空度达到一定值后,空气变得稀薄,输送力下降。保证一定的真空度对吸送式气力输送机相当重要,除鼓风机外,管路应该严格密封,以免漏气。

2. 压送式气力输送机

与吸送式气力输送机不同,压送式输送机(如图 9-17 所示)管路内的气压高于大气压。空气经鼓风机压缩后进入输送管路,物料由料斗进入,混合后沿管路输送,至卸料点经分离器分离,物料由下方排出,空气经除尘、消声排入大气中。

图 9-16 吸送式气力输送机样例

图 9-17 压送式气力输送机样例

压送式气力输送机的最大优点是可长距离输送;其缺点是供料器结构复杂,因为供料器要将物料送入高压管路中,必须防止管路内的高压空气冲出。压送式气力输送机在散装水泥的装卸作业中应用较多。

3. 混合式气力输送机

吸送式和压送式的气力输送机的应用都有一定的局限性,因此结合两者的优点(吸送式气力输送机进料方便,压送式气力输送机可长距离输送)的混合式气力输送机便应运而生。

混合式气力输送机具有吸送式和压送式气力输送机的优点,但结构复杂,进入压送部分的鼓风机的空气大部分是从吸送部分分离出来的,所以含尘量较高。

六、斗式提升机

(一)斗式提升机的一般结构、应用范围及分类

斗式提升机简称斗提机,是一种在垂直方向或大于70°倾角的倾斜方向上输送粉粒状物料的输送设备,如图9-18所示。它通常由下列部件组成:牵连构件(胶带或链条)、料斗、机头、机身、机座、驱动装置、张紧装置。料斗固定于胶带(或链轮)上,其形式通常有深斗、浅斗、三角斗三种。其中,深斗适合于松散物料;浅斗适合于黏性较大的物料;三角斗适合于密度较大且成块状的物料。

图9-18 斗式提升机样例

整个设备外壳全部封闭,以免输送过程中灰尘飞扬。外壳上部称为机头,内装有驱动装置、传动装置(减速器或齿轮、皮带或链条)和止逆器(制动器或滚动止逆器);中间为机身,通常为薄钢板焊接而成的方形罩壳,其长度可根据实际提升高度调节,机身中装有跑偏报警器,一旦胶带或链条跑偏即会报警,机头端设有防爆孔;下部为机座,装有张紧装置(或链轮);机座上设有进料口,机头上设有出料口。

斗提机的特点是结构简单,横向尺寸小,占地面积少;提升高度大,输送能力好;在全封闭的机身内工作,以减少对环境的污染;耗用动力小,但过载时容易堵塞,料斗易磨损。

斗提机有固定式和移动式两种,前者安装于车间、仓库等处,生产能力较大;后者使用方便灵活,多作为粮仓的装卸设备。按牵引构件的不同,可分为带式和链式两种,物料温度低于60℃时适用于前者,反之用后者。

(二)工作过程

斗提机的整个工作过程分为三个阶段:装料、提升、卸料。其中装料与卸料尤为重

要,对斗提机的生产率起决定性作用。提升相对较为简单,只要胶带或链条强度可以保证,输送过程中无打滑或抖动现象,基本上就可以保证提升平稳、不撒料。下面主要讨论装料与卸料两个过程。

1. 装料

斗提机的装料方式有两种:顺向进料和逆向进料,或称挖取法和装入法。

(1) 顺向进料

料斗运动方向与进料方向一致,料斗对物料采用挖取的方式,挖得越深,装得越满。但机座内的物料高度应低于张紧轮(或链轮)的水平轴线位置,以免料斗装得过满而超载,在提升过程中洒落。

(2) 逆向进料

料斗运动方向与进料方向相反,料斗对物料采用装入的方式。这种进料方式适用于块度大且密度大的物料,这种物料如用顺向进料法,很难将料斗装满,装料时料斗的运行速度应该较低,否则物料不易装满。

2. 卸料

斗提机的卸料过程,就是料斗进入头轮之后,随头轮作旋转运动而将物料倒出的过程,根据其方式不同,可以分为三种:重力式、离心式、混合式。

七、空间输送机

在现代化物流中心中,为了节省占地面积,缩短输送距离,提高储存空间和扩大使用面积,其建筑物往往采用多层式建筑。发达国家的物流中心有的高达4层,为了在各层之间高效自动地输送物品,大多使用立体输送机。

1. 空中移载台车

如图 9-19 所示为空中移载台车,这种输送工具悬挂在空中导轨上,按照指令在导轨上运动或停止。在运动过程中货台装置通过卷扬机和升降带被提到最高位置,并与车体成为一体。当运动到指定位置时,升降带伸长,货台下落,进行卸货或装货。这种空中移载车的优点是快速、准确、安全,所占空间较小。

图 9-19 空中移载台车样例

2. 螺旋滑槽式垂直输送机

螺旋滑槽式垂直输送机是利用重力及螺旋倾斜滑槽使物品自上而下平稳滑下。因为没有驱动装置,物品只能向下而不能向上滑动。

螺旋滑槽式垂直输送机的特点如下：

(1) 滑槽轨道用四氯乙烯原料制成，倾斜度在120°以内，速度缓和，不损伤物品；

(2) 可连续输送料箱，当料箱很多时，可暂存于槽内；

(3) 由于未用驱动装置，基本没有噪声；

(4) 结构简单、成本低、维修费用少。

3. 垂直升降输送机

物流中心各楼层之间的物品搬运是十分常见的。除了一般电梯之外，还必须有专门的垂直运输设备，以充分利用空间。垂直运输机运动平稳，不会使物品振动而损坏。

图9-20所示为垂直往复式升降机，其原理与电梯相同。垂直升降输送机升降平台的上下移动是由卷扬机或液压装置来驱动的。

4. 盘式垂直输送机

盘式垂直输送机如图9-21所示。因为能连续输送，所以其效率较高，可达500个/h。这种输送机可以节省空间和人力，运费少，承载能力大，承载范围为50～2 000kg。

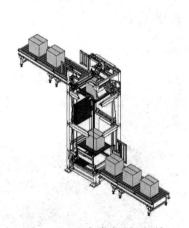

图9-20 垂直升降输送机样例

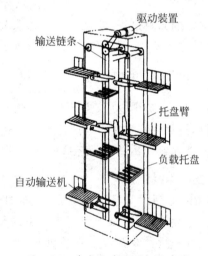

图9-21 盘式垂直输送机示意图

第三节 分拣设备

在大型自动化仓库和配送中心中，分拣工作十分繁忙。为了实现大批量货物的高效率、少差错的拣选、分货、分放等作业，必须运用自动化程度较高的分拣设备。近年来，随着分拣技术的迅速发展，分拣系统的规模越来越大，分拣能力越来越高，应用范围也越来越广,分拣设备已成为重要的连续输送设备。

物流自动化经历了烟草等传统行业为主导到电商与快递行业需求迅速兴起的发展历程,尤其在快递行业,电商蓬勃发展带来的快递业务量的高速增长使得手工分拣无法满足快递企业对产能、时效和成本的要求,智能分拣能降低单票分拣成本并提高分拣能力的天花板,同时电子面单使用率的提升、快递企业的成功募资、智能分拣设备价格的快速下降共同为智能分拣的普及提供了外部条件。

一、分拣设备的含义及特点

分拣设备是完成仓库、配送中心拣选、分货、分放作业的现代化设备,是开展分拣、配送作业的强有力的技术保证。目前国内外出现的大容量的仓库和配送中心中几乎都配备有自动分拣机。自动分拣机具有很高的分拣能力,能处理各种各样的货物。

分拣设备具有劳动生产率高、自动化程度高、技术密集、分拣能力强等优点,它是现代仓库不可缺少的先进的设备,决定着仓库的作业能力和作业规模,反映了物流技术水平的高低。其特点如下:

1. 能连续、大批量的分拣货物

由于采用大生产中使用的流水线自动作业方式,自动分拣不受气候、时间、人的体力的限制,可以连续运行 100h 以上;同时由于自动分拣设备单位时间分拣货物件数多,因此,分拣能力是人工分拣系统的数倍。

2. 分拣误差率很低

分拣误差率的大小主要取决于所输入分拣信息的准确性,准确程度又取决于分拣信息的输入机制。如果采用人工键盘或语音识别方式输入,则误差率在 3‰ 以上;如采用条形码扫描输入,除非条形码的印刷本身有差错,否则不会出错。目前,分拣设备系统主要采用条形码技术来识别货物。

3. 分拣基本实现了无人化

自动分拣设备系统能最大限度地减少人员的使用,减轻员工的劳动强度。分拣作业本身并不需要使用人员,能基本实现无人化作业。

二、分拣设备的分类

根据分拣设备的作业性质,常把分拣设备分为拣选设备和分货设备两大类。

1. 拣选设备

拣选设备主要包括拣选式叉车、拣选式升降机、拣选式巷道堆垛机等。分拣作业用的拣选机利用电子计算机,可在其显示盘上显示要求拣选货物的品种、数量、层数,分拣人员根据显示盘的指令,便可把拣选机升或降到指定位置,直接进行拣选作业。

对于回转货架,在拣选过程中,计算机根据指令让货架回转,回转货架把下一个要拣选的货格回转到拣选位置,拣选完一种货物之后,只要按一下电钮,拣选机就上升或下降到下一个需要拣选的货架,实现连续拣选。

2. 分货设备

分货设备又称分拣机。现代仓库和配送中心的分货工作大多由自动分拣机来完成,因此,这里介绍的分拣设备主要指的是自动分拣机。

三、几种典型的自动分拣机

1. 带式分拣机

带式分拣机(如图9-22所示)是利用输送带载运货物完成分拣工作的机械设备。按带的设置形式常分为平带式和斜带式分拣机两种类型;按带的材料,又可分为胶带式和钢带式分拣机两种类型。

图9-22 带式分拣机样例

平钢带分拣机的分拣过程如下:

(1) 分拣人员阅读编码带上的货物地址,在编码键盘上按相应的地址键,携带有地址代码信息的货物即被输送至缓冲储存带上排队等待。

(2) 当控制柜中的计算机发出上货信号时,货物即进入平钢带分拣机。其前沿挡住货物探测器时,探测器发出货到信号,计算机控制紧靠探测器的消磁、充磁装置,首先对钢带上的遗留信息进行消磁,再将该货物的地址代码信息以磁编码的形式记录在紧挨货物前沿的钢带上,成为自携地址信息,从而保持和货物同步运动的关系。

在分拣机每一个小格滑槽的前面都设置了一个磁编码信息读出装置,用来阅读和货物同步运行的磁编码信息。当所读信息就是该格口滑槽代码时,计算机就控制导向挡板,快速地运动到钢带上方,导向挡板和钢带运动方向呈35°左右的夹角,可以顺利地将货物导入滑槽,完成分拣任务。

平钢带分拣机的适用范围较大,除了易碎、超薄货物及木箱外,其余货物都能分拣,最大分拣质量可达 70kg,最小分拣的质量为 1kg。该分拣机的主要优点是强度高、耐用性好、可靠性程度高,但设置较多的分拣滑道较困难,系统平面布局也比较困难。另外,对货物冲击较大,运行费用较高,价格较高。

斜带分拣机的最大优点是利用重力卸载,因而卸载机构比较简单,另外,可设置较多的分拣滑道。

2. 托盘式分拣机

托盘式分拣机是一种使用十分广泛的机型,它主要由托盘小车、驱动装置、牵引装置等构成。其中,托盘小车形式多种多样,有平托盘小车、U 形托盘小车、交叉带式托盘小车等。传统的平托盘小车、U 形托盘小车利用盘面倾翻、重力卸落货物,结构简单,但存在着上货位置不准、卸货时间过长的缺点,会造成高速分拣时不稳定以及格口宽度尺寸过大。

(1) 交叉带式托盘分拣机

交叉带式托盘分拣机的特点是取消了传统的盘面倾翻、利用重力卸落货物的结构,而在车体上设置了一条可以双向运转的短传送带(称为交叉带),用它来承接从上货机来的货物,由链条牵引运行到相应的格口,再由交叉带运转,将货物强制卸落到左侧或右侧的格口中。

交叉带式托盘分拣机有下列两个显著优点:

① 能够按照货物的质量、尺寸、位置等参数来确定托盘带承接货物的启动时间、运转速度的大小和变化规律,从而摆脱了货物质量、尺寸及摩擦系数的影响,能准确地将各种规格的货物承接到托盘中部位置。这样一来,就扩大了上机货物的规格范围。

在业务量不大的中小型配送中心,可按不同的时间段落处理多种货物,从而节省设备的数量和场地。

② 卸落货物时,同样可以根据货物质量、尺寸及在托盘带上的位置来确定托盘的启动时间、运转速度,可以快速、准确、可靠地卸落货物,能够有效地提高分拣速度、缩小格口宽度,从而缩小机器尺寸,有明显的经济效益。

交叉带式托盘分拣机的适用范围比较广泛,它对货物形状没有严格限制,箱类、袋类,甚至超薄形的货物都能分拣,分拣能力可达 1 万件/h。

(2) 翻盘式分拣机

翻盘式分拣机是链式分拣机的主要机型。它是在一条沿分拣机全长的封闭环形导轨中设置一条驱动链条,并在驱动链条上安装一系列载货托盘,将分拣物放在载货托盘上输送,当输送到预定分拣出口时,倾翻机构使托盘向左或向右倾斜,使分拣物滑落到侧面的溜槽中,从而达到分拣的目的。

翻盘式分拣机各托盘之间的间隔很小,而且可以向左右两个方向倾翻,所以这种分拣机可设很多分拣口。由于驱动链条可以在上下和左右两个方向弯曲,因此,这种分拣机可以在各个楼层之间沿空间封闭曲线布置,总体布置方便灵活。分拣物的最大尺寸和质量受托盘的限制,但对分拣物的形状、包装材质等适应性好,适用于要求在短时间内大量分拣小型物品的系统。

(3) 翻板分拣机

翻板分拣机如图 9-23 所示,是用途较为广泛的板式传送分拣设备,其结构与翻盘式分拣机基本相似,只是将承载托盘做成没有边缘的平板形。翻板分拣机是由一系列相互连接的翻板、导向杆和牵引装置、驱动装置、支承装置等组成的。

当货物进入分拣机时,光电传感器检测其尺寸,连同分拣人员按键的地址信息一并输入计算机中。当货物到达指定格口时,符合货物尺寸的翻板即受控倾翻,驱使货物滑入相应的格口中。每块翻板都可由倾翻导轨控制向两侧倾翻,每次有几块翻板翻转,取决于货物的长短,而且货物翻落时翻板依序翻转,可使货物顺利地进入滑道,这样就能够充分利用分拣机的长度尺寸,从而提高分拣效率。

翻板分拣机的适用范围大,可分拣箱类、袋类等货物。这种分拣机打破了托盘之间的界线,扩大了对大型分拣物的适用性,它的分拣能力可达 5 400 箱/h。但该分拣机分拣席位较少,且只能直线运行,占用场地较长,而且控制较复杂。

(4) 翼盘式分拣机

翼盘式分拣机如图 9-24 所示,其托盘由像鸟翼一样的两块板组成,中间由铰链连接。平时翼盘呈 V 字形,被分拣物承载其中。分拣时,两块翼板分别向左右翻转,使分拣物落入溜槽。这种分拣机可以分拣易滚动的圆柱形物品。

图 9-23 翻板分拣机样例

图 9-24 翼盘式分拣机样例

3. 浮出式分拣机

浮出式分拣机是把货物从主输送机上托起,而将其引导出主输送机的分拣机。根据结构,可以分为滚轮浮出式分拣机和皮带浮出式分拣机两种。

滚轮浮出式分拣机主要由两排旋转的滚轮组成,滚轮设置在传动带下面,每排有 8~10 个滚轮。滚轮也可设计成单排的,主要根据被分拣货物的重量来决定。滚轮接收到分拣信号后立即跳起，使两排滚轮的表面高出主传送带 10mm，并根据信号要求向某侧倾斜，使原来保持直线运动的货物在一瞬间转向，实现分拣。

浮出式分拣机由于分拣滑道多、输送带长，不可能只有一条上料输送带，一般有五条左右。该分拣机对货物的冲击力较小，适合分拣底部平坦的纸箱、用托盘装的货物，不能分拣很长的货物和底部不平的货物。

浮出式分拣机适用于包装质量较高的纸制货箱，一般不允许在纸箱上使用包装袋，分拣能力可达 7500 箱/h。该分拣机的优点是可以在两侧分拣，冲击小，噪声低，运行费用低，耗电少，并可设置较多分拣滑道。但它对分拣货物包装形状要求较高，对重物或轻薄货物不能分拣，同时也不适用于木箱、软性包装货物的分拣。

4. 悬挂式分拣机

悬挂式分拣机（如图 9-25 所示）是用牵引链（或钢丝绳）作牵引件的分拣设备，用于分拣、输送货物，它只有主输送线路，吊具和牵引链是连接在一起的。悬挂式分拣机主要由吊挂小车、输送轨道、驱动装置、张紧装置、编码装置、夹钳等组成。分拣时，货物吊夹在吊挂小车的夹钳中，通过编码装置控制，由夹钳释放机构将货物卸落到指定的搬运小车上或分拣滑道上。

悬挂式分拣机具有悬挂在空中、利用空间进行作业的特点，它适合于分拣箱类、袋类货物，对包装物形状要求不高，分拣货物重量大，但该机需要专用场地。

5. 横向推出式辊道分拣机

横向推出式辊道分拣机又称推块式分拣机，如图 9-26 所示，它以辊道输送机为主，在分拣口处的辊子间隙之间安装一系列的由链条拖动的细长导板（推块），平时导板位于辊道侧面排成直线，不影响分拣物的运行。这种设备对搬运物品的尺寸、形状有广泛的适应性，能较好地处理各类箱、盒类物件，广泛应用于医药、烟草、百货、商超、快递等行业配送中心的分拣环节，可以将上游输送系统输送过来的各类箱、盒类物件按上位系统设定的目的地信息，准确地运载分配至预定滑槽处，实现物件的分拣功能。

图 9-25　悬挂式分拣机样例

图 9-26　推块式分拣机样例

在分拣时,导板沿辊道间隙移动,逐步将分拣物推向侧面,进入分拣岔道。推块式分拣机呈直线布置,结构紧凑,可靠耐用,使用成本低,操作安全,可以单、双侧布置。这种分拣机动作比较柔和,适用于分拣易翻倒或易碎的物品。

横向推出装置也可以采用气缸推出式或摇臂推出式。气缸推出式辊道分拣机的每组辊子各自具有独立的动力,可以根据货物的存放和分路要求,由计算机控制各组辊子的转动或停止。货物输送过程中在需要积放、分路的位置均设置了光电传感器进行检测。

当货物输送到需分路的位置时,光电传感器给出检测信号,由计算机分析,控制货物下面的那组辊子停止转动,并控制气缸推送器动作,将货物横向推入相应路向的支线,实现货物的分拣工作。

以上几类分拣机,在运用时具体选择哪种类型,需要综合考虑以下因素才能决定:分拣货物的形状、体积、重量、数量,输送的路线及变动性,单位时间内的处理能力、分拣量,设备费用,占地面积,周围环境等。

6. Robot Mini-Load 智能机器人拣选系统

该系统是由标准化的箱式输送设备、货架、关节机器人和周转容器等组合而成的,在现代物流的拣选环节,以机器人替代人工进行商品、物料等的无人自动化拣选在电商拣选系统的末端,完成物料箱到订单箱的商品拣选工作,集成 3D 视觉识别系统,实现各类物品的快速识别、定位、抓取及放置,可多机并联运行提高效率。

智能分拣输送系统及设备主要解决效率和准确性的问题:物流中心每天接收各种运输工具送来的成千上万种商品,在最短的时间内将这些商品卸下并按商品品种、货主、储位或发送地点进行快速准确的分类,并送到指定地点(如指定的货架、加工区域、出货站台等)。同时,当收到配送指示时,自动分拣系统在最短的时间内从庞大的存储系统中准确找到要出库的商品所在位置,将从不同储位上取出的不同数量的商品按配送地点的不同运送到不同的理货区域或配送站台。

四、分拣设备的选型

现代化分拣设备是仓库、配送中心的重要生产工具,它的正确选用和合理使用,不仅能提高货物分拣效率和整个配送系统的自动化程度,而且也是实现物流现代化和社会化的重要标志之一。

因此,在选用分拣设备时,要根据仓库、配送中心的分拣方式、使用目的、作业条件、货物类别、周围环境等条件慎重认真地选用。一般来说,应考虑以下几个原则:

1. 先进合理性

在当前高新技术不断发展的情况下,设备先进性是选用时必须考虑的因素之一,只有先进的分拣设备,才能很好地完成现代配送作业。否则,使用不久就需要更新换代,就很难建立起行之有效的配送作业体制。因此,在选用分拣设备时,要尽量选用能代表该类设备发展方向的机型。

同时,设备的先进性是相对的,选用先进设备不能脱离国内外实际水平和自身的现实条件,应根据实际条件具体问题具体分析,选用有效、能满足用户要求的设备。实际上,选用的原则就是选用那些已被实践证明技术成熟、技术规格和指标明确,并能在性能上满足要求的分拣设备。

2. 经济实用性

选用的分拣设备应具有操作和维修方便、安全可靠、能耗小、噪声低、能保证人身健康及货物安全、投资少、运转费用低等优点。只有这样,才能节省各种费用,做到少花钱,多办事,提高经济效益。

3. 兼顾上机率和设备技术经济性

上机率是上机分拣的货物数量与该种货物总量之比。追求高的上机率,必将要求上机分拣的货物的尺寸、质量、形体等参数尽量放宽,这将导致设备的复杂化、技术难度及制造成本增加,可靠性降低。

反之,上机率过低,必将影响设备的使用效果,增加手工操作的工作量,既会降低设备的性价比,也使分拣作业的效益降低。因此,必须根据实际情况,兼顾上机率和设备技术经济性两方面因素,确定较为合理的上机率和允许上机货物参数。

4. 相容性和匹配性

选用的分拣设备应与系统其他设备相匹配,并构成一个合理的物流程序,使系统获得最佳经济效果。我国有个别配送中心购置了非常先进的自动分拣设备,但自动分拣货物与大量的人工装卸搬运货物极不相称,因而,不可能提高分拣设备利用率,整体综合效益也不高。因此,在选用时,必须考虑相容性和协调性,使分拣与其他物流环节做到均衡作业,这是提高整个系统效率和保持货物分货、配送作业畅通的重要条件。

5. 符合所分拣货物的基本特性

分拣货物的物理、化学性质及其外部形状、重量、包装等特性千差万别,必须根据这些基本特性来选择分拣设备,如浮出式分拣机只能分拣包装质量较高的纸箱等。这样,才能保证货物在分拣过程中不受损失。

6. 适应分拣方式和分拣量的需要

分拣作业的生产效率取决于分拣量大小及设备自身的分拣能力,也与分拣方式密切相关。因此,在选择时,首先要根据分拣方式选用不同类型的分拣设备。其次,要考虑分拣货物批量大小,若批量较大,应配备分拣能力高的大型分拣设备,并可选用多台设备;而若批量小,则宜采用分拣能力较低的中小型分拣设备。

另外,还应考虑对自动化程度的要求,可选用机械化、半自动化、自动化分拣设备,这样,既能满足要求,又能发挥设备的效率。

值得注意的是,不可一味地强调高技术和自动化,而不结合当时当地的实际条件。不从实际出发,不仅不能提高经济效益,还可能导致重大的损失和惊人的浪费,这种事例在我国也曾出现过,在选用中应尽量避免此类现象的发生。

总之,选用分拣设备时,要做好技术经济分析,尽量达到经济合理的要求,同时,还要考虑分拣作业方式、作业场地以及与系统匹配等综合因素,以保证分拣工作正常、安全运行,提高经济效益。

第四节 连续输送设备的选用

一、连续输送设备的主要技术性能指标

在进行连续输送设备的选购时,通常考虑以下技术参数:

1. 生产率

生产率是指单位时间内能够运送物料的质量。它是反映输送机工作性能的主要指标,其计算公式为

$$M = 3.6QV/g$$

式中:M 为单位时间内能够运送物料的质量,单位为 t/h;

Q 为输送带线载荷,是指单位长度承载构件上货物或物料的重量,单位为 N/m;

V 为输送带的速度,单位为 m/s;

g 为重力加速度。

2. 输送速度

输送速度是指被运货物或物料沿输送方向的运行速度。其中带速是指输送带或牵引带在被输送货物前进方向的运行速度。由生产率的计算可知,带速是提高输送机生产率的主要因素。在同样的生产条件下,带速越大,单位长度的输送带上的负荷越小,即可以减小输送带层数,从而降低输送带的成本。

同时,带速增加,也为采用较窄的输送带创造了条件,从而使整个输送机系统结构紧凑。但带速太大,会使带子产生较大的横向摆动,加速输送带的磨损,同时还会增加脆性材料的破损程度;当运送干燥的粉末物料或粒度很小的物料时,还增加了粉尘的飞扬程度。

3. 带宽

带宽是输送机的一个重要尺寸参数,其大小取决于输送机的生产率和速度。

4. 输送长度

输送长度是指输送机装载点与卸载点之间的距离。

5．提升高度

提升高度是指货物或物料在垂直方向上的输送距离。

二、连续输送设备的选用规则

1．输送物品的特性

因为输送物品的表面与输送机直接接触，因此物品的特性直接影响设备的选择及系统的设计。输送物品的特性包括尺寸、重量、表面特性（软或硬）、处理的速率、包装方式及重心等，均是重要的因素。

选用时，应将欲输送的所有物品列出——最小的及最大的、最重的及最轻的、有密封的及无密封的。在选用设备时，并非仅最大的或最重的物品会影响设计，对较轻或较小的物品也必须有特殊的考虑，因为较轻的物品可能无法使传感器运作，较小的物品容易掉入输送机接缝中等。

对于某些累积式输送机，物品重量分布范围有重要影响。在规划时，主系统并不需要处理所有的物品，可用第二套系统或人工的方式来处理较不常用的物品，这样可能会较为经济。而在空间受限的情况下，可考虑立体输送机的使用可行性。

所有新的输送机，都必须与现有的物料搬运处理设备作最好的配合。简单的系统可使用托板车或堆高机，复杂的系统可使用机器人、无人搬运车或自动存取机，因为这些已存在的系统会影响设备的选择及配置，特别是在交接点上的接口匹配。

2．作业条件

作业条件是决定输送机速度及样式的考虑要素。货品若只是短距离的暂存输送（8m以下），可采用重力式；而动力式的选用则必须依作业需求来衡量，即最大速度、最大负重、传送介质、分类出口数等，以这些有关条件来决定系统的采用方式。一般在选用输送机时必须提供给输送机厂商下列作业条件：

（1）所需输送物品及包装形态，包括输送物名称、输送物包装状况（袋装或箱装）、输送物干湿程度、输送物重量、输送物尺寸等。

（2）所需输送能力，包括散物输送量（t/h、m^3/h）、包装物输送量（包/h、箱/h、托盘/h）、速度（m/min、m/h）。

（3）所需输送环境条件，包括输送距离（最首端至最末端传动轮中心间的距离）、输送状态（水平、垂直或其他方式）、输送空间（倾斜角度、楼层数）、输送环境温度、湿度等。

（4）输送目的，包括生产线工艺、成品堆存、仓库物料储运、现场原料运送等。

（5）其他附带条件，包括机件款式、颜色、电源电压规格、交货地点、交货期限等。

3．环境条件

环境条件也是主要的因素。大部分的仓库是在有空调及灯光的情况下作业。在极端温度条件下,需选用特别的皮带、轴承及驱动单元。虽然仓库有相对干净的环境,但是输送机系统可能需要连接较干净的区域与较恶劣的环境(如生鲜处理场),有些物品基于健康、安全的因素必须隔离。这些因素也会影响输送系统及储存区域的设计。

4. 输送设备的维护性

所有的物料搬运设备都需要不同程度的维护,其维护性和搬运设备复杂程度成正比。对于重力式系统,通常只需定期的检查,以确保滚轮的转动正常。对于较复杂的系统(例如垂直升降输送机),则会由制造商提供定期性的维护措施。一般企业对于昂贵的生产制造设备均会配备固定的维护人员,而对于仓库中的输送设备也必须配备固定的维护人员。

在初步规划阶段,对于复杂的搬运系统,其维护的成本必须列入采购的预算中,而维护的需求也必须列入系统的选择及评价的考虑因素之中。

5. 系统的相容性及扩充性

由于输送设备常由数种不同形态或不同品牌的输送机衔接结合而成,为了简化系统的架构及日后的扩充兼容性,对于控制系统的复杂程度、控制的信息处理方式及系统信息的功能,都应在选购输送机时一并考虑。为兼顾输送机的控制系统及信息管理系统的整合,常采用同一品牌及同一供货商的产品。

基础知识训练

1. 简述连续输送设备的特点。
2. 连续输送设备的类型有哪些?
3. 举例说明连续输送设备的选用原则。

拓展阅读 9.1　智能分拣赋能快递、快运行业发展

第十章

集装化技术与设备

学习目标与要求

1. 掌握集装单元化的含义、形式和原则；
2. 掌握集装箱的概念、特点、规格标准，各种类型集装箱的性能及适用性；
3. 掌握集装箱专用装卸搬运设备的种类、性能及配置方式。

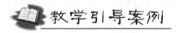 教学引导案例

全国首个智能驾驶集装箱转运业务实现新突破

在全球最大的集装箱码头上海洋山深水港，一辆辆智能重卡从洋山港码头出发，驶过东海大桥，到达深水港物流园区，这是我国首个智能驾驶集装箱转运业务。2021年12月23日下午，伴随着2021年第4万标箱发车，上海洋山港"5G+L4"自动驾驶智能重卡集装箱转运业务"准商业化运营"实现阶段性新突破。

近年来，在上海市交通委员会的积极协调组织下，上汽集团、上港集团、中国移动上海公司等项目实施单位紧密协作，经过两年多的技术迭代、试点运营、跟踪评估和探索总结，智能重卡基本具备了"洋山港码头—东海大桥—深水港物流园区"路线上的自动驾驶及载货运输能力，现已累计转运集装箱约6.1万标箱。

作为系统工程，洋山港智能重卡示范运营项目需要从智能网联汽车产品研发与功能测试、系统集成与信息互通、数据采集与道路评估、成本控制与流程管理、系统可靠性提升与规模化示范运营等方面循序推进。目前，"5G+L4"智能重卡融合了AI、5G、V2X车联通信等先进技术，打通了"智能

汽车、车队管理、物流调度、港口作业"之间的全业务链流程,实现了在港区特定场景下的L4级自动驾驶、厘米级定位、精确停车(±3cm)、与自动化港机设备的交互以及东海大桥队列行驶,为港口运输用户提供了更智能、更安全、更高效、更环保的集装箱转运方案。

上海市交通委员会表示,未来将在确保安全、经济、效率的前提下,努力打造全球领先的"海公铁"(海运-公路-铁路)智能化集疏运体系,促进智能重卡的自驾水平和示范运营项目水准提升,积极构建具有上海特色的智能网联汽车产业体系和应用生态。同时,充分发挥上海智能制造实力突出、国际航运市场发达、交通应用场景丰富等优势,提升上海城市数字化能级。

资料来源:https://new.qq.com/omn/20211223/20211223A07GAK00.html

第一节　集装单元化技术设备概述

集装单元化是物流现代化的标志。随着科学技术的发展,生产技术得到了发展,各种交通工具和交通设施以及交通网络也得到了不断发展,同时由于市场的扩大,为大量生产提供了良好的环境。大量生产的产品要输送到各地,因此,大批量、长距离输送显得越来越重要。而集装单元化技术正好适应了大批量、长距离输送的需要,它因货制宜地利用一些特制的用具,把货物集零为整、化繁为简,达到便于装卸、搬运和计件,提高了运输的效率。目前,世界各国大多采用集装单元化技术进行物流活动。

集装单元化技术是物流系统中的一项先进技术,它是适合于机械化大生产,便于采用自动化管理的一种现代科学技术。它是现代化大生产将自动化装置运用于物流活动的产物,它的生命力在于科学技术的发展。

但是在推广应用集装单元化技术的过程中必须注意三个问题:一是要注意集装单元化系统中必须具有配套的装卸搬运设备和运送设备;二是必须注意集装箱和托盘等集装器具的合理流向及回程货物的合理组织;三是必须实行集装箱器具的标准化和系列化、通用化。只有在物流管理技术不断发展的前提下,集装单元化技术才会不断发展和完善,才会实现物流现代化。

一、集装单元化的概念

在货物的储运过程中,为便于装卸、存放、搬运以及机械操作,用集装器具或采用捆扎方法将货物组成标准规格的单元货件称为集装,而集结成便于存放、搬运和运输的这个货件就是集装单元。集装单元化也就是以集装单元为基础组成的装卸、搬运、存储和运输等物流活动一体化运作的方式。

用于集装货物的工具称为集装单元器具,目前集装单元器具主要有三大类,即托盘、集装箱和其它集装器具。集装器具必须具备两个条件:

(1) 能使货物装成一个完整、统一的重量或体积单元;

(2) 具有便于机械来装卸搬运器具的结构,如托盘有叉孔、集装箱有角件吊孔等。

集装单元的实质就是形成集装单元化系统,集装单元化系统是由货物单元、集装器具、装卸搬运设备和输送设备等组成的,高效、快速地进行物流业服务的人工系统。

集装单元化技术是随着物流管理技术的发展而发展起来的。集装单元化技术是物流管理硬技术(物流设备、器具及随属器具等)与软技术(为完成物流作业的系列方法、程序和制度等)的有机结合。采用集装单元化技术后,使物流费用大幅度降低,同时,使传统的包装方法和装卸搬运工具发生了根本变革。集装箱本身就成为包装物和运输工具,改变了过去那种对包装、装卸、储存、运输等各管一段的做法。它是综合规划和改善物流机能的有效技术。

二、集装单元化的形式和优点

(一) 集装单元化的形式

集装单元器具主要有三大类,即托盘、集装箱和其他集装器具。而集装单元化的形式也主要是以集装器具的名称来确定的,即托盘形式、集装箱形式、其他集装容器形式和集装捆扎形式的集装单元化。

(二) 集装单元化的优点

(1) 便于装卸搬运。

(2) 减少单件货物的重复搬运次数。

(3) 便于堆码。

(4) 便于清点货件。

(5) 节省包装材料和包装费用。

(6) 减轻或避免污秽货物对运输工具的污染。

三、集装单元化的基本原则

为了充分发挥集装单元化的优越性,降低物流费用,提高社会的经济效益,在实现集装单元化时,要遵循标准化、通用化、系统化、配套化、集散化、直达化、装满化、效益化的原则。下面介绍三个最基本的原则。

1. 标准化

标准化是指从集装化术语的使用,集装工具的尺寸、规格、强度、外形和重量,集装工具材质、性能、试验方法,装卸搬运加固原则一直到编号、标志、操作规范和管理办法等,都必须标准化,以便进行全社会和国际间的流通和交换,标准化是实现集装器具通用化所必需的。

国际上有国际标准化组织标准(ISO),我国有国家标准(GB),一个企业也可以有企业标准。企业标准应该和国家标准基本一致,国家标准正在向国际标准靠拢,以利于国际流通。标准化是通用化的前提,也是集装单元化的关键。不同形式的集装化之间,其标准应该互相适应、互相配合。

2. 通用化

通用化是指集装化要与物流全过程的设备和工艺相适应,不同形式的集装化方法之间、同一种集装化方法的不同规格之间相协调,以便在物流全过程中畅通无阻。因此,集装单元化的原则应贯彻在物流的全过程,集装单元器具要流通到物流的各个部门,必须适用于各个环节的工艺和设备,才能在各个环节之间通用。如大型集装箱,从规格到结构部件,不仅适用于海运,也同样适用于汽车和铁路运输,否则就无法实现"多式联运"。

3. 系统化

集装单元化技术的内容很广,不单纯指集装工具,而是包括集装工具在内的成套物流设施、设备、工艺和管理的总和,是一个联系生产与生活、生产与消费的动态系统。因此,集装单元化技术中的每一个问题都必须置于系统中考虑,否则就难以实现和获得成功。例如,为了实现"门到门"的集装箱运输,不仅需要配套的起重设备、运输工具,还需要考虑桥梁的通行能力。在一个企业内部实现货物的集装单元化时,也必须统筹考虑。

近年来,货物的集装单元化已经受到各国的重视,国家开始制定各种标准,采取各种措施来提高整个社会物流的集装单元化的程度。但是,目前整体水平还很低,如物品的集装率,仓储系统内托盘使用不普遍,集装化进展缓慢,经济损失严重。因此,改变目前工作中的落后面貌,逐步实现物流现代化,发展货物的集装单元化已是当务之急。

第二节 集 装 箱

集装箱的诞生引发了全球运输组织的改变,使运输体系更完善,运输规模更大,运输服务的品质更高,推进了全球经济一体化的快速发展。集装箱形式是集装单元化的最直接、最具体的表现。

一、集装箱的概念

集装箱亦称"货箱"或"货柜",是集装工具的最主要形式。根据国际标准化组织对集装箱所下的定义与技术要求可知,集装箱是一种运输设备,应满足以下要求:

(1) 具有足够的强度,能长期反复使用。

(2) 适于一种或多种运输方式运送货物,途中无须倒装。

（3）设有供快速装卸的装置，便于从一种运输方式转到另一种运输方式。

（4）便于箱内货物装满和卸空。

（5）内容积等于或大于 $1m^3$。

我国最新修订的物流术语标准对集装箱的定义比较简单，认为"具有足够的强度，可长期反复使用的适于多种运输工具而且容积在 $1m^3$ 以上（含 $1m^3$）的集装单元器具"就是集装箱。

集装箱应用广泛，在铁路、公路和水路运输中，集装箱能一次装入若干包散件或散装货物，运输途中更换车、船时，无须将货物从箱内取出换装，可以有效地减少装卸搬运的次数，节约装卸搬运的时间和成本，减少货损，提高效益和安全性。

二、集装箱的特点

（一）集装箱的优点

作为现今应用广泛的集装运输设备，集装箱有着自身特殊的优势。

（1）强度高、保护性强。由于集装箱自身结构的特点决定了它的强度比较高，保护防护能力强，从而货损较小。

（2）功能多。集装箱自身有着小型储存仓库的作用，方便了运输保管，使用集装箱可以不再配置仓库、库房。

（3）有利于充分利用空间。集装箱便于垛放，节省占地面积，有利于充分利用空间。

（4）集装数量大。与其他集装设备相比，集装箱的集装数量较大，在散杂货的集装方式中，优势尤为明显。

（5）标准化程度高。集装箱的标准化使之具有一系列的优点，便于对货物和承运设备作出规划，同时，采用通用设备也能简化工艺，提高装卸效率。

（6）适于组织多式联运。由于集装箱运输在不同运输方式之间换装时，无须将箱内的货物搬运出来，只需要换装不同运输工具就可以，这就提高了作业效率，非常适合不同运输形式之间的联合运输。

（二）集装箱的缺点

在具备诸多优点的同时，集装箱也有着一些不可避免的缺点。

（1）自重大。集装箱的自重大，无效运输和装卸的比重就比较大，降低了物流效率。

（2）造价高。集装箱的自身造价高，限制了更为广泛的应用，同时也增加了物流成本。

（3）返空难。集装箱的空箱返空运输浪费人力、物力，在每次物流运作中分摊成本较高。

三、集装箱的规格标准

集装箱的标准化对于集装箱的发展具有极其重要的意义,在整个物流系统中,集装箱的标准也是十分重要的一环。集装箱的标准不仅与集装箱本身有关,也与各运输设备、各装卸机具及相关的配套设施有关。为了适应经济全球化的发展,同时也为了有效地开展国际集装箱多式联运,必须强化集装箱标准化,应做好集装箱标准化的工作。

目前,集装箱的标准按使用范围分为国际标准、国家标准、地区标准和公司标准四种。

1. 国际标准集装箱

国际标准集装箱是指根据国际标准化组织 ISO/TC104 技术委员会制定的国际标准建造和使用的国际通用的标准集装箱。国际标准化组织 ISO/TC104 技术委员会自 1961 年成立以来,对集装箱国际标准作过多次补充、增减和修改。现行的国际标准为第 1 系列,共 13 种,具体规格标准如表 10-1 所示。

表 10-1 集装箱规格表

规格(ft)	箱型	长		宽		高		最大总质量	
		公制(mm)	英制(ft,in)	公制(mm)	英制(ft,in)	公制(mm)	英制(ft,in)	kg	LB
40	1AAA	12 192	40′	2 438	8′	2 896	9′6″	30 480	67 200
	1AA					2 591	8′6″		
	1A					2 438	8′		
	1AX					<2 438	<8′		
30	1AAA	9 125	29′11.25″	2 438	8′	2 896	9′6″	25 400	56 000
	1AA					2 591	8′6″		
	1A					2 438	8′		
	1AX					<2 438	<8′		
20	1AA	6 058	19′10.5″	2 438	8′	2 591	8′6″	24 000	52 900
	1A					2 438	8′		
	1AX					<2 438	<8′		
10	1A	2 991	9′9.75″	2 438	8′	2 438	8′	10 160	22 400
	1AX					<2 438	<8′		

不同箱型尺寸的换算关系为:

$1A=1B+i+1D=9\ 125+76+2\ 991=12\ 192(mm)$

$1B=1D+i+1D+i+1D=2\ 991+76+2\ 991+76+2\ 991=9\ 125(mm)$

$1C=1D+i+1D=2\ 991+76+2\ 991=6\ 058(mm)$

其中,中间距 i 为 76mm。

不同箱型集装箱摆放如图 10-1 所示。

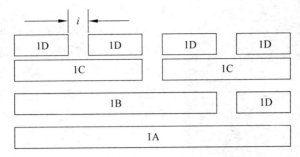

图 10-1　不同箱型集装箱摆放图

2. 国家标准集装箱

国家标准集装箱是指各国政府参照国际标准并考虑本国的具体情况制定的本国集装箱标准。中国、美国、日本、德国、英国、法国等都有自己的国家标准。我国现行的国家标准《系列 1 集装箱分类、尺寸和额定质量》(GB/T 1413—2008) 中，对集装箱各种型号的外部尺寸、极限偏差和额定质量作了明确的规定。

3. 地区标准集装箱

地区标准集装箱是由地区组织根据各地区的特殊情况制定的各地区集装箱标准，根据此类标准制造的集装箱一般只适用于该地区。例如欧洲国际铁路联盟所制定的集装箱标准，根据此标准制造的集装箱只在欧洲地区属于标准化的集装箱。

4. 公司标准集装箱

一些大型的集装箱公司，根据公司的具体情况和条件而制定公司标准集装箱，这类集装箱主要在该公司运输范围内使用。

四、集装箱的分类

随着集装技术的不断进步，集装箱的应用范围更加广泛。为了适应不同货类的物流要求和不同的物流环境，人们研制和开发了各种不同类型的集装箱。这些集装箱在外观、结构、强度、尺寸和造价上各有不同特点。

(一) 按用途分类

1. 通用集装箱

通用集装箱又称为杂货集装箱或者干货集装箱，如图 10-2 所示，是最常见的一种，占集装箱总数的 70%～80%。这类集装箱可用来装载除液体货物和需调温货物外的一般杂货，适宜于装载对运输条件无特殊要求的各种不同规格的干杂货，可以进行成件的集装运输。

图 10-2 通用集装箱样例

这种集装箱的使用极为广泛,其结构常采用封闭防水式,开门形式有多种,有一端开门、两端开门、一端或两端开门再加一侧或两侧开门、部分开门或活顶等。其规格尺寸、自重与载重、容积一般均采用国际标准或国家标准,内部不装设其他特殊设备。但为了防止装载杂货时箱内货物移动和倒塌,在箱底和侧壁上设有系环,以便能系紧货物。

2. 专用集装箱

专用集装箱是为了适应特定货物的要求而采用特殊结构或设置专门设备的各类集装箱的总称。常见的专用集装箱有以下几种类型:

(1) 保温集装箱

对于一些需要冷藏和保温的货物,为了运输和暂时保存的需要,集装箱内部装有温度控制设备,箱体也采用隔热保温材料或隔热保温结构。

① 冷藏集装箱

冷藏集装箱是专为运输途中要求保持一定温度的冷冻货或低温货,如鱼、肉、新鲜水果、蔬菜等食品进行特殊设计的集装箱,如图 10-3 所示。

目前国际上采用的冷藏集装箱基本上分为两种:一种是集装箱内带有冷冻机的,称为机械式冷藏集装箱,它能使经预冷装箱后的冷冻货或低温货通过冷冻机的供冷保持在一定的温度上进行运输,箱内温度可在 $-25 \sim +25$ ℃ 之间调整;另一种是箱内没有冷冻机而只有隔热结构,即在集装箱端壁上设有进气孔,箱子装在舱内,由船舶的冷冻装置供应冷气的集装箱,称为离合式冷藏集装箱。

两种冷藏集装箱各有优缺点,集装箱运输时间长,采用外置式较为合适;反之,集装箱运输期较短,则采用内藏式较好。

② 低温恒温集装箱

这种集装箱也称为隔热集装箱,能保持一定低温,保证箱内物品能在低温下保质、保鲜而不使其冻结。一般在箱壁采用隔热材料,用于防止温度上升过快,以保持货物的鲜度。

(2) 通风集装箱

通风集装箱具有专门的通风窗口,为适于装载初加工皮货、带根的植物或蔬菜、食品及其他需要一定程度通风和防止潮湿的一般杂货。为有效地保证新鲜货物在运输途中不损坏和腐烂变质,在侧壁或端壁设有 4~6 个通风窗口,如图 10-4 所示。

图 10-3 冷藏集装箱样例　　　　　　图 10-4 通风集装箱样例

为防止渗出物污染箱体和便于洗涤,在箱的内壁涂一层玻璃纤维加强塑料。为了排除集装箱内部渗水,箱底必须设有放水旋塞。

(3) 散货集装箱

散货集装箱是适用于装载豆类、谷物、硼砂、树脂等各种散堆颗粒状、粉末状物料的集装箱,可节约包装且提高装卸效率。散货集装箱是一种密闭式集装箱,有玻璃钢制和钢制两种。前者由于侧壁强度较大,一般用于装载麦芽和化学品等相对密度较大的散货;后者原则上用于装载相对密度较小的谷物。为便于清扫和洗刷,箱的内底板采用玻璃钢制成,侧壁的内衬板一般用刨平的木板。

这样的结构也能提高卸载的溜滑效果。箱顶一般都开有 2~3 个装货口,通常为圆形或方形,如图 10-5 所示,端壁门下部开有两个卸货口。散货集装箱顶部的装货口应设置水密性良好的盖,以防雨水浸入箱内。

图 10-5 散货集装箱样例

有些国家对进口粮食要求在港外锚地进行熏蒸杀虫,故有的集装箱上设有用于投放熏蒸药品的开口以及排除熏蒸气体的排出口,熏蒸时要求箱子能保持完全气密。散货集装箱也可用来载运杂货,为了防止装载杂货时箱内货物移动和倒塌,在箱底和侧壁上也设有系环,以便系紧货物。

(4) 罐式集装箱

罐式集装箱适用于装运食品、酒品、药品、化工品等流体货物,主要由罐体和箱体框架两部分组成,如图 10-6 所示。框架一般用高强度钢制成,其强度和尺寸应符合国际标准,角柱上装有国际标准角配件。罐体材料有钢和不锈钢两种,罐体外采用保温材料形成双层结构,使罐内液体与外界充分隔热。

装载随外界温度下降而黏度增加的货物时需加热,故在罐体的下部设有加热器,罐上设有测试罐内温度变化的温度计。罐上还设有水密的装货口,货物由液罐顶部的装货口进入,卸货时,货物由排出口靠重力作用自行流出,或者由顶部装货口吸出。

图 10-6 罐式集装箱样例

(5) 汽车集装箱

汽车集装箱是一种专门为装运小型轿车而设计制造的集装箱,如图 10-7 所示。其特点是在箱的框架内安装有简易箱底,无侧壁,其高度与轿车一致,可载运一层或两层。

目前,使用汽车专用集装箱进行汽车产品的长途转运成为汽车产品的主要运输方式,专用的运输汽车也应运而生。各种小型车如轿车、微型车甚至是轻型车,都使用专用的汽车集装箱来运输。当前急需解决的是大型汽车集装箱运输的安全性问题,主要应该提高汽车集装箱驾驶员的安全意识,加强这方面的安全教育和日常管理。

(6) 机械及部件专用集装箱

这类集装箱专门用来装运某种机械部件,根据装运的机械部件种类不同,内部设有不同的支撑、支护、防护、分割设备。目前主要应用的有发动机集装箱(图 10-8)、煤矿机械零件集装箱、液压件专用集装箱。

图 10-7　汽车集装箱样例

(7) 纤维、粉末集装箱

这类集装箱主要是用于装运石棉、岩棉、矿棉等纤维产品的专用集装箱,它没有什么特殊构造,主要是利用集装箱的高密封性防止纤维材料散失及污染。

(8) 贵重金属集装箱

这类集装箱主要用来装运铝材、铜材等一些贵重金属,这类物品的板材规格型号很多,又难以用其他方式集装,用集装箱装运,箱内设有不同尺寸的隔板,可装运多种尺寸的材料。同时,集装箱所具有的高保护性,可以防止贵重金属材料的丢失。

(9) 动物集装箱

这种集装箱是为专门载运家禽和家畜而特别设计的,也叫围栏式或牲畜集装箱,如图 10-9 所示。动物集装箱设有饲料槽、清除口和排水口,门设在两端壁,采用钢框架,装有钢丝网,通风良好。

图 10-8　发动机集装箱样例　　　　图 10-9　动物集装箱样例

(10) 挂衣集装箱

挂衣集装箱一般专用于装挂衣服,成套服装直接吊挂于集装箱内,不会褶皱。它既可节省包装材料,又有利于保持衣服式样,故也称为服装专用集装箱,如图 10-10 所示。

图 10-10　挂衣集装箱样例

(二) 按集装箱箱体的构成材料分类

1. 铝合金集装箱

铝合金集装箱的表面部件用铝合金铆接而成,如图 10-11 所示,具有重量轻、美观并能在空气中形成氧化膜而耐腐蚀的优点。其特点是重量轻,箱体尺寸小,但造价相对较高,这类集装箱主要适用于航空等运价较高但对无效运载要求严的运输方式。

2. 钢质集装箱

这类集装箱是用钢材制成,其特点是强度大,结构牢固,密封性能好,价格低,但重量大,防腐蚀性较差。钢质集装箱是目前采用最多的,尤其是通用大型集装箱绝大部分都采用这类集装箱。

3. 玻璃钢集装箱

玻璃钢集装箱是由玻璃纤维和树脂混合,加适当的强塑剂后,胶附于胶合板两面而制成的集装箱,如图 10-12 所示。它具有强度高、刚性好、耐腐蚀和防止箱内结露等优点,缺点是易老化。

图 10-11　铝合金集装箱样例　　图 10-12　玻璃钢集装箱样例

4．不锈钢集装箱

这类集装箱主要由不锈钢制成,与钢质集装箱相比,它具有重量轻、防腐蚀性能高的特点。

(三) 按集装箱的箱体构造分类

1．根据侧柱和端柱的位置不同可以分为内柱式和外柱式

内柱式的侧柱和端柱设在箱壁内部,而外柱式恰恰相反。相对来说,内柱式集装箱外表平滑,受斜向外力不易损伤,涂刷标志方便,加内衬板后隔热效果更好;而外柱式集装箱外板不易损坏,可以省去内衬板。

2．根据箱体构件的可组合性可分为折叠式集装箱和固定式集装箱

折叠式集装箱的主要部件能简单地折叠或分解,反复使用时可再次组合起来。而固定式集装箱正相反,各部件永久地固定组合在一起。目前主要使用的是后一种。

3．根据集装箱的联结方式可分为预制骨架式和薄壳式

预制骨架式集装箱的外板用铆接或焊接方法与预制骨架连成一体,而薄壳式集装箱则类似于飞机结构,把所有构件连成一个刚体,这种构造的优点是重量轻,共同承受扭力而不会产生永久变形。目前主要使用的是后一种。

4．根据集装箱内部构件的不同可分为抽屉式和隔板式

抽屉式集装箱的箱内由一定尺寸的抽屉组成,打开箱门后便可抽出抽屉装取货物,一般是小型集装箱,主要用于装运仪器、仪表、武器、弹药等。隔板式集装箱的箱内由若干隔板分隔开,隔板可以随意组合拆卸拼装。

(四) 其他类型集装箱

1．开顶集装箱

开顶集装箱也称敞顶集装箱,是一种顶部可开启的集装箱,如图 10-13 所示。箱顶又分硬顶和软顶两种,软顶指用可拆式扩伸弓支撑的帆布等制成的顶篷;硬顶是用一整块钢板制成的顶篷。

这种集装箱的特点是吊机可从箱子上面进行货物装卸,即不易损坏货物,而且便于在箱内将货物固定,适用于装载大型货物,如钢材、木材,特别是玻璃板等易碎的重货。

2．台架集装箱和平台集装箱

台架集装箱是没有箱顶和侧壁,甚至连端壁也

图 10-13　开顶集装箱样例

去掉,而只有底板和四个角柱的集装箱,如图 10-14 所示。此类集装箱的特点是：箱底较厚,箱底的强度比普通集装箱大,而其内部高度则比一般集装箱低。在下侧梁和角柱上设有系环,可把装载的货物系紧。台架集装箱没有水密性,不能装运怕湿的货物,适合装载形状不一的货物。

图 10-14 台架集装箱样例

平台集装箱是在台架集装箱上再简化而只保留底板的一种特殊结构的集装箱,如图 10-15 所示。

3. 框架集装箱

框架集装箱没有顶和左右侧壁,箱端(包括门端和盲端)也可拆卸,如图 10-16 所示。

图 10-15 平台集装箱样例　　　　图 10-16 框架集装箱样例

货物可从箱子侧面进行装卸,适用于装载长大笨重件,如钢材、重型机械等。这种集装箱的主要特点是密封性差,自重大,因普通集装箱采用整体结构,箱子所受应力可通过箱板扩散,而框架集装箱以箱底承受货物的重量,其强度要求很高,故集装箱底部较厚,可供使用的高度较小。

五、集装箱装箱注意事项

(一) 重量的配置

在装箱时尽可能使重量均匀地分布于集装箱底板上,过分的集中负荷或偏心荷重,使得在装卸集装箱时有倾斜或翻倒的危险。此外,当货物是重货,且难以避免负荷集中分布时,可采用衬垫等方式使负荷分散。

(二) 货物禁固

在可能因运输振动而使货物移动的情况下,要固定货物,称作禁固。紧固的方法有以下三种,可分别进行组合使用。

1. 固定材料紧固

这是用角钢等材料将货物固定在集装箱内的方法。

2. 充填紧固

这是在货物和货物之间、货物和集装箱内壁之间用角钢等支柱在水平方向上固定的方法,包括插入阻隔物或垫子以防止货物移动的方法。

3. 捆索

这是在集装箱侧壁设捆索环,用缆绳或皮带固定货物的方法。

(三) 货物的装配

不同货物在同一集装箱中时,要注意货物的性质或重量、包装对其他货物的有害影响,这是在装货地点应考虑的问题。货重在箱内应均匀分布,不允许偏载,要按货物标定的"不可倒置""平放""竖放"等标志装箱。

箱内堆垛时,要采用全自动起升叉车在箱内作业。拼箱装货时,要注意轻压重,包装强度弱的压包装强度大的;清洁货压受污染货,同一形状和同包装货放在一起;有异味、潮湿等货物用塑料薄膜包妥后与其他货物隔开;有尖角棱刺的货物应另加保护,以免损伤其他货物。

第三节 集装箱专用设备

一、集装箱专用设备概述

集装箱物流是港口物流的重要组成,集装箱专用设备主要指的就是集装箱装卸搬运设备。经过几十年的发展,集装箱装卸搬运设备形成了一套完整的系统。通过港口码头前沿的装卸机械将集装箱吊进吊出进行装船和卸船作业,水平运输机械完成码头前沿、堆场和集装箱货运站之间的水平运输任务,堆场机械完成集装箱的堆码和拆垛。

对于大型或较大型专用集装箱码头,码头前沿机械大多采用岸边集装箱起重机,水平输送机械采用集卡(底盘车或拖挂车)或全自动的自动导引车,集装箱通过水平机械运输到堆场后,用轮胎式龙门起重机或轨道式龙门起重机进行装卸和堆码(拆垛),也有用跨运车进行水平运输和堆码的,用集装箱叉车对空箱进行堆码和拆垛。

对于一些中小港口非专用集装箱码头,前沿装卸机械采用多用途门座起重机,以适应码头的多货种装卸,堆场机械则采用集装箱叉车和正面吊运车。

为了实现集装箱物流系统的机械化和自动化,集装箱机械配有专用的自动化吊具,同时可以实现系统的计算机控制和管理,并朝着整个系统高度自动化和智能化方向发展。

二、集装箱装卸搬运吊具

为了安全迅速地吊运集装箱,大多数集装箱装卸机械,如岸边集装箱起重机、集装箱跨运车、轮胎式集装箱龙门起重机、轨道式集装箱龙门起重机等,均采用集装箱吊具作为专用的取物装置。

(一) 集装箱吊具的种类

集装箱吊具通过其端部横梁四角的旋锁与集装箱的角件连接,由司机操作控制旋锁的开闭,进行集装箱装卸作业。集装箱吊具是按照 ISO 标准设计和制造的,基本上可分为不可伸缩的固定式吊具和伸缩式吊具两类,固定式吊具又有几种不同的形式。

1. 固定式吊具

(1) 直接吊装式吊具

直接吊装式吊具是起吊 20ft 或 40ft 集装箱的专用吊具,它直接悬挂在起升钢丝绳上。在吊具上装设的液压装置通过旋锁机构转动旋锁,与集装箱的角配件连接或者松脱。这种吊具结构简单,重量最轻,但只适用于起吊一定尺寸的集装箱。为了起吊不同尺寸的集装箱,需更换吊具,不仅要花费较长的时间,而且使用起来也不方便。

(2) 吊梁式吊具

吊梁式吊具是将专门制作的吊梁悬挂在起升钢丝绳上,根据起吊集装箱的需要来更换与吊梁连接的 20ft 或 40ft 集装箱专用吊具,液压装置分别装设在专用吊具上。这种专用吊具比直接吊装式吊具方便,但增加了重量。

(3) 主从式吊具

主从式吊具是一种由两种不同规格的吊具组合在一起并可快速装拆的组合式吊具。主从式吊具的主吊具用于 20ft 集装箱,上面装有液压装置,通过旋锁机构转动旋锁。当需要起吊 40ft 集装箱时,则通过悬锁机构悬挂在主吊具下面,其悬锁由主吊具的液压装置驱动。这种吊具构造较简单,故障少,拆装和维修保养较方便,对于集装箱跨运车等流动装卸机械比较适用。

(4) 子母式吊具

子母式吊具是将专门制作的吊梁悬挂在起升钢丝绳上,吊梁上装有液压装置,用以驱动吊具上的旋锁机构。当需要起吊 20ft 集装箱时,则将 20ft 专用吊具与吊梁连接;当需要起吊 40ft 集装箱时,则将 40ft 专用吊具与吊梁连接,连接方式不是采用旋锁机构转动旋锁与角配件连接,因而这种吊具比主从式吊具轻。

(5) 双吊式吊具

双吊式吊具由两个悬挂在起升钢丝绳上的直接吊装式吊具组成,相互之间采用自动联结装置连接,可同时起吊两个 20ft 集装箱,因而大大提高了集装箱起重机的装卸效率。但集装箱必须放置在一定的位置,且只能起吊 20ft 集装箱,作业条件受到局限,只适于特定的作业条件。

2. 伸缩式吊具

伸缩式吊具具有伸缩吊架,当收缩到最小尺寸时可起吊 20ft 集装箱,而当伸开到最大尺寸时则可起吊 40ft 集装箱,因而能适应不同规格集装箱的吊运。吊具的伸缩在司机室内操作,变换吊具的时间只要 20s 左右,动作迅速平稳,但结构较复杂,自重也较大,约 10t。

(二) 集装箱吊具的主要部件

集装箱吊具除了具有金属构架之外,还有导向、连接、吊具前后倾斜及操纵控制装置等部件。

1. 导向装置

它在吊具接近集装箱时起定位作用,常用导向板式,其末端是用钢板做成的角锥形包角,在使用时可转 180°而向下,正好套在集装箱的四个角上,不工作时可翻转为向上。导向板的动作通常靠液压机构控制。

2. 连接装置

它是使吊具与集装箱在吊运时连成一个整体的机构。对于国际标准集装箱,采用旋锁连接装置,即在吊具框架的四角相应于集装箱角配件的孔位置处装设一个可以转动的旋锁。

(1) 定轴式旋锁装置

旋锁相对于吊具旋转箱不能作摆动,只能在定轴套内转动。

(2) 浮动式旋锁装置

旋锁既能在吊具旋转箱内转动,又能作相对于旋转箱的摆动,以适应集装箱的制造误差和工作变形。这种形式的旋锁已被广泛采用。

3. 悬挂及倾斜装置

吊具通过金属构架上的滑轮组和起升钢丝绳相连,实现吊具的升降。由于在装卸过程中,集装箱船出现横倾或纵倾时,要求吊具在前后左右方向作一定角度的倾斜,所以常设有允许±5°倾斜的吊具倾斜装置。它是通过液压缸伸缩或卷筒钢丝绳的收放来实现吊具倾斜的。伸缩式吊具的前后倾斜装置是由前后斜液压缸和液压系统组成的,正常状态时,吊具的上架平面与底架平面相互平行,当倾斜液压缸伸缩时,吊具可前后倾斜±5°。

4. 操纵控制装置

伸缩式吊具,其旋锁驱动装置、导向板驱动装置、吊具前后倾斜装置和吊具伸缩装置均采用液压传动,共用的液压泵驱动装置和油箱设在底架上,由行走小车垂下的电缆存放在电缆储存器中。集装箱吊具上设有电器和机械的连锁安全装置,在一个动作没有完成以前,后一个动作不能进行。

例如,当旋锁进入角配孔后,旋锁箱底面和集装箱角配件顶面接触,通过旋锁下面的顶杆触及接触开关,吊具四角的指示灯和司机室操作台上的指示红灯亮,表明旋锁已封闭,即可以开始起吊。当四个角接头未完全接合和锁紧时,安全装置也会发出信号,阻止吊运,以确保装卸作业的安全。

三、集装箱装卸搬运设备的主要类型

要充分发挥集装箱运输高效率的特点,集装箱码头生产必须具有高效率,因而对码头作业机械有较高要求。码头作业必须使用现代化的、先进的装卸设备,以缩短码头装卸作业时间,加快作业进度,达到船舶停港时间短、周转快的目的,实现集装箱高效率运输。

(一) 集装箱码头前沿装卸设备

集装箱码头前沿装卸设备主要有岸边集装箱起重机、多用途桥式起重机、多用途门座起重机和高架轮胎式起重机四种机型。这里主要以岸边集装箱起重机为例介绍集装箱码头前沿装卸机械,其外形如图10-17所示。

图10-17 岸边集装箱起重机样例

岸边集装箱起重机又称集装箱装卸桥,简称岸桥。它是承担集装箱装卸作业的专用起重机,装卸效率高,适用于吞吐量较大的集装箱码头。它由前门框、后门框及拉杆组成的门架及支承在门架上的桥架组成,行走小车沿着桥架上的轨道用专用吊具吊运集装箱,进行装卸船作业。门架可沿着与岸线平行的轨道行走,以便调整作业位置和对准箱位。为了便于船舶靠离码头,桥架伸出码头外面的部分可以俯仰。

1. 主要工作机构

（1）起升机构

起升机构设置在起重机中部或尾部的机器房内。目前均采用晶闸管直流恒功率调压调速系统,由直流或交流电动机、盘式或块式制动器、齿形联轴器、硬齿面减速器和用钢板卷制加工的钢丝绳卷筒受支撑轴承座组成。

因集装箱吊具均采取四点悬挂,所以起升机构用两个双联卷筒卷绕起升绳,并采取双电动机驱动,以选用较小功率和较小外形尺寸的电动机。为实现四根钢丝绳同步运行,起升机构一般采用刚性同步。

（2）小车运行和减摇机构

集装箱起重机小车运行距离较长,运行速度也较高,当小车起动和制动时,货物会在小车运行方向上摇摆。小车运行速度越高,摇摆越严重,从而影响装卸效率和作业安全,因此,必须装设减摇装置。常见的减摇方法是通过调整小车架上的起升滑轮与吊具上的滑轮之间的距离,形成并加大起升绳的夹角,当吊具与集装箱摆动造成起升绳张力变化时,对高张力一端提供一定的阻力来吸收摆动能量实现减摇。

（3）大车运行机构

在装卸集装箱船时,由于需要经常移动大车对正船上的箱位,并不致碰撞相邻的集装箱或船舶的上层建筑,因而要求大车运行机构具有较好的调速、微动和制动性能,所以通常采用直流电动机驱动。

（4）驱动和供电装置

为满足岸边集装箱起重机的工作要求,获得良好的调速性能,一般采用直流无级调速系统,各机构采用直流电动机驱动。直流电源的供电方式有三种：

第一种是直流电动机供电方式。直流发电机方式用得较多,它工作比较可靠,供电电压基本上不受电网电压波动的影响,比较稳定。缺点是机组自重大,价格高,噪声也较大。

第二种是可控硅整流方式。它的供电效率高,调速性能好,机组重量轻,占地面积小,维修方便。但要求电网容量较大,电压波动小,此外,对维修的技术水平要求高。

第三种是柴油机直流发电机的供电方式。它不受外界电源的影响,提高了集装箱起重机的机动性,特别适用于供电不方便的码头,并可节省供电设施的投资。但这种机组噪声很大,柴油机的维修也较复杂。

2. 主要技术参数

岸边集装箱起重机的主要参数与集装箱的箱型、船型、码头结构和装卸要求等有关。主要有以下参数：

(1) 起重量

岸边集装箱起重机的起重量习惯上取额定起重量和吊具重量之和，即额定起重量不包括集装箱吊具在内。故额定起重量一般按所起吊的集装箱的最大重量来确定，对于国际标准 40ft 集装箱按其最大总重量取 30.5t。目前世界各国岸边集装箱起重机普遍采用伸缩式吊具，其重量一般约为 10t。随着结构的不断改进，有的伸缩吊具的重量已减轻到 8~8.5t。组合式吊具的重量则比伸缩式轻，且不易损坏，也有被采用的趋势。据统计，目前世界上拥有的各种岸边集装箱起重机中，70% 以上的起重量取 40.5t 和 37.5t。

(2) 几何尺寸参数

几何尺寸参数与装载集装箱的船型、甲板上堆装层数、箱型、码头作业条件及堆场上的装卸工艺和作业方式有关。这些参数包括起升高度、外伸距、内伸距、轨距、基距、门架净空高度等。

① 起升高度

起升高度是指船舶在满载低水位时，能起吊舱底最下一层箱的总高度。通常又分为轨面以上起升高度和轨面以下的下深深度，起升高度为这两者之和。它根据船舶的型深、吃水、潮差、码头标高、甲板堆装层数和集装箱高度而定。

要求在轻载高水位时，能装卸三层集装箱并能堆高到四层；在满载低水位时，能吊到舱底最下一层集装箱。按 3 万 t 级船型和码头前沿水位差为 2m 的条件，根据上述要求，计算所得的起升高度约为 37m，故目前世界各国设计制造的岸边集装箱起重机的起升高度大都取为轨面以上 25m，轨面以下 12m。

② 外伸距

外伸距是指岸边集装箱起重机海侧轨道中心线向外到集装箱吊具中心铅垂线之间的最大水平距离。确定外伸距时应根据船宽并考虑在甲板上堆放四层集装箱、在船舶横倾向外倾斜 3° 时，仍能吊走甲板上外舷侧最上层的集装箱。以 3 万 t 级船型为例，计算所得的外伸距约为 35m。

③ 内伸距

内伸距是指岸边集装箱起重机陆侧轨道中心线向内至集装箱吊具铅垂中心线之间的最大水平距离。内伸距大小主要根据以下两种情况确定：一是放置集装箱的情况；二是考虑放置舱口盖板时的情况。为了保证船舶装卸效率，在码头前沿水平搬运机械来不及搬运的情况下，内伸距就可起到某些缓冲作用。

④ 轨距

轨距是指岸边集装箱起重机大车行走两条轨道中心线的水平距离。轨距的确定应使起重机具有足够的稳定性并考虑轨距的变化给起重机轮压带来的影响,同时要考虑码头前沿的装卸工艺方式。通常,要求起重机轨距范围内能临时堆放三列集装箱,并允许跨运车能自由进出搬运这些集装箱。集装箱装卸一般不进行车船直接换装,故可不考虑铺设铁路线的尺寸要求。综上所述,轨距可取 16m,宽轨型取 26m。

⑤ 基距

基距是指同一条轨道上左右两侧大车行走机构大平衡梁支点之间的水平距离。门框内的空间应能通过 40ft 集装箱,并考虑到集装箱在装卸过程中可能产生的摆动,两边需留有一定的间隙,则门框内的有效宽度应约为 16m。

⑥ 门架净空高度

门架净空高度是指横梁下面到轨道之间的垂直距离。门架净空高度取决于门架下通过的流动搬运机械的外形高度,而且要能满足流动搬运设备如火车、集装箱牵引车,特别是集装箱跨运车的通行要求,并留出一定的安全间隙($0.8 \sim 1m$)。堆码三层集装箱通过两层集装箱的跨运车的外形高度约为 9m,则门架净空高度可取为 10m。

(3) 工作速度

岸边集装箱起重机的工作速度包括起升速度、小车运行速度、大车运行速度和主梁俯仰速度等。工作速度的选定应满足装卸生产率的要求,并对各机构的工作速度进行合理的分配。提高升降速度和小车运行速度对缩短装卸工作循环时间意义较大,但在速度分配时还要尽量使之与电动机的容量规格相配合,并尽可能使机电设备配件通用化,以便维修更换。此外,起重机工作速度的提高会增加吊具的摇摆,因此,应同时考虑减摇等相应的技术措施,否则效果不佳。岸边集装箱起重机各机构的工作速度如下:

① 起升速度

起升速度又分满载起升速度和空载起升速度。满载起升速度指吊具下起吊额定起重量时的起升速度,又称额定速度。空载起升速度是指吊具下不带集装箱时的起升速度,空载起升速度一般为满载起升速度的 2 倍。

② 小车运行速度

岸边集装箱起重机的小车行走距离一般都在 40m 左右,小车行走时间约占整个工作循环时间的 25%。因此,提高小车行走速度对缩短工作循环时间、提高生产率是很有意义的。但是,小车行走速度的提高将会增加吊具的摇摆和司机的疲劳,因此必须有良好的减摇装置。

③ 大车行走速度

大车运行机构主要用于将岸边集装箱起重机从一个舱位移到另一个舱位,目的是调整作业位置。它是非工作机构,一般速度不要求太高,$25 \sim 45$m/min 即可。但在某些港口,其大车运行速度也呈现增大的趋势。

④ 主梁俯仰速度

主梁俯仰属于非工作性操作。在岸边集装箱起重机不工作时，为了便于船舶靠离码头，主梁呈仰起状态，当进行装卸时才将主梁放下，因此其俯仰一次时间较长，一般在 4min 左右。

此外，集装箱码头前沿装卸设备还有多用途桥式起重机、多用途门座起重机和高架轮胎式起重机。

多用途桥式起重机又称多用途装卸桥，配备专业的吊具和属具。它既可以装卸集装箱，又可以装卸重件、成组物品及其他货物，适用于中小港口的多用途码头。

多用途门座起重机适用于在多用途码头进行集装箱和件杂货的装卸作业，对于年箱量在 5 万 TEU 以下的中小港口多用途码头更为适用。

高架轮胎式起重机类似于普通的轮胎起重机，机动性较好，可任意行走，配备专用的吊具和属具。适用于集装箱、件杂货装卸作业的多用途码头。

(二) 集装箱水平运输设备

集装箱水平运输设备主要有以下几种机型。

1. 集装箱跨运车

集装箱跨运车如图 10-18 所示，是一种专用于集装箱短途水平搬运和堆码的机械，是用于码头前沿和堆场集装箱的专用设备。

跨运车作业时，以门形车架跨在集装箱上，并由装有集装箱吊具的液压升降系统吊起集装箱，进行搬运，并可将集装箱堆码两三层高。此外，还可用跨运车将集装箱装在集装箱底盘车上，同时也可将集装箱从底盘车上卸下。

图 10-18　集装箱跨运车样例

因此，它比集装箱龙门起重机具有更大的机动性，可以"一机多用"，既可进行水平运输，也可进行堆场堆码、搬运和装卸作业。但集装箱跨运车造价高，使用维护费用高，驾驶视野有待改善。目前在我国港口使用不多。

集装箱跨运车由门形跨架、起升机构、动力设备及其他辅助设备组成,采用机械或液压传动。前者将柴油机的动力通过传动轴传递到各工作机构;后者由柴油机带动液压泵,由液压泵带动液压马达,再驱动各个工作机构。

跨运车门形跨架分为前跨架和后车架两部分:前跨架一般采用管形结构,由四根管形纵梁和四根或六根管形立柱焊成左右两片,前跨架为起升机构提升架的支承与导轨,其作用与叉车的外门架相似;后车架为箱形结构,作为动力设备以及其他辅助设备的支承。前跨架和后车架以法兰定位并最后焊成一体,即门形跨架。

起升机构由提升架及其升降液压缸和吊具组成。提升架插入门形跨架前跨架的立柱中,借助装设在前跨架立柱中的四个或六个升降液压缸沿立柱作升降运动。起升机构的吊具升降与叉车的货架相似,是通过链条绕过提升架的链轮,最后固接在前跨架上,以两倍于提升架的速度上升或下降。

集装箱跨运车采用轮胎式无轨行走机构,它由前跨架底部悬挂的左、右两组从动轮和后车架底部左、右驱动轮组成。后车架上面的驱动装置通过减速器和链传动,把动力传给驱动轮。车轮的转向是通过左、右两组拉杆和横拉杆所组成的梯形机构引到后车架上部的机房操纵台,由司机操纵液压转向系统,推动梯形机构实现转向。由于转向系统是全液压的,因此,转向轻便灵活。

集装箱跨运车是在搬运长大件的跨运车的基础上发展而来的,但在性能和构造上又有其不同之处,比如:采用旋锁机构与集装箱连接或脱升;吊具的升降要适应装卸和堆码集装箱的需要;为了对准箱位,吊具应具有侧移、倾斜和微动的性能等。

在选用集装箱跨运车时,除起重量应满足集装箱和吊具总重量的需要之外,装卸搬运效率、堆码和通过集装箱的层数、车身高度、转弯半径、稳定性等技术性能参数也要符合要求。国外生产的集装箱跨运车型号较多,如三菱重工、前联邦德国 PEINER、美国 CLARK 的产品等。

2. 集装箱牵引车

集装箱牵引车如图 10-19 所示,又称拖头、拖车,专门用于牵引集装箱挂车的运输车辆。其本身不具备装载集装箱的平台,不能装载集装箱,它通过连接器和挂车相连,牵引其运行,达到水平搬运作业的目的,是一种广泛使用的集装箱水平运输设备。码头内作业的牵引车不仅安全舒适,而且车身较短,操作较为灵活,其主要缺点是发动机功率小,速度较低,适合于码头内作业。

3. 自动导引搬运车

自动导引搬运车(AGV)是一种以电池为动力,装有非触导向装置、独立寻址系统的无人驾驶自动运输车,如图 10-20 所示。AGV 目前在欧洲国家的一些现代化集装箱大港得到应用,与大型岸边集装箱起重机一起,构成新型高效的集装箱搬运系统。

图 10-19　集装箱牵引车样例　　　　图 10-20　自动导引搬运车样例

(三) 集装箱堆场作业设备

集装箱堆场作业设备主要有以下几种机型。

1. 龙门起重机

龙门起重机是一种用于集装箱码头堆场内作业的装卸工具,其形状像门,故俗称龙门起重机,码头工人们习惯简称为"龙"。由于集装箱码头堆场面积大,作业繁忙,所以"龙"的数量比装卸桥的数量多得多。每一台龙门起重机均有自己的编号。

从龙门起重机的实物照片可以看出它是一种"门"式结构,在"门梁"上装有操作控制室,控制室下方悬有吊具,吊具可以和控制室一起沿"门梁"水平移动,也可单独作垂直上下运动。通过这两种运动,就可以方便地将集装箱从拖车上吊到堆场地面或从堆场地面吊到拖车上。

龙门起重机的跨距(即"门"的宽度)为 6 行集装箱加一条拖车道的宽度,可堆码集装箱的高度为 4~6 层,所需堆场面积小而堆放量大,提高了堆场利用率,十分适合堆场面积较小而操作箱量较大的集装箱码头。龙门起重机的工作电源由自身携带的柴油发电机组提供。

龙门起重机有轨道式和轮胎式两种。

(1) 轨道式龙门起重机

轨道式龙门起重机(图 10-21)采用钢质车轮(像列车轮),与装卸桥一样,只能沿固定轨道移动,可跨多列集装箱及跨一个车道,因而其在码头堆场的作业范围固定,堆存能力大,堆场面积利用率高。这种龙门起重机适合于码头作业繁忙、无须经常更换龙门起重机作业位置的码头或吞吐量大、前沿港域不足,而后方堆场较大的码头堆场作业。轨道式龙门起重机确定机械位置的能力较强,较易实现全自动化装卸,是集装箱码头比较理想的一种装卸机械。

(2) 轮胎式龙门起重机

轮胎式龙门起重机(图 10-22)采用的是橡胶轮胎,与汽车车轮一样。但四个"脚"上的橡胶轮可以作 90°旋转,因而这种龙门起重机可以改变运动路线,可以方便地从一个作业位置移到另一个作业位置。龙门起重机转向时,由于自身重量较大,其轮胎在地面上原地旋转,对地面的摩擦会导致码头堆场及轮胎的损坏。所以,通常会在堆场地面上的某些位置镶嵌上光滑的铁板,龙门起重机换向时必须先移动到此铁板上方可旋转轮胎,进行转向,以减少摩擦力,这些光滑的铁板位置被称为"转向位"。它适合于吞吐量较大的集装箱码头,可以通过调配龙门起重机改变作业位置,这样既可保证作业,又可减少投资,是一种灵活适用的作业工具。

图 10-21 轨道式龙门起重机样例　　图 10-22 轮胎式龙门起重机样例

2. 集装箱叉车

集装箱叉车是一种用于堆场作业的机械,如图 10-23 所示。它的堆码能力最高可以达到 8 层,即可堆码 8 个集装箱的高度。它是通过其前端伸出的与龙门起重机吊具相似的吊具插入集装箱顶部的角件中,达到提升集装箱的目的。

图 10-23 集装箱叉车样例

集装箱叉车可一机多用，既可以水平运输，又可进行堆场堆码、装卸搬运、拆装箱作业。集装箱叉车造价低，使用维修方便，起重量小，特别适合于空箱作业，一般在吞吐量不大的多用途码头使用。但它作业时回转半径大，需要的作业场地大，作业不灵活，取箱时间长，装卸效率低。

3. 集装箱正面吊运机

集装箱正面吊运起重机如图10-24所示，它带有与龙门起重机吊具一样的吊具，只不过这种吊具不是用钢丝绳与机身连接，而是刚性连接。采用正面吊可以堆存3～4层重箱，或7～9层的空箱，并且可以为多排集装箱作业。

其特点是有可伸缩的臂架和可左右旋转120°的吊具，便于在堆场进行吊装和搬运，臂架不可作俯仰运动，可加装吊钩来吊装重件。该机机动性强，可以一机多用，既可吊装作业，又可短距离搬运，稳定性好，是一种适应性强的堆场装卸搬运机械，适用于集装箱吞吐量不大的集装箱码头。

图10-24 集装箱正面吊运机样例

四、集装箱装卸搬运设备的配置

集装箱运输因具有安全、高效、经济、快捷等优点，以及能降低货损，实现"门到门"的运输特点，得到了迅速发展。随着海上国际集装箱运输的发展，出现了海运与内河航运、铁路、公路和航空等多种形式的联运，逐渐形成了以海运为中心环节，两端向内陆延伸的集装箱运输体系，以便最大限度地利用国际集装箱运输的优点，实现国际货物的"门到门"运输。

集装箱装卸运输系统按集装箱船舶在港口的装卸作业方式分为"吊上吊下"和"滚上滚下"两类，因此，集装箱装卸搬运设备的配置也是按照这两大类作业方式来进行的。

（一）"吊上吊下"方式

"吊上吊下"作业是指采用在码头上的起重机或船上的起重设备来进行集装箱的装卸

船作业。"吊上吊下"方式也称为"垂直作业方式",是当前应用最为广泛的一种方式。其装卸运输系统视岸边与后方堆场间采用的搬运设备不同又可分为底盘车(牵引车-挂车)系统方式、跨运车系统方式、叉车系统方式、轮胎门式起重机系统方式、轨道门式起重机系统方式和混合系统方式。

1. 底盘车(牵引车-挂车)系统方式

码头前沿由岸边集装箱起重机承担集装箱装卸船作业,底盘车承担前沿与堆场间运送及向用户的水平运输作业。卸船时,集装箱被卸到底盘车上后,用牵引车把底盘车拖运到堆场排列起来,并且随时可以用拖车运走。装船时,用牵引车将堆场上装有集装箱的底盘车拖到码头前沿,再用岸边集装箱装卸桥把集装箱吊上船。

2. 跨运车系统方式

跨运车系统方式主要有下面两种形式:

(1) 跨运车直接吊运式:在码头前沿由岸边集装箱装卸桥承担集装箱装卸船作业,跨运车承担码头前沿和堆场之间的水平运输及堆场上的堆码作业。

(2) 跨运车间接吊运式:利用牵引车-挂车在码头前沿到堆场间往返运输,跨运车只在堆场进行集装箱堆码作业。

3. 集装箱吊运机或叉车系统方式

在码头前沿,由船用起重机、流动式高架起重机或岸边集装箱装卸桥等承担装卸船作业,用集装箱吊运机或叉车将集装箱运到堆场并堆垛。此系统的另一种形式是使用牵引车-半挂车承担由码头前沿到堆场的往返运输,集装箱吊运机或叉车仅在堆场进行堆垛作业。

4. 轮胎式龙门起重机系统方式

在码头前沿,由岸边集装箱装卸桥承担装卸船作业。卸船时,将集装箱卸到码头前沿的半挂车上,然后由牵引车拖到堆场。轮胎式龙门起重机则承担拖挂车的卸车及堆场堆码作业,装船时相反。轮胎式龙门起重机占用通道面积小,不受轨道限制,机动灵活性好。

5. 轨道式龙门起重机系统方式

该系统与上一系统相似,但由轨道式龙门起重机在堆场上承担为拖挂车装卸及堆码作业。轨道式龙门起重机跨越集装箱排数更多,堆码层数更高,而且还可直接装卸火车、汽车。

综上所述,对于大型或较大型专用集装箱码头,码头前沿机械多采用岸边集装箱起重机,水平运输设备采用底盘车(牵引车-挂车)或全自动的自动导引搬运车。集装箱通过水平运输到堆场后,用轮胎式龙门起重机或轨道式龙门起重机进行装卸和堆码(拆垛),也有的采用跨运车进行水平运输和堆垛,集装箱叉车则用来对空箱进行堆码和拆垛。对于一些中小港口或非专用集装箱码头,前沿装卸设备多采用多用途门式起重机,以适应码头的多货种装卸,堆场机械则采用集装箱叉车或正面吊运机。

(二)"滚上滚下"方式

"滚上滚下"方式也称为"水平作业方式",是采用滚装船运输集装箱的码头装卸作业方式,用牵引车拖带挂车(底盘车)或叉车等流动搬运设备,往滚装船中装入集装箱,或卸出集装箱。滚装作业是将集装箱放在半挂车上,由牵引车通过跳板牵引进入船舱进行运输,也可由叉车将集装箱从车上卸下堆码,以提高装箱率。由船上卸下的集装箱则牵引到堆场堆码。这种装卸船过程,也可用叉车直接经跳板完成。为了提高滚装船的载重利用系数,也可采用滚装专用牵引车和挂车系统。

近几年来,世界各国开始发展滚装运输,采用专门的滚装船,用于国内沿海、大陆与岛屿、近邻国家之间,运输各种车辆、载货(集装箱或其他货物)挂车以及可以用叉车进入船舱进行装卸的集装箱和托盘货物。对于近距离航线,采用滚装运输可以大大缩短船舶在港口装卸货物的时间,从而减少船舶在港停泊时间,提高船舶运输效率。对于单航程在一个星期以内的航线,采用滚装运输最为合理。

采用"滚上滚下"方式,相比"吊上吊下"方式装卸集装箱,其优势在于装卸速度要快30%左右,无须在港口装备价格昂贵的大型专用机械设备,装卸费用低,有利于组织集装箱"门到门"运输,减少集装箱在港口的装卸环节,降低集装箱的破损率。其不足在于滚装集装箱船的造价比"吊上吊下"集装箱船约高10%,其载重利用系数仅为"吊上吊下"集装箱船的50%,每一载重吨的运费比"吊上吊下"集装箱船高,滚装集装箱码头所需要的货场面积比一般"吊上吊下"集装箱码头大。

基础知识训练

1. 简述集装单元化的优点和原则。
2. 国际标准集装箱的规格是什么?不同标箱之间如何换算?
3. 简述集装箱装卸搬运设备的配备。

拓展阅读10.1 我国集装箱多式联运发展中的问题

参考文献

[1] 王大平.物流设备应用与管理[M].杭州：浙江大学出版社,2005.
[2] 鲁晓春.现代物流基础设施与设备[M].北京：中国物资出版社,2006.
[3] 朱新民.物流设施设备[M].北京：清华大学出版社,2007.
[4] 程国全.物流技术与装备[M].北京：高等教育出版社,2008.
[5] 张贤.物流设施设备应用与管理[M].武汉：华中科技大学出版社,2009.
[6] 罗松涛.物流包装[M].北京：清华大学出版社,2010.
[7] 刘敏.物流设施与设备操作实务[M].北京：电子工业出版社,2011.
[8] 黎红,陈御钗.物流设施设备基础与实训[M].北京.机械工业出版社,2011.
[9] 李作聚.回收物流实务[M].北京：清华大学出版社,2011.
[10] 吴志成.物流设施与设备[M].北京：北京交通大学出版社,2012.
[11] 于汶艳.物流设施与设备[M].北京：清华大学出版社,2013.
[12] 赵燕.现代物流设备应用与管理[M].北京：北京大学出版社,2015.
[13] 王海文.新编物流设施与设备[M].北京：清华大学出版社,2015.
[14] 赵智锋.物流设施设备运用[M].上海：上海财经大学出版社,2017.
[15] 王雅华,张如云.物流设施与设备[M].北京：清华大学出版社,2018.
[16] 王瑞君,曾艳英.会展物流[M].北京：高等教育出版社,2019.
[17] 李联卫.物流案例精选与评析[M].北京：化学工业出版社,2019.
[18] 赵群海.某冷链园区投资项目定位分析与研究[J].中国水运,2020,20(6)：46-48.
[19] 高茜,马兆良,班苑苑.进出口贸易实务[M].南京：南京大学出版社,2020.
[20] 王爽.基于区块链的应急物流体系建设[J].市场周刊,2020(6).
[21] 李旭东,王芳.突发公共卫生事件下基于区块链应用的应急物流完善研究[J].当代经济管理,2020,42(4).
[22] 李峰,刘海.浅析5G技术在现代军事物流中的应用[J].物流技术,2020,39(4).
[23] 王雅蕾.物流设施设备[M].北京：电子工业出版社,2021.
[24] 陈静,刘犴犴.生鲜农产品冷链物流的研究与探讨[J].中国储运,2021(7).

教师服务

感谢您选用清华大学出版社的教材!为了更好地服务教学,我们为授课教师提供本书的教学辅助资源,以及本学科重点教材信息。请您扫码获取。

▶ 教辅获取

本书教辅资源,授课教师扫码获取

▶ 样书赠送

物流与供应链管理类重点教材,教师扫码获取样书

 清华大学出版社

E-mail: tupfuwu@163.com 　　　　　网址: https://www.tup.com.cn/
电话: 010-83470332 / 83470142　　　传真: 8610-83470107
地址: 北京市海淀区双清路学研大厦 B 座 509　　邮编: 100084